BRINGING UP BÉBÉ : ONE AMERICAN MOTHER DISCOVERS THE WISDOM OF FRENCH PARENTING

為什麼法國媽媽可以優雅喝咖啡，孩子不哭鬧？

法國式教養，讓父母好輕鬆，孩子好快樂！

潘蜜拉・杜克曼
PAMELA DRUCKERMAN
汪芃◆譯

國外書評盛讚！

我忍不住一口氣讀完這本書！風格聰明詼諧又迷人，洞察力十足，挑戰主流，真正令人大開眼界。我非常喜歡潘蜜拉坦然誠實、時而懊悔的幽默筆調，以及她論述的一大基調：我們應能從其他文化的父母身上汲取教養的智慧。

——【《虎媽的戰歌》作者】**蔡美兒**

本書內容彷彿說故事般引人入勝，美國作者潘蜜拉以妙筆呈現出「小朋友吃得好、睡得好，父母也輕鬆自在」的法國社會，她透過兩種文化的視角，觀察出法式教養與她的美式育兒方法之間的鮮明對比。

——【《法國女人不會胖》作者】**蜜芮兒．朱里安諾**

精采絕倫，扣人心弦，幽默至極……潘蜜拉的書挑戰目前主流的育兒之道，也改變已為人母的女人對於「自我」的概念，是一帖媽咪必備的教養良方。這本書讓我愛不釋手，讀完後真想搬到巴黎去！

——【《週日泰晤士報》專欄作家】**印度武士**

潘蜜拉說故事的功夫一流，妙筆生花，字裡行間處處流露她能說善道的本事。她的論點佐證充分，又提出許多歷史上的教養典範及比較範例，因此她這些懷疑論調的主張儘管質疑主流，卻極具說服力。

——【寇克斯評論】

扣人心弦，帶讀者認識一種更為平和理性、冷靜有智慧的育兒之道。

——【出版家週刊】

潘蜜拉看待法式教養的態度不卑不亢，她以高度熱情剖析這個主題，追尋法式育兒門道顯出她身為新聞工作者的好奇心，而以幽默口吻寫成本書則顯出她上乘的說故事功力。

——【明尼亞波里星壇報】

這部作者自稱為「研究型教養」的作品十分吸引人，就像一隻細高跟鞋，將中產階級肥軟晃動的教養焦慮一腳踩破……杜克曼女士這本書的觀點並不極端，愛子心切的父母無需以敵意看待，凡是理性的家長都應該把這本書看成一種解放的觀念：別為了兒女的福祉而犧牲自己的生活，因為父母不操控孩子的一舉一動時，孩子反而更快樂。

——【匹茲堡郵報】

這本書的筆觸自嘲、機智、知性……然而無論潘蜜拉如何推崇法國父母那「輕鬆自在的威嚴感」，她自己究竟能不能依樣畫葫蘆？她所描述的親身經驗使這本迷人的法國式教養攻略更添風味。

——【衛報】

這是一本迷人有趣的回憶錄，作者將她在異國文化中養育孩子的經驗娓娓道來，而且成功挑戰了雙方文化的既有觀點。

——【衛報】

這不是一本語調尖銳或說大道理的書，而是作者用心觀察後寫成的筆記，主題是探討如何以輕鬆而不失序的育兒之道形塑出父母快樂、孩子也快樂的家庭。

——【休士頓紀事報】

作者所形容英語系國家父母的樣貌若有一半是真的，那小兒科醫生應該直接把這本書開到處方裡。

——【觀察家雜誌】

這本書跟我預期的一模一樣——語調友善，內容令人獲益良多，讓我們從法國姊妹身上學到許多育兒的終極招數。

——【書商】凱西．瑞生布里克

潘蜜拉在媽媽包裡塞了筆記本四處走訪，她觀察、質疑也分析法式教養的不同之處。作者訪問了她在巴黎的友人、鄰居，還有許多法國老師和育兒專家，此外也以逗趣筆觸記錄她自己的育兒經驗，讓我們看到「小豆」嘗試陌生蔬菜或進入法國托嬰中心就讀時面對的種種挑戰。本書探討許多育兒的大哉問：為何法國孩子從小就乖乖吃大人準備的餐點而不挑嘴？法國孩子可以自得其樂、父母無需多加干涉的秘訣又是什麼？

——【書商】愛麗絲・歐姬芙

文筆十分鮮活幽默！

——【書商】蘇・貝克

●以上書評出處：潘蜜拉・杜克曼官網
www.pameladruckerman.com

【推薦序】

為什麼法國人可以冷靜又優雅？

【「一開始就不孤單」格主】洪淑青

我大概能理解當年在法國羅浮宮裡，看見任何年齡層的孩子，都能以尊重的態度，輕聲細語，自在地觀賞藝術品。

若追溯這些孩子孩童時期父母的教養方式，可以想像小小的他們，得學會等待，學會轉移自己的衝動欲望，體驗味覺之美，並學習融入家庭中的生活步調與氣氛，還得尊重父母的個人時間，接受一點挫折，並在規範的框架中，擁有自由與獨立。

而這或許就是法國人冷靜、優雅特質的來源。

這本書讓我找到了許多答案與啟示，也激發了我更多的教養想法。

【推薦序】

原來我的法國家庭是這樣

【台法家庭的母親】徐玫怡

我真的很高興看了這本書！

潘蜜拉的確講到我在法國看到的現象，之前我常以為是我遇到的家族規矩比較多，別人的家也許不是這樣。所以在法國的生活我常把它當作個人經驗而已。

當我看到潘蜜拉的這一本書，有一種恍然大悟的感覺——噢！原來我正在經歷法式教養的洗禮，我家把拔、我的公婆老是說要嚴格、要在意各種規矩，原來這不是我家特別龜毛囉嗦，而是法國人是真的都這樣看待教養的！

讀完整本書之後非常欣賞作者對法國育兒系統的觀察，潘蜜拉絕對是位風趣聰慧的媽媽，又同時是客觀深入、文筆引人入勝的記者。在書裡我看到這個家庭從異居生活中學習成長，從夫妻兩人懷抱開放的心胸接納差異文化的反思中，讓讀者見識了美式教養和法式教養的不同。

津津有味地一路閱讀下來，甚至解開不少我在法國「覺醒／Éveiller」孩子時的疑惑（原來我也是比較偏美式的媽媽？？！！）

我不是很喜歡法國人的規矩多（雖然守規矩之後可以很隨便你），但是這本書幫我解釋了這樣的教養態度的背景緣由，突然間我感覺更了解我的法國家庭了！

不只是教養書，也談法式夫妻相處和家庭氣氛的培養，十分真實，非常好看。

【推薦序】

一本生動有趣的親子教養書

【親子作家】梁旅珠

作者用非常坦率的美式幽默，道出她從不同文化的對比中，所學到的「優雅」法式教養方法。我很高興自己雖然不是法國人，但我也很善用〈我是老大〉這一章中的「大眼睛」這一招，不必吼孩子，也可以建立教養框架和權威。

這是一本生動有趣的親子教養書，因為從一則則有溫度的鮮活小故事中，讀者最珍貴的收穫，或許不是那些對東方人並不陌生的教養智慧，而是了解到唯有勇於挑戰既定思維，從生活中不斷觀察、比較、應用、檢討和修正，才有辦法整理出最適合自己的教養方式！

獻給西蒙，因為他為我生命中的一切帶來意義。

注意：為保護當事人隱私，書中部分人名及身分的資料已做更動。

Les petits poissons dans l'eau
Nagent aussi bien que les gros.

小小魚兒水中游，
游得像大魚一樣好。

——法國童謠

CONTENTS 目錄

法國式教養的
黃金詞彙

【attend】

等一下、停。這是法國父母對小孩說的命令語，意思是小朋友不能要什麼就馬上有什麼，孩子應該懂得自己打發時間。

【au revoir】

再見。法國小朋友跟認識的大人分開時，一定要說再見。法國人認為小朋友有四個非說不可的「魔法詞」，「再見」就是其中一個。亦可參見bonjour（日安）。

【autonomie】

自主。代表「自己決定」、「獨立」。法國父母從孩子很小的時候就開始培養他們獨立自主的能力。

【bêtise】

無足輕重的笨事。孩子逾矩時，父母可以想，他們只是在做傻乎乎的笨事，就不會反應過度。

【bonjour】

日安、你好。這是法國孩子遇到熟識的大人時一定得說的招呼語。

【caca boudin】

直譯的意思是「便便香腸」。這是法國學齡前兒童最愛說的髒話，算是幼兒專用。

【cadre】

框架。這是法國式教養的理想概念：為孩子劃下明確規範，但在界線之內則讓孩子自由行事。

【caprice】

孩子一時興起的怪念頭和要求，通常伴隨哭鬧。在法國父母眼中，向孩子的怪念頭屈服，對他們反而有害。

【classe verte】

直譯是「綠色課堂」。這是法國小朋友從小學一年級就開始參加的年度校外教學，小朋友會在大自然環境中度過一週，主要由老師指導，也會有幾位其他大人隨行。

【colonie de vacances】

「度假基地」，也就是我們所說的冬令營、夏令營。法國有好幾百個這樣的兒童團體假期活動，通常在鄉間，四歲以上的小朋友都能參加，家長不隨行。

【complicité】

雙向關係。從孩子出生的那一刻起，法國的父母和其他照顧者就努力培養這種與孩子相互理解的關係。「雙向關係」意指即便嬰兒也是具有理性的小小人兒，可以和大人培養相互尊重的成熟關係。

【crèche】

法國的全天候托嬰中心，由政府資助及管理。法國的中產階級父母大多喜歡把小孩送到這種公立托嬰中心，而非僱保姆或選擇私立機構。

【doucement】

輕輕地；小心點。這是法國的父母和照料兒童的人常說的話，如此叮嚀代表就算是幼兒也能學會自制及謹言慎行。

【doudou】

嬰幼兒必備的安撫物品。通常是毛茸茸、軟綿綿的填充娃娃。

【école maternelle】

法國的免費公立托兒所。小朋友滿三歲那年的九月即可入學。

【éducation】

教育。對法國家長而言，養育孩子的重點在於「育」。

【enfant roi】

小霸王。指的是過度需要關注的孩子，這樣的孩子無時無刻都需要父母關心，且缺乏面對挫折的能力。

【équilibre】

平衡。這是法國人的生活哲學——不能讓生活的任一部分壓迫到其他領域，養兒育女也不例外。

【éveillé/e】

機敏。這是法國人最想在孩子身上培育的特質。另一個理想特質則是冷靜有智慧（sage）。

【gourmand/e】

貪吃鬼。在法國人眼中，狼吞虎嚥、大吃大喝、喜歡狂吃某種或多種食物的人都算是貪吃鬼。

【goûter】

法國小朋友下午吃的點心。大約在傍晚四點半享用，這是他們一天當中唯一的零食時間。這個字也可以當動詞用，例如可以說：你今天goûter了嗎？

【les gros yeux】

「大眼睛」。當法國人睜著一對責怪的大眼睛看小朋友的時候，意思就是叫他們不准再做笨事了。

【maman-taxi】

「計程車媽媽」。專指那些把所有時間用來送兒女參加各種課外活動的媽媽。在法國人眼中，這樣做是不平衡的。

【n'importe quoi】

隨便、想怎樣就怎樣。想怎樣就怎樣的小孩，就是任意妄為、不顧他人感受的小孩。

【non】

不行；絕對不准。

【profiter】

享受當下，把握美好時光。

【punir】

懲罰。對法國人而言，小朋友受到懲罰就代表他們真的犯了大錯，應該嚴肅看待。

【rapporter】

告密、打小報告。法國人無論大人小孩都非常討厭「抓耙仔」的行為。

【sage】

冷靜有智慧。法國人用這個詞來形容有自制力、能專心做一件事的孩子。法國家長不會叫小孩子要「乖」，他們會叫孩子「要冷靜有智慧」。

【tétine】

奶嘴。不少法國小朋友到了三、四歲仍有吃奶嘴的習慣。

法國小孩
不亂扔食物

女兒一歲半的時候，我和老公決定帶她來一場夏日小旅行，我們選了一個濱海小鎮，距離巴黎大約是幾個鐘頭的火車車程（我們住在巴黎，我是美國人，我老公是英國人）。我們訂了一間附嬰兒床的旅館房間。當時我們只有一個小孩，所以請不要嘲笑咱倆的天真想法：帶小孩出去玩有什麼難的？

我們住的旅館提供早餐，但中午和晚上則必須到外面用餐。這座古老的海港小鎮有許多海鮮小餐館，但我們很快就發現，帶著小小孩一天在外頭吃兩頓飯簡直就像下了第「十九」層地獄。小豆對食物會有短暫的興趣，給她麵包或是任何炸物，她都會吃上幾口，但不消幾分鐘她便開始翻倒鹽罐、撕糖包，接著就會吵著要下兒童餐椅，然後開始在餐廳四處亂跑，或三步作兩步衝到危險的碼頭邊。

我跟老公決定採取「速戰速決」策略，因此我們到餐廳一坐下就立刻點餐，然後拜託服務生馬上端麵包給我們，此外開胃菜和主菜統統一起上。接著老公趕緊吃幾口魚，我則盯著小豆，以免她又亂跑被服務生不小心踢到或消失在海邊，接著我就跟老公交接。我們吃完飯後留下鉅額小費表達歉意，算是彌補我們桌子四周扔得到處都是的餐巾紙碎屑和炸花枝圈。

走回旅館的路上，我跟老公發誓這輩子再也不出門旅遊、再也不想笑，也絕對不再生小孩了，這次「度假」證明我和老公在十八個月以前的人生已經徹底結束。真不曉得我們怎麼會沒有心理準備呢？

後來我們又上館子吃了幾餐，我發現周圍的法國家庭看起來卻不像在地獄——非常怪，他們看起來倒真像在度假。那些跟小豆年紀相仿的法國小朋友都靜靜坐在兒童餐椅上，看起來心滿意足，不是乖乖等著大人餵，就是在吃魚，竟然還有孩子在吃蔬菜的，他們既不尖叫也不哭鬧。此外，這些法國人的餐點都是一道道慢慢上，慢慢吃，桌子的周圍也沒有各種神秘的殘骸。

後來我在法國住上了好幾年，卻仍舊無法解釋這種差異。巴黎的餐館裡很少出現小朋友的身影，而且應該說，我也沒什麼觀察他們，因為在生小孩之前，我從來沒注意過任何小孩子，而生小孩之後，我就隨時隨地只能注意自己的孩子了。然而如今我跟老公身處地獄，我不禁發現：法國人帶小孩的方式似乎不一樣。但究竟如何不一樣呢？難道法國小朋友的基因生來比我們的小朋友冷靜？法國的大人會拿什麼東西哄騙（或威脅）孩子嗎？或者法國家長是用那套「囝仔人有耳無嘴」的傳統育兒觀念來治小孩的？

但事情似乎不是這樣，我們見到的法國小孩並不是怯生生的，他們個個開朗可愛，小嘴巴吱吱喳喳說著話，充滿好奇心，而那些法國父母對小孩也既關心又溫柔。然而這些法國家庭的餐桌周圍（或者是他們每一天的生活）都籠罩著一股看不見的文明感——跟我們恰恰相反。

我開始留心法國人教養孩子的不同之處後，赫然發現這種差異不只出現在用餐時間，我腦中開始浮現許多問號。例如我已經在法國的遊戲場度過幾百個小時，為什麼我從沒看過有小孩在大哭大鬧（除了小豆）？為什麼我跟法國朋友講電話時，他們從不會因為要去哄孩子而匆忙掛上電話？此外，為什麼法國家庭的客廳都像正常的客廳，而我們的客廳卻被小朋友的各種遊戲帳篷和廚房組大肆佔領？

還不只如此。為何我認識不少美國小朋友都只吃單單一種食物，例如義大利麵或白飯，或是吃那些選擇少得可憐的兒童食品，但我女兒的法國（小）朋友們卻吃魚吃菜，樣樣都吃？還有，為什麼法國小朋友除了下午的點心，其他時候都不吃零食？

在此之前，我從未想過要一窺法國式教養的堂奧，畢竟法國式教養又不像法國的時尚或起司那般蔚為風行，可沒有人會專程到巴黎向法國人請教養小孩的方法，或請教他們如何克服家長心中力有未逮的罪惡感。而且事實上情況恰恰相反——我在巴黎認識的美國媽媽對法國媽媽的一些育兒習慣頗有意見，例如法國媽媽餵母乳的比例奇低無比，而且不少法國小朋友到了四歲還成天吸奶嘴。

但為何美國人不討論法國嬰兒兩、三個月大就能睡過夜的事？我們怎麼不聊法國小朋友不需大人時時刻刻悉心照料的事？我們怎麼不討論法國小孩聽到「不」這個字為何不會立刻崩潰大哭？

這些問題都沒人點出來，但我卻漸漸看出一件事，那就是法國家長似乎正集體且默默地採用了一種十分成功的教養方式，創造出截然不同的家庭氣氛。每次我的美國朋友帶著孩子登門拜訪，往往從頭到尾忙著制止小孩吵架、裁決誰對誰錯，要不就是扶小小孩繞著廚房中島學走路，或者是坐在地上陪小朋友蓋出一整座樂高積木村莊，而整個過程中，小人哭鬧、大人安慰的戲碼會上演好幾次。反觀法國朋友登門造訪時，我們大人卻可以喝咖啡聊是非，而那些法國小朋友們則自己在一旁開開心心地玩。

二〇〇二年「國際社會調查計畫」的問題中，有一題描述是「看著孩子成長是人生最大的喜悅」，有高達百分之九十的法國成人回答「同意」或「非常同意」，而美國成人如此回答的比例為百分之八十五．五，英國成人如此回答的比例為百分之八十一．一。因此，法國父母其實非常關心孩子，他們也知道要讓自己的心肝寶貝遠離戀童癖患者、過敏和窒息的危機，並會做一些合理的預防措施，然而他們不會時時刻刻擔心子女的身心靈是否健康快樂。法國家長比較冷靜，因此比較能夠訂下合理的規範，同時讓孩子保有自主的空間。

美國中產階級的育兒方式需要改進，我絕對不是第一個點出這件事的人，成千上百的書籍和文章都針對這個問題仔細地分析批評過了，專家甚至還替這些問題取了術語，像是「過度教養」、「超過度教養」、「直升機教養」（指父母過於關注子女，像直升機般成天盤旋在孩子身邊）等等，還有一個說法我特愛：「孝子孝女」（kindergarchy）。作家約瑟夫・艾普斯坦（Joseph Epstein）表示這個問題是「對育兒過度投入，對子女有害無益」。另一位作家茱迪絲・華納（Judith Warner）則將這種現象稱為「子女至上的文化」（total motherhood），意指社會對於母職的極大化期待，認為一個母親從懷胎起就要竭盡所能增進子女身心靈各層面的福祉，而且隱藏著母親的利益和孩子的利益是相衝突的概念（值得一提的是，華納女士也是從法國回到美國後才開始意識到這個問題）。在美國，「育兒」似乎是含辛茹苦的同義詞，不只專家頗有微詞，就連美國家長自己也不愛。

那我們為什麼還繼續這種育兒方式？為什麼這種「美式」的教養方法深植在我們這一代人的心裡，甚至連離開美國、到了其他國家也無法放棄（我就是最好的例子）？首先，自一九八〇年代起便有大量的資料數據和輿論宣稱，家境不好的兒童之所以課業表現不好，是因為缺乏足夠的外界刺激，且幼兒時期的教養尤其重要。中產階級的父母就信了這套理論，認為給孩子的教育和刺激越多越好。

法國父母非常關心孩子，然而他們比較冷靜，
因此能訂下合理規範，同時讓孩子保有自主性。

而差不多就在同一時期，美國社會的貧富差距也逐漸擴大，突然間，美國父母有了迫切的壓力，開始忙著將孩子培育成菁英，讓孩子從小（最好還要搶先其他同年齡的小朋友）學習各種該學的技能。

除了這種競爭式教養之外，我們的社會也出現另一種日漸普及的觀念，那就是兒童的心理十分脆弱，需要嚴加保護。現在的年輕家長正好是最信仰精神分析理論的一代，我們認為父母做的每個決定都有可能傷害到孩子。除此之外，我們這一代成年的時候，正好是美國掀起離婚熱潮的一九八〇年代，因此我們會更希望自己別像父母當年那麼自私，應該以孩子的福祉為優先。

此外，雖然美國暴力犯罪的發生率在一九九〇年代早期的高峰之後便逐年下降，但現在的新聞報導常讓人感覺我們下一代的人身安全正遭逢史上最巨大的危機，好像我們在一個危機重重的世界裡養兒育女，必須時時提高警覺。

因為以上種種原因，美國人發展出一套充滿壓力的教養方式，壓得家長喘不過氣來，然而現在到了法國，我卻看見另一種可能。我會想深入研究這主題，一方面是出於新聞工作者的好奇心，另一方面則是因為我已經被育兒地獄逼得走投無路。不堪回首的海灘假期結束時，我下定決心要查個清楚，了解法國父母教養孩子的方式到底有何不同，就姑且稱我的行為是一種「研究型教養」吧。為什麼法國小孩不會隨便亂扔食物？為什麼法國爸媽不會失控大罵？環繞著法國人的那種隱形的「文明感」到底是怎麼培養出來的？我可不可以調整腦袋裡的育兒電路，用法國人的方式教養我的小孩？

後來我在《社會指標研究》期刊中讀到一篇〈法國及美國國民之時間利用及主觀福

祉〉論文，發現我的假設或許沒錯。這份研究由普林斯頓大學的經濟學家主導，研究團隊針對美國俄亥俄州哥倫布市的母親和法國雷恩市的母親進行調查，發現美國母親育兒的痛苦指數比法國母親足足高出一倍多。這份調查結果和我自己在巴黎及美國的觀察結果一致：法國父母的育兒工作比較不像折磨，比較像享受，而法國人一定有什麼秘訣。

我深信只要好好觀察，一定可以找出法國父母的錦囊妙計，只是以前沒人留意過而已，因此我在媽媽包裡塞了一本筆記本，展開調查生涯。從此無論去看醫生、赴晚宴、帶小孩去找其他小孩玩或去看布偶戲，我都會抓緊機會觀察眼前這些活生生的法國爸法國媽，試圖找出他們「不能說的育兒秘密」。

研究開始時困難重重。我感覺法國父母似乎很極端，有時非常嚴格，有時又放任孩子到驚人的程度。直接盤問他們也沒用，我問過不少法國父母，大部分的人都堅稱他們沒什麼特別的教養方法，不但如此，他們還堅信法國社會已經深陷在「小霸王症候群」之中，都說什麼法國家長已經越來越管不住兒女了。（我聽了只對這些法國父母說：「你們根本不知道什麼是真正的『小霸王』，請去紐約見識一下好嗎？」）

就這樣，幾年過去了，我又在巴黎生下兩個孩子，這段期間我仍繼續尋找各種線索。舉例來說，我發現法國也有一位家喻戶曉的育兒大師，地位就像斯波克醫師（Dr. Spock）在美國一樣崇高，但她的著作卻沒有任何英文譯本。我讀了這位女醫師的書，以及許許多多的法國育兒書，還訪問了幾十位法國父母和專家，甚至常常不知羞恥地在接送小孩和去超市時偷聽法國父母都在說些什麼。現在，我想我終於洞悉了法國父母獨特的育兒之道。

我所說的「法國父母」當然是一個概括的集合體，實際上每個人的情況應該稍有不同。我所認識的法國家長大多住在巴黎市或巴黎郊區，幾乎都有大學以上學歷、從事專業工作，且收入在法國社會的平均之上，但並非極端富裕，也不是什麼媒體菁英，簡而言之就是法國社會中具有一定教育程度的中上階層，而我用來對照的美國家長也是差不多的社會身分。

儘管如此，我到法國其他地方時，仍在法國各地勞動階級母親的身上觀察到與巴黎中產階級差不多的育兒觀念。事實上我十分驚訝，法國父母對於自己的育兒哲學雖然沒什麼意識，但他們教養孩子的方式幾乎差不多，從有錢的律師、托兒所和公立小學老師，到公園裡厲聲責罵我的老太太，所有法國人嘴裡唸的育兒原則其實都大同小異，此外，我讀過的法國育兒書和教養雜誌也都秉持著類似的觀念。我很快便意識到，原來在法國育兒並不需要「選擇」某一套教養哲學，因為法國人心中有同一套不容置疑的大原則，光是這點就可以讓為人父母的心態輕鬆許多。

那為什麼要學習法國人呢？我可沒有「哈法」的傾向，而且事實恰恰相反，我其實並非百分之百喜歡住在這裡的感覺，而且絕對不希望我的小孩長大之後像巴黎人一樣高傲。然而縱使法國有不少問題，但法國育兒之道的確是完美的對比，可以突顯出目前美式教養的問題。某方面而言，法國中產階級家長的價值觀其實跟我非常接近，巴黎的父母非常重視跟孩子說話、樂於帶兒女親近大自然、喜歡讀書給小孩子聽，他們也同樣喜歡帶小朋友去學網球、學畫畫，或帶他們去互動式的科學博物館等等。

然而儘管法國家長很認真養兒育女，卻不會過度投入，他們認為即便是再稱職的父母，也不該讓孩子有求必應、隨傳隨到，在他們眼裡，父母無需因為自己無法滿足孩子的所有需求而感到自責。曾有一位巴黎媽媽這樣對我說：「我認為晚上就是父母自己的時間，如果我女兒想，我可以讓她待在我們身邊，但總之晚上就是大人專屬的時光。」法國家長也希望提供孩子許多刺激與教育的機會，但他們並不認為孩子需要每天從早到晚密集教育。當美國父母忙著讓他們的幼兒學中文或接受識字前訓練的時候，法國幼兒卻在做幼兒該做的事：搖搖晃晃地四處走動，以他們自己的步調認識這個世界。

除此之外，法國人養兒育女的比例非常高。許多歐洲國家都面臨人口衰退的危機，但法國卻正掀起一股嬰兒潮。根據經濟合作暨發展組織在二〇〇九年的調查指出，法國在所有歐盟國家中生育率排名第二，僅次於愛爾蘭。

法國的社會福利措施非常完備，這的確讓生兒育女顯得比較吸引人，壓力沒那麼大，畢竟法國家長不必付托兒所學費，不必擔心醫療保險，也不必替小孩存大學學費。不少法國人就因為生了孩子，每個月都會有補助款項直接匯入他們的銀行戶頭。

但這些社會福利絕非法國式教養與眾不同的成因，我感覺法國人育兒的觀念框架簡直和我們天差地別。每次我請教法國父母如何管教孩子，他們總會愣上好幾秒才意會過來，然後便說：「喔，妳是說我們都怎麼教育小孩嗎？」很快我就明白了，對法國人來說，「管教」是個狹隘且他們不常用的方式，管教的目的是懲罰，而「教育」（與教育制度無關）則是他們認為自己每天對待孩子的方式。

多年來，報章雜誌上不斷疾呼美式教養的失敗，坊間光是教導美國人養兒育女的書就有數十甚至數百本，每一本都宣揚著截然不同的理論。

對法國人來說，管教的目的是懲罰，
而教育則是他們認為自己每天對待孩子的方式。

而我沒有理論。我有的，就只是眼前活生生上演的情景：我看到的是一個健全的社會，所有小朋友吃得好、睡得好，父母也輕鬆自在。這個成果就是我的出發點，我設法從這個令人欣羨的成果反推回去，試圖瞭解法國人的秘訣。結果我發現，原來想成為不一樣的父母，不一定要換一套育兒哲學，只要重新了解「孩子」是什麼就夠了。

Chapter 1
妳在等
小孩子來嗎？

這天上午十點鐘，我被主編叫進辦公室，他叫我近期內去洗個牙，因為我離開這家報社後就沒有牙科保險了——他說請我五週後離職。

那天全公司共有兩百個人被解僱，母公司的股價頓時飆升。我手上握有一些股份，當下一度想把股票全賣了，不是為了賺錢，而是因為那股諷刺意味——就讓我因為自己被炒魷魚而大賺一筆吧！

但後來我沒這麼做，我只是走出辦公室，失了魂似的在曼哈頓下城四處晃蕩。天氣很應景，正下著雨。我站到一道窗台下，打電話給原本約了要共進晚餐的男人。

我說：「我剛剛被公司開除了。」

那個約會對象問我：「那妳現在快崩潰了吧？妳還想跟我一起吃飯嗎？」

但事實上，我發覺自己鬆了口氣。這份工作我做了將近六年，一直沒勇氣遞辭呈，現在終於能夠解脫了。我是這家報社的外交線記者，負責報導拉丁美洲的選情及金融危機，辦公室在紐約，但這些年來，臨時被派出差早已經是家常便飯，我常常接到通知後幾小時就得動身出發，隨即在旅館住上好幾個禮拜。上頭的老闆們一度對我寄予厚望，曾經說未來要提拔我當編輯，還出錢讓我學葡萄牙語。

只不過現在這些厚望突然人間蒸發了，而奇怪的是，我竟然覺得被解僱其實還好，外派記者的生活啊，在電影裡看看是不錯，可是一旦自己置身其中，其實是很寂寞的。過去這幾年來，我多半是自己一個人，單槍匹馬面對追也追不完的系列報導，還要應付編輯打來的電話，他們的要求永無止盡，有時我感覺新聞事件簡直像牛仔競技賽裡那種瘋狂甩來甩去的機器牛。跟我做一樣工作的男同事，個個娶了哥斯大黎加或哥倫比亞籍的太太，出差時都把夫人帶著走，所以當他們晚上拖著疲累的身軀回家時，餐桌上至少還有熱騰騰的晚餐等著。相較之下，跟我約會的男士們就沒這麼容易讓人「帶著走」了，而且反正我根本很少停留在一個定點跟同一個人約會超過兩次。

對於可以離開報社這件事，我是滿欣慰的，但我想也沒想過自己會成為同事避之唯恐不及的對象。解僱事件後的一兩週我照常進公司，在那段期間，同事都表現得好像我身上有傳染病一樣，很多共事好幾年的同事，不是悶不吭聲，就是刻意避開我的座位。其中有一位同事是約了我吃午餐，替我餞別，但吃完飯回公司時卻刻意錯開，不肯和我一起走進去。後來我把個人物品清空，不再進公司，過了幾天，開鍘期間人不在紐約的編輯竟然堅持要我回公司做離職簡報，十足羞辱人。他在簡報會上建議我應徵公司另一個比較低階的職位，講完後就匆匆閃人吃飯去了。

就這樣，我心裡突然浮現兩個堅定的想法，一是我再也不想寫跟政治或錢有關的事了，二是我好想交一個男朋友啊！在被解僱之前，某天我正站在自己三呎寬的廚房裡，想著下半輩子該做什麼好，這時，一個叫西蒙的男人突然打電話來。我和西蒙半年前在布宜諾斯艾利斯的一家酒吧認識，那天他跟著我朋友來參加外派記者之夜，他也是記者，是英國人，當時正好到阿根廷出差幾天，寫一篇足球報導，我則是去報導阿根廷的經濟衰退。無巧不巧，我們倆從紐約飛到阿根廷時搭的是同一班飛機，他還記得我就是那位登機登到一半又下飛機的小姐——那時我人已經在機艙走道上，但突然想起自己在免稅商店血拚的戰績還留在候機室，就堅持要回去拿（那幾年我大部分的東西都是在機場買的）。

西蒙完全是我喜歡的那一型：看起來黑黝黝的，很「性格」，壯壯的，腦袋又聰明

跟西蒙認識幾個鐘頭，我就明白原來一見鍾情，
就是認識一個人後馬上相處得平靜自在的感覺。

（雖然他的身高一般，但後來他硬是替我補上一句「而且是個矮子」，因為他小時候在荷蘭長大，那裡每個人都是金髮巨人）。當時才跟他認識幾個鐘頭，我就明白原來所謂「一見鍾情」，就是認識一個人後馬上相處得平靜自在的那種感覺。但那天我卻只是耍嘴皮子似的說：「我們最好不要上床。」

因為儘管我被西蒙電到，卻沒有被沖昏頭。當時西蒙才剛遠離可怕的倫敦房市，在巴黎買了一間便宜的公寓棲身，我則在南美洲和紐約之間當空中飛人，假如我們要交往，就等於是橫跨三個洲的遠距戀愛，我覺得太勉強。因此我們在阿根廷相識之後，只偶爾寄幾封電子郵件，我不敢太認真去想我倆的未來——我希望可以在跟我相同的時區遇到另一個聰明性格男。

就這樣，時光飛逝，七個月過去了。那天西蒙突然打來，我告訴他我失業了，他並沒有表現出強烈的情緒，或小心翼翼地生怕對我說錯了什麼話，反而好像滿開心我終於可以空閒下來。他說他覺得我倆之間「有事情沒有了結」，他想來紐約找我。

當時我回答他：「太扯了，不要吧。」這樣有意義嗎？他根本不可能在美國定居，因為他報導的是歐洲足球，而我不會講法文，這輩子也從來沒想過要住在巴黎。雖然這時我突然變得可以讓人「帶著走」了，但我仍保持警戒——我可不想在找到下一個人生重心之前，就茫然跟著別人的腳步走。

但西蒙卻真的飛到紐約來了，身上套著他在阿根廷穿的那件舊皮衣，手裡拿著在我家附近熟食店買的貝果麵包和煙燻鮭魚。一個月後，我在倫敦見了他的父母。半年後，我就賣了大部分的家當，然後把剩下的東西全寄到法國去。朋友們都說我被愛沖昏頭了，但我依然不顧勸阻，走出我在紐約租金穩定的單房公寓，就這樣帶著三個巨大的行李箱，手裡拿著一盒南美洲的零錢，交給一位巴基斯坦籍的運將，請他載我到機場。

於是乎，砰，我突然變成巴黎人了。我搬進西蒙的兩房單身公寓，和他展開同居生活。我們的房子在巴黎東區，附近曾是木工聚集的地帶。我每個月都還能拿到失業救濟金，因此我就這樣拋棄了財金報導，開始蒐集資料寫書，每天白天跟西蒙各自待在一個房間工作。

我倆的蜜月期幾乎立刻就結束了，主因是房子裝潢布置的問題。我曾在一本書上讀到關於風水的介紹，說在地上堆太多東西代表憂慮，然而對西蒙來說，這純粹代表他不喜歡用置物架而已。除此之外，他還很聰明地買了一張沒上漆的超大木桌，幾乎佔滿整個客廳，另外還弄了一套非常原始的天然氣系統，百分之百保證我們的水會忽冷忽熱。而讓我最最受不了的就是他總把口袋裡的零錢掏出來隨手亂扔，最後家裡每個房間的角落都有一堆銅板。我每次都求他：「你在外面把錢花完再回家行嗎？」

即便出了家門，我也不太開心。雖然來到這個世上數一數二的美食天堂，但我卻常常不知該吃什麼，因為我跟大部分的美國女人一樣，帶著嚴重的食物偏見來到法國（我吃素，此外還奉行低澱粉飲食）。走在巴黎街頭，我常常感覺像被四面八方的西點麵包店和充滿葷食的餐廳圍攻；我有好一陣子都只吃煎蛋捲和羊奶起司沙拉果腹。還有，每次我跟服務生說我的沙拉醬要放旁邊、不要直接淋在沙拉上，他們都會用一種「妳有病」的表情看著我。而且我不懂為什麼法國的超市有各式各樣的美國早餐穀片，但偏偏就是少了我最愛的「Grape-Nuts全穀麥片」。最後，法國的咖啡店為何老是不供應脫脂牛奶呢？

我跟大部分的美國女人一樣，
帶著嚴重的食物偏見來到法國。

身處巴黎卻沒被這座花都征服，我知道自己簡直是人在福中不知福，但我大概只是覺得，如果因為一座城市很美就一見傾心，這顯得太膚淺了，因為從以前到現在，我愛上的城市都——怎麼說呢？都是那種比較「性格」的城市，像聖保羅、墨西哥城、紐約都是，這些都不是什麼夢幻優雅的地方。

再說，我們在巴黎住的這區根本沒那麼夢幻，生活中又有太多掃興的事情，例如從來沒人告訴我，大家之所以這麼稱頌所謂的「巴黎春天」，是因為巴黎接下來七個月的天氣都又陰又冷（好巧不巧，我就在這七個月開始的時候搬來了法國）。而且雖然我深深認為自己八年級時學的法文還牢記在心，但每次跟巴黎人交談時，他們都以為我在講西班牙文。

當然，巴黎仍有許多迷人之處，例如：我很喜歡巴黎地鐵的月台門在車廂完全停下的幾秒前就開了，讓我覺得這城市信任這裡的市民都是成年人。另外我也很高興在搬到巴黎的短短半年之內，幾乎我這輩子在美國認識的每一個人都來巴黎找過我了，包含那種我歸類為「臉書朋友」的點頭之交。搞到最後我和西蒙訂下了嚴格的入住條件，還有一套評量住客的評分機制（提示：來住超過一星期的人請帶伴手禮好嗎？）。

巴黎人的無禮舉世聞名，但這點倒是礙不到我，因為沒禮貌的言行至少還算是一種互動，我真正受不了的是他們的冷漠。我感覺除了西蒙，好像沒有人在乎我住在這裡，況且西蒙也常常出門去追尋他自己的「巴黎夢」。他追尋巴黎夢的方法實在太膚淺而簡單，因此才能一直堅持下去——據我所知，他從來沒去過任何一座博物館或美術館，但他卻把「在巴黎咖啡館看報紙」描述成一種超然脫俗的經驗。還有一晚，這男人只不過是到附近的一家餐館，服務生端來一個起司木盤放在他面前，他就感覺幸福得快要昏倒……

他感動地說：「這就是我想住在巴黎的原因！」這時我懂了，因為愛屋及烏，我也得為了眼前這盤臭起司，繼續在巴黎待下去。

說真的，我開始覺得有問題的不是巴黎，而是我自己。紐約的女人比較神經質，紐約人似乎都習慣女人在聰明迷人的腦袋瓜裡上演無數的小劇場，就像《當哈利碰上莎莉》裡的梅格萊恩或《安妮霍爾》裡的黛安基頓那種典型，因此我有不少紐約朋友每個月花在心理治療的錢比房租還多呢！

但巴黎卻不時興這種內心小劇場。對，法國人是喜歡伍迪艾倫的電影，但在真實生活中，理想的巴黎女人應該冷靜自持，帶著距離感，並且行事果斷。完美的巴黎女人不會點餐廳菜單上沒寫的菜色，不會要求特殊的料理方法，也不會大談她們的童年生活，或宣傳她們正在奉行的特殊飲食法。紐約女人對於過往的失敗戀情咀嚼再三，顛顛簸簸地追尋自我，而巴黎女人的字典裡則沒有「後悔」這個詞——至少她們外表看來如此。對法國人來說，「神經質」並不是一種對自己半挖苦半吹捧的說法，而是一種需要治療的精神疾病。

就連西蒙，他還不是法國人，只是個英國人呢，可是就連他也搞不懂我為什麼老是自我懷疑，以及老是想跟他討論我倆之間的關係。

「你現在心裡在想什麼？」我每隔一段時間就會這樣問西蒙，而且通常都是他在看報紙的時候。

「荷蘭足球。」他永遠是這個答案。

我根本不知道西蒙到底是認真還是開玩笑的，我已經認清他的諷刺是改不了了。他說每句話都會帶著一點欠揍的冷笑，就連說「愛妳」的時候也不例外，但他又從來不會真的放聲大笑，就算我在說笑，他也不會給我面子（甚至有些好朋友從來不曉得西蒙有酒窩！）。西蒙老是說他們英國人就是不愛笑，但我明明就看過其他英國人大笑。而且最重要的是，他是我在巴黎唯一可以用英文交談的對象，但每次跟他說話，他卻總是「有聽沒有到」的模樣，這真的讓我感到十分洩氣。

從西蒙不愛笑這件事，也可以看出我倆之間更大的一個文化差異，那就是我這個老美比較習慣把情緒和感覺大剌剌地攤在陽光下。有一個週末，我去倫敦拜訪西蒙的父母，在回巴黎的火車上，我忍不住問西蒙，他爸媽究竟喜不喜歡我。

「當然喜歡啊，妳感覺不出來嗎？」他問。

「可是他們有這樣跟你說嗎？」我追問。

總之，我實在很想在巴黎找到其他同伴，還因此赴了無數次的「交友約會」，也就是想盡辦法去認識我美國朋友的朋友，這些人大多不是法國人，可是他們對我這個搞不清楚狀況的巴黎菜鳥似乎也興趣缺缺。這些人當中，有不少人似乎覺得「住在巴黎」這件事本身就是一個生活重心，如果他們被問到：「你是做什麼的？」就會直接回答：「我住在巴黎。」而且他們赴約時，有不少都姍姍來遲，彷彿要證明他們已成了徹頭徹尾的法國人（我後來才發現，法國人赴一對一的約會通常很準時，只有團體活動時才會刻意優雅地遲到一下下，包含參加小朋友的慶生會）。

而我嘗試跟法國人交朋友的經驗則更失敗。我曾在派對上跟一位藝術史學者相談甚歡，她和我年紀相仿，而且說得一口流利的英文。但後來我們第二次見面，約在她家喝下午茶，我這才發現我倆心中對於「姊妹」的定義真是南轅北轍。我想來的是美國女生那一套，就是掏心挖肺講真心話、尋求共鳴、姊妹之間狂說「我也是！」的那種溫馨聚會，然而這位新朋友從頭到尾只是優雅地叉著盤裡的甜點，一邊跟我聊藝術理論。回家的時刻到了，我飢腸轆轆，而且連她有沒有男朋友都不曉得。

我唯一的共鳴是在艾德蒙・懷特（Edmund White）的書裡找到的。艾德蒙・懷特是一位曾在一九八〇年代旅居巴黎的美國作家，他是我在這裡的第一個知音，因為他也認為住在巴黎會讓人憂鬱失措。他那本書是這麼寫的：「請想像你死了，心滿意足地上了天堂，然而某一天（或某世紀），你赫然驚覺你每天的情緒基本上是憂鬱的，縱使你一直深信快樂就在附近不遠處。在巴黎住上幾年或幾十年就是這種感覺，好似遁入一個和煦的地獄，一個宜人得宛若天堂的地獄。」

雖然我對巴黎這座城市持保留態度，但我對西蒙這個人倒是挺確定的。我已經慢慢能接受這個人外型看起來很「性格」的另一面，就意味著他同時也比較「邋遢」，此外我也漸漸學會了判讀他的「微表情」，他稍微露出一點笑意，就代表聽懂我的笑話了；要是偶爾太陽從西邊出來，他露出燦爛的微笑，那就代表我得了高分。有時他甚至還會用很平板的語氣鼓勵我說：「嗯，滿好笑的。」

此外，我還有另一劑強心針，那就是西蒙身為一個怪老頭，卻有好幾打忠實好友，他們都是他的多年老友，而我認為這或許是因為在他層層諷刺的保護殼下，他其實是個十分需要別人幫助的人，應該是這點觸動了大家的心。為什麼呢？因為此人不會開車，不會吹氣球，摺衣服的時候一定要用牙齒咬，會在家裡冰箱塞一堆沒開過的罐頭食品，還有，他

做菜的時候為了省事，無論煮什麼都會把火開到最大（後來我才從他大學同學口中得知，他大學時便被傳為美談，因為他曾經弄雞腿給朋友吃，結果皮焦得跟炭一樣，裡頭的肉卻還是結凍的）。此外，我曾經教他怎麼用油和醋調出油醋醬，當時他還拿紙、筆抄下食譜，而且多年之後，他每次下廚時，都還是會拿出那份食譜看著做。

西蒙更棒的一點就是他對法國的一切都適應良好。他的骨子裡流著旅人的血液，他父母都從事人類學研究，他從小隨著父母走遍五湖四海，從出生的那天起就開始培養入境隨俗的本事。西蒙十歲時已經住過六個國家（包含在美國待過一年）；他學語言的速度跟我買鞋子的速度一樣快。

因此我決定，為了西蒙，我要努力給法國一次機會。我們在巴黎市郊結婚了，婚禮在一座十三世紀的古堡裡舉行，城堡四周有一道護城河環繞（請忽略這背後的象徵意義，謝謝）。婚後，為了促進家庭和諧，我們租下另一間坪數較大的公寓，我從IKEA訂了書架，並在家裡每個房間都擺上零錢缽。此外，我也努力扶植自己心中務實的一面，並且控制神經質的另一面。去餐館吃飯時，我開始直接點菜單上的菜，不再有奇怪的要求，偶爾點鵝肝醬時，我甚至也會吃個一小口。我的法文聽起來也漸漸沒那麼像流利的西班牙文，而比較像破爛的法文了。不久之後，我感覺自己終於在法國落地生根——我在家裡有了個工作室，我有一本要出版的書在趕稿，最後，我甚至也成功結交了幾位新朋友。

關於生小孩，我跟西蒙已經討論了一陣子，我們倆都想要生一個小孩，應該說，我想生三個，而且我也滿想在巴黎生小孩，因為這樣我的孩子就可以「自然而然學會兩種語言」，而且絕對會非常的國際化，如此就算他們長大後變成了很龜的書呆子，只要一跟別人說「我從小在法國長大」，在大家眼中一定立刻變得超酷。

我很擔心是否能順利懷孕。畢竟我從成年以來都忙著預防懷孕，而且做得非常成功，因此現在我不知道相反的情況我到底拿不拿手。結果，我懷起孕來就跟我們談戀愛一樣快，彷彿我才上Google搜尋「如何懷孕」沒多久，然後一眨眼，我就在一根法國製驗孕棒上看到兩條粉紅色的線了。

我欣喜若狂，然而在開心之餘，心中的焦慮也油然而生。雖然我一直努力把自己從類似「慾望城市」凱莉的個性變成像法國個性女星凱薩琳丹妮芙那一型，但一懷孕，這些態度就全垮了，我感覺在這個節骨眼上似乎不該繼續堅持走灑脫的法國路線——我想好好注意孕期，一切都照對的方法來。因此，在把好消息告訴西蒙後，幾個小時內我就開始上網，查遍美國各大懷孕相關網站，接著便火速衝去買了幾本懷孕指南書籍，我到羅浮宮附近的英文書店買英文書，因為我希望看到書上用清楚、明白的英語告訴我各種懷孕須知事項。

不到兩、三天，我就吃起孕婦專用維他命，而且得了一種不看「寶貝中心」（BabyCenter）網站就會死掉的病，上面的「這樣安全嗎？」專欄成了我每天必讀的內容，裡頭有各式各樣的問題：懷孕的時候吃非有機的食品安全嗎？整天待在電腦附近安全嗎？穿高跟鞋安全嗎？大嗑萬聖節糖果安全嗎？到高緯度的地方度假安全嗎？

「這樣安全嗎？」專欄讓人無法不看，原因是它的文章內容會讓人開始擔心以前從沒擔心過的事（例如「用影印機安全嗎？」或「吞精液安全嗎？」），但卻不說清楚每件事究竟是「安全」或「不安全」，非常吊人胃口。那些專家每個人都持不同的意見，而且回答時總是含糊其詞，例如「懷孕時上美甲沙龍安全嗎？」這題，答案是安全，但長期接觸美甲沙龍的溶劑則有害。那去打保齡球安全嗎？嗯，同樣也是有時安全，有時不安全。

我認識的許多美國朋友都認為懷孕和育兒就意味著做功課，首先，第一樣功課就是要在多如牛毛的育兒風格之中選出一條自己想走的路線，我認識的人都各自立誓遵循不同的育兒書，而這些書我自己也買了不少，但看完後並不覺得更有信心，只覺得看到各種相互衝突的建議，讓我感覺嬰兒是一種神秘而不可知的生物，嬰兒到底是什麼，他們到底需要什麼，似乎我們看不同的書就會得到不同的答案。

此外，我們這些美國準媽媽還成了危機專家，對各種風險如數家珍。例如曾有一位懷孕的紐約友人來巴黎找我，她在吃午餐時宣布自己的小孩有千分之五的機率會胎死腹中。她說她知道這樣講很可怕，也很沒意義，但她就是忍不住。我另一位朋友更慘，因為她有公共衛生博士學位，懷孕的前三個月都在拚命計算自己的小孩感染世界上各種疾病的機率。

而且，原來英國人也有相同的焦慮，這是我某次跟西蒙回倫敦拜訪家人時發現的（此時我已經選擇相信他父母喜歡我了）。那次我去一家咖啡店，有位衣著體面的婦人走過來對我說，有一份最新研究指出，攝取太多咖啡因會增加流產機率。她為了強調自己說的話很可信，還說：「我老公就是醫生。」誰在意她老公做什麼啊！我只是不高興她先入為主地認定我沒看過那份研究——我老早看過了，當時我已經規定自己一週只能喝一杯咖啡了耶！

有這麼多資料要讀，還有這麼多事要擔心，懷孕變得越來越像一份全職工作，我在寫的那本書的交稿日在預產期前，然而，我拿來寫書的時間越來越少，很多時間都用來上聊天室，忙著跟許多預產期同一天的美國孕婦分享交流。這些美國女人跟我一樣，非常習慣在人生中要求各式各樣的客製化，就算只是把咖啡裡的牛奶換成豆漿我們也開心，而這些美國孕婦跟我一樣，儘管我們體內發生的事是哺乳類動物的自然生命歷程，但我們卻覺得這像是一件沒辦法客製化的事，簡直令人完全無法忍受，而「擔心」則讓我們覺得自己至少做了點努力——這跟飛機亂流時緊抓扶手是一樣的道理。

慘的是雖然我遠在法國，卻可以輕鬆取得美國的懷孕相關資訊，而美國的懷孕知識好像巴不得想激發出孕婦的焦慮感，其中佔最大宗的就是一件孕婦可以百分之百控制的事——飲食。「把叉子上的食物送進嘴巴之前，請妳想一想：這一口食物，對肚裡的寶寶有幫助嗎？如果答案是肯定的，那就盡情享用吧……」這是《懷孕知多少》（What to Expect When You're Expecting）裡的諄諄教誨，這本書詳載了各種孕婦須知的危機，暢銷至極，可說是美國人的懷孕聖經。

我知道這些書裡禁止的東西並非全都一樣危險，例如菸酒當然得嚴禁，而貝殼類海鮮、冷盤、生蛋、未經高溫消毒的起司則不是完全碰不得，只要上面沒有利斯特菌或沙門氏菌等罕見病菌就行了。然而為了以防萬一，書上提到可能有風險的食物我一律不碰。不吃生蠔或鵝肝醬還滿簡單的，但我對起司這一項則憂心忡忡（畢竟人家住在法國嘛）。因此我經常問服務生：「請問我這盤義大利麵上的帕馬森起司是高溫殺菌過的嗎？」服務生都傻眼了。我緊張兮兮，而西蒙首當其衝，每天都得忍受我五花八門的問題：那廚師剁完生雞肉之後有洗砧板嗎？他對我肚裡的孩兒真的有愛嗎？

《懷孕知多少》一書中有個單元叫〈孕期飲食〉，作者宣稱只要孕婦遵循這些飲食指南，就能「促進胎兒腦部發育」、「降低某些先天缺陷的發生率」，還可以「增加妳的孩子未來發展成健康成人的機率」。這樣看來，好像我們吃下的每一口食物都有可能影響到

美國女人非常習慣要求各式各樣的客製化，
而「擔心」則讓我們覺得至少做了點努力。

小孩未來升大學的入學成績。此外，從現在起把「餓肚子」拋到腦後吧——根據〈孕期飲食〉規定，如果準媽媽們到了一天快結束時發現自己攝取的蛋白質不夠，請在睡前再吞一份雞蛋沙拉。

這種飲食指南令我一見傾心。這麼多年來，我遵循的各種飲食指南都是要節食減重的招數，但現在竟然有這種飲食指南是叫我吃東西增重的，這彷彿是我節食減肥多年換來一個老公之後所得到的獎勵。我上的各大網路論壇裡到處是體重比建議值多了十幾、二十公斤的孕婦。當然，如果可以，我們也希望自己當個俏媽咪，就像那些穿著名牌華服的懷孕名人或《健康懷孕》（FitPregnancy）雜誌的封面女郎一樣，而在我認識的人之中，也有幾位準媽媽的確如此。然而，另一種美國的懷孕觀念則鼓勵我們別替自己設限，想吃就吃。我這陣子總是窩在床上看一本《姊妹淘的懷孕指南》（Best Friends' Guide to Pregnancy），作者非常親切地在書中告訴我們：「放心大吃吧……否則孕婦還有什麼其他樂趣呢？」

〈孕期飲食〉裡還說，我可以偶爾「作弊」，有時吃吃起司漢堡或蜜糖甜甜圈也無妨。老實說，美國的懷孕文化簡直像一套巨大的作弊制度，大家列出那麼多孕婦喜歡吃的食物，這些清單就像一份菜單，提供了女人從青春期就開始忍住不吃的罪惡食品：起司蛋糕、奶昔、起司通心粉、冰淇淋蛋糕等等。懷孕期間，任何加了檸檬的東西我都想吃，此外，我還喜歡大嗑一整條一整條的麵包。

我聽人說過英國演員兼模特兒珍．柏金的故事，她到巴黎發展並定居，嫁給了法國樂壇教父塞吉坎斯伯，這位美女說她永遠搞不清楚法文的「棍子麵包」到底是陰性還是陽性名詞，每次要買一條棍子麵包時，老是不知道該說陽性的un baguette還是陰性的une baguette，因此她總是直接點deux baguettes（兩條棍子麵包），這樣說複數就不必管什麼陰性陽性了。我查不到這則小故事的確切出處，但我每回上麵包店時總是確切遵守這個陰陽調和的策略，然而我跟苗條的珍．柏金的不同之處在於——我買完之後，真的會把兩條麵包一起嗑下肚。

走樣的不只是我的身材，還有我原本認知的「自我」。我不再是從前那個常有晚餐邀約的女人，不再是從前那個關注巴勒斯坦問題、憂國憂民的知識分子——現在我空閒時老是在研究最新款的嬰兒車，以及背誦嬰兒腹絞痛的可能原因，而這種從「女人」到「母親」的轉變似乎是難免的事。例如：有次我回美國時買了一本美國的準媽媽雜誌，其中的一幅跨頁廣告就有幾位孕婦身穿鬆垮垮的襯衫和男用睡褲，而文案寫著「舒適得能讓妳穿上一整天」。此外，我或許是想逃避那本怎麼樣都寫不完的書，竟開始幻想離開新聞圈，想去受訓改行當助產士算了。

最後，隨著懷孕這件事應聲而倒的還有「性愛」。雖然原則上孕婦仍可以做愛做的事，但《懷孕知多少》這類書都說懷孕期間發生性行為不太妥當。「雖然就是這件事讓妳走到今天的情況，但現在再做這事可能會給妳帶來許多麻煩。」作者如是說。此外，這本書的作者還細數孕期不建議發生性行為的十八種原因，其中包括「陰莖進入陰道可能導致感染」。就算孕婦真的要享受魚水之歡，書上也建議準媽媽要「一兼二顧」，在性行為的同時練習一下凱格爾運動，這樣可以訓練產道，有助分娩。

這些建議真的會有人乖乖照做嗎？我不確定，或許準媽媽們都跟我一樣，只記住了那種擔憂的情緒而已。雖然我人在國外，這些資訊仍然威力十足，有鑑於我這個人非常容易被牽著鼻子走，離這些資訊的發源地遠一點反倒是好事，這樣的距離或許可以讓我對育兒這件事多一些反思空間。

此時我已經開始懷疑，在法國生兒育女也許會是截然不同的經驗。我坐在巴黎的咖啡店裡，就算一粒圓滾滾的大肚子頂在桌邊，也不會有人跳出來警告我咖啡因對胎兒有害，不但如此，客人往往就在我旁邊大剌剌地抽起菸來。在法國，有陌生人注意到我的肚子時，他們會問我：「妳在等小孩子來嗎？」我過了一陣子才明白，這句話並不是在問我要跟哪個逃學的六歲小童共進午餐，這在法文裡的意思就是：「妳懷孕了嗎？」

是的，我在等小孩子來，這大概是我今生做過最重要的一件事了。雖然我對巴黎還有些猶疑不安，但在這個城市當孕婦確實是一件不錯的事，因為在這裡不需要面對他人的評語。雖然巴黎是世界上數一數二的國際大都會，但我常常感覺像是活在自己的世界裡，因為處在法文環境中，大家講到自己認識哪個名人以自抬身價時，我往往搞不清楚狀況，而大家說自己讀過的學校我也沒什麼概念，換言之，種種法國人拿來判斷一個人社會地位的指標我都不了解，而因為我是老外，法國人自然也無法一眼看出我的社經地位。

當初我包袱款款來到巴黎時，並沒有想到會在這裡長期定居，但現在我開始擔心，西蒙似乎太喜歡這個異鄉人的身分了，他從小到大住過這麼多國家，因此會有這個傾向似乎很自然。他自己也老實跟我說，他感覺自己跟許多人、許多城市都很親近，他並不需要一個真正的「故鄉」來建立自己的歸屬感。他把他這種風格稱為「半獨立式」，就像倫敦市區常見的那種房屋建築一樣。

我們那些來自英語系國家的朋友已經有不少人離開法國，大多是因為工作調職的緣故。然而，我跟西蒙的工作其實不是非得待在巴黎不可，除了這裡的起司盤，我們其實沒有任何實際的原因要留在這裡。而「沒有原因」加上一個即將呱呱墜地的孩子，卻似乎成為最強而有力的理由了。

「妳在等小孩子來嗎？」
在法文裡的意思就是：「妳懷孕了嗎？」

Chapter 2
巴黎生子記

我們新家附近的環境並不像明信片上會出現的巴黎。我們住的公寓在一條細窄的人行道旁，附近是華人服飾區，走在路上常有拿著大袋成衣的男人擠過身旁，一點也感覺不出我們跟艾菲爾鐵塔、聖母院和優雅蜿蜒的塞納河是在同一座城市。

但我們在這一區卻適應得滿好的。我跟西蒙都探勘到附近自己最愛的咖啡館了，每天早上就出發到各自的咖啡館待著，各自享受開心的個人時光。法國咖啡店裡的社交規則也很不一樣：跟店裡的服務生開開玩笑可以，但最好別跟其他客人攀談（除非他們也坐在吧檯跟服務生聊天）。雖然我在這裡像是活在自己的世界裡，但我真的很需要跟其他真人互動，於是有天早上，我試圖跟店裡的一位常客聊聊，因為過去幾個月來我每天都看到他。於是我告訴他，他長得很像我的一個美國朋友——我說的是真話。

「誰？喬治克隆尼嗎？」他酸溜溜地問道。那是我們唯一也是最後的一次交談。

我跟鄰居的互動則好一點。我家樓下摩肩擦踵的人行道通往一個鋪滿碎石子的小院子，院子四邊全是平房和公寓。這些房子的居民形形色色，有藝術家、年輕的白領階級、神秘的失業人士，還有一些年紀很大的老太太，她們踏著蹣跚的步伐走在崎嶇不平的石子地上，常讓人看了捏一把冷汗。由於我們跟他們實在是毗鄰而居，因此打照面時他們想不打招呼也不行，雖然有少數幾位芳鄰還是可以成功地忽略我。

很幸運的是，我們家隔壁住了一位名叫安妮的建築師，她也是孕婦，而且預產期早我幾個月。雖然我跟所有英美孕婦一樣，正忙著「大吃大喝大煩惱」，但我還是注意到一件事：安妮以及我認識的其他法國孕婦面對懷孕的態度，跟我有著天壤之別。

第一，我發現法國女人並不會把懷孕當成一個獨立研究專案。雖然法國也有不少關於育兒的書籍、雜誌和網站，但對法國人而言，這些都不是必讀資訊，也很少人會大量閱讀，至少在我認識的法國人當中，沒有人會考慮自己該選擇哪一套育兒哲學，也沒有人講得出各種教養術語。在法國，沒有哪一本新出的育兒書籍是非讀不可的暢銷書，家長也不會把專家的話奉為聖旨。

一位巴黎媽媽告訴我：「這種書對於沒自信心的人可能有幫助，但我還是不相信孩子可以照著書上養。養小孩要跟著自己的感覺走。」

我認識的這些法國女人對於生兒育女這件事並非毫不用心，也並非不在意胎兒的健康，她們對於懷孕這件事帶著同樣敬畏的心情，也會關心及意識到自己的人生將邁向全新階段，只是她們用不同的態度面對這個轉變。美國女人表示在意的方式經常是擔心，以及展現我們願意自我犧牲的情操，即使是懷孕時也不例外。而法國女人表達自己在意這件事的態度，則是儘可能表現得冷靜沉穩，並且誇耀自己並未因此放棄生活中所有的樂事。

我曾在法國的《懷胎九月》（Neuf Mois）雜誌上看到一個跨頁特輯，照片裡有一位大腹便便的棕髮美女，她穿著成套的美麗蕾絲衣裳，嘴裡正咬下一口美味甜點，還舔著手指上的果醬。雜誌裡還有一篇文章提到：「懷孕的妳，請好好寵愛妳心裡的那個女人。最重要的是，請忍住別把另一半的衣服搶過來穿。」此外，雜誌裡還列了一份有助準媽媽催情的食物清單，榜上有名的有巧克力、薑、肉桂，最後當然少不了一種非常「法國」的食物——黃芥末。

而法國女人確實信奉這些原則，這是我有次去莎米雅家才發現的。莎米雅是一位住在我家附近的法國媽媽，她是阿爾及利亞移民第二代，從小在沙特爾長大。那次她邀我去參

懷孕的妳，請好好寵愛妳心裡的那個女人。
最重要的是，請忍住別把另一半的衣服搶來穿。

觀她家，進到公寓後，正當我忙著欣賞她家的挑高天花板和水晶燈時，她從壁爐架上拿起一疊照片。

「這張是我懷孕的時候，這張也是。妳看，大肚子！」她邊說邊遞給我幾張照片。莎米雅說得沒錯，照片中的她的確大腹便便。除此之外，她的上半身還一絲不掛。

我驚愕不已，因為第一，我們對話時用的還是法文中的第二人稱敬稱「vous」（您），而這會兒她卻隨興就讓我看了她的裸照，但我另一個驚訝的原因則是因為莎米雅這些照片實在太美，她看起來簡直像雜誌內衣廣告裡的模特兒——只差沒穿內衣。

當然，莎米雅本來就是個有點戲劇化的女人，她平常去托兒所接她的兩歲小朋友時，常常打扮得跟黑色電影的女主角一樣冶豔，一身米色風衣，腰身繫得緊緊的，雙眼框著粗黑眼線，嘴上一層剛塗好的鮮紅唇膏；此外，她也是我認識的法國人當中，唯一真的會戴法式貝雷帽的人。

即便如此，莎米雅其實只是在遵循一項法國人的傳統智慧：懷胎十月會使女人成為母親，但不該讓女人變得不像女人。法國的準媽咪雜誌上不只說孕婦可以有性生活，甚至還詳細教她們如何做。例如《懷胎九月》雜誌上就詳載了十種不同的性愛體位，其中包括：「騎乘式」、「反騎乘式」、「灰狗式」（雜誌上稱為「經典體位」）、「椅子式」；此外還有「划手式」，這個體位共有六個步驟，最後收尾的步驟是「讓女士的身體來回搖晃，可產生令她歡愉的摩擦……」。

此外，這本雜誌還比較了孕婦使用各種情趣用品的優點（「陰道球」可以，「按摩棒」等各種需要用電的產品則不行）。雜誌如是說：「不用猶豫！這是一件『多贏』的事，連小貝比也將深受其惠，因為您高潮時，小貝比會感受到『按摩浴缸效應』，如同享受水中按摩一般。」甚至還有一位巴黎爸爸曾經警告西蒙在我生產時別站在「事發的那一側」，這樣才可以在心中維持我那「女性的神秘感」。

法國準父母泰然處之的除了性愛，還有飲食。莎米雅把她和婦產科醫生的對話告訴我，我覺得聽起來簡直像笑話段子般幽默。她說：

「我問醫生：『我懷孕了，可是我很喜歡吃生蠔，怎麼辦？』

「醫生回答：『妳就吃啊！』接著他解釋：『妳看起來是很理智的人，料理之前記得洗乾淨就好了。想吃壽司也可以，去好一點的餐廳就行了。』」

不少人都以為法國女人懷孕時也菸酒不拒，但這個刻板印象早就該丟了，我認識的法國女人大都說她們懷孕時根本不喝酒，或只偶爾喝一杯香檳。這麼多年來，我在法國只看過一位孕婦抽菸，是街上的陌生人；那可能是她每個月唯一的一根菸也說不定。

法國人的觀念並非「只要我喜歡，有什麼不可以」，而是女人應該具備沉穩理性的態度。法國媽媽跟我不一樣，她們會仔細區分「違禁品」的嚴重程度，有些食品是有百害而無一益，有些則是淺嚐無妨，只要沒被污染即可。我家附近還有一個鄰居叫卡洛琳，她是一位懷胎七個月的物理治療師，她說她的醫生從來沒提過任何飲食限制，她也不曾主動問醫生，因為「不知道比較好！」她說她仍然照吃韃靼生拌牛肉，而且聖誕節時也跟家人一起大嗑鵝肝醬，但她總是在較高檔的餐廳用餐，不然就在家裡自己料理，而她在飲食上唯一的讓步，就是食用未經高溫殺菌的起司時，會把邊緣切掉。

我從來不曾親眼目睹法國孕婦吃生蠔，否則我想我應該會挺起巨大的身軀飛奔過去阻

法國人的傳統智慧：懷胎十月會使女人成為母親，但不該讓女人變得不像女人。

止她們，而這些法國女人一定會嚇傻。我可以想像每當我質問服務生每道菜用了哪些食材的時候，他們為何會感到丈二金剛摸不著頭腦，因為一般法國女人根本不會在飲食上如此小題大作。

法國的懷孕資訊並不會鑽牛角尖把重點放在一些發生機率很低的危機上，相反地，他們會強調孕婦最需要的是保持身心靈平靜。我曾看過某法國雜誌的一則封面標題是「盡情Spa的九個月」，而一本法國衛生部贊助發行的免費手冊中也寫到，手冊中的飲食原則有助胎兒「和諧發育」，還表示孕婦應享受各種食物風味所帶來的「啟發」。手冊指出：「孕期應該是一段愉悅的時光！」

那麼，法國人的這一套安全嗎？看起來確實如此，因為比較孕婦及嬰兒的各種健康數據就能發現，法國幾乎每一項都領先美國。法國的嬰兒死亡率比美國低了百分之五十七，且根據聯合國兒童基金會的資料顯示，法國新生兒出生體重過輕的約佔百分之六．六，而美國則有百分之八左右。此外，美國婦女在懷孕或分娩期間死亡的比率是四千八百分之一，法國婦女卻只有六千九百分之一。

對我個人來說，真正成功傳達法國人「享受孕期」觀念的並非上述數據，也不是我認識的法國孕婦，而是懷孕的母貓。我們屋前的中庭裡住著一隻身形苗條的灰眼貓咪，已經快生產了，她的主人是一位四十來歲的美麗畫家，她告訴我，她打算在小貓出世後再送母貓去結紮，她說：「因為我希望她至少享受過一次懷孕的經驗。」

當然，法國孕媽咪不只比我們冷靜，她們也跟那隻母貓一樣，都比我們苗條。還是有一些法國孕婦會變胖——普遍而言，法國婦女的體脂肪率似乎隨著距離巴黎市中心越遠而遞增。然而我在巴黎見到的中產階級孕婦，看起來幾乎都像美國那些走星光大道的名人，除了一顆籃球般的大肚子之外，四肢和屁股都瘦不隆咚的，從背後看幾乎看不出她們有孕在身。

無論在人行道上或在超市裡，法國孕婦的身形都常讓我瞠目結舌杵在原地，而這項法國標準可是明文訂定的。我把身高等體型資料輸入美國的孕婦體重計算器，算出的答案是我在懷孕期間最多可增加十五．九公斤，但法國人的算法卻規定我最多只能增加十二公斤（我知道這件事的時候卻已經太遲，回不去了）。

法國女人究竟如何嚴守這些上限？社會壓力是部分原因，因為無論朋友、姊妹或婆婆都會不斷傳達這類訊息，提醒孕婦「懷孕」並不是暢快吃到飽的萬用金牌（真慶幸我沒嫁給法國人）。我認識一位育有三名兒女的法國記者歐黛莉，她曾把自己跟德國嫂嫂的互動告訴我。

她那位德國嫂嫂原本的身材高高瘦瘦，「但她一懷孕，體型就像吹氣球一樣大得驚人，我看到她的時候簡直嚇死了，可是她對我說：『又沒關係，我現在有權利可以放鬆，我現在有權利可以變胖，這又沒什麼。』對我們法國人來說，這種話非常要不得，我們永遠不可能說出這種話。」她還接了一句宛若社會學研究的話，但其實是補了我一槍：「我覺得美國人跟歐洲北部國家的人都比較放鬆啦——在美感這方面。」

在法國，孕婦要維持身材是天經地義的事。有次我去看足科門診，醫生原本在幫我看腳，卻突然指示我應該用甜杏仁油按摩肚皮以預防妊娠紋（我乖乖照做了，真的沒長半條妊娠紋喲）。在法國的育兒雜誌中，也常常能看到大篇幅的專題報導，教孕婦如何將懷孕對胸型的傷害減到最低（訣竅是維持體重，並每天用冷水沖胸部）。

法國醫生也將孕婦的增重上限奉為聖旨。住在巴黎的英美孕婦往往定期受到驚嚇，因為我們常被婦產科醫生斥責超重，就算只超過一點點也不行。我曾聽一位嫁給法國人的英國女人回憶她在巴黎的產檢經驗，她怒氣沖沖地說：「這就是法國男人想讓他們的女人保持好身材的詭計啊！」在法國，就連小兒科醫生也有權在婦人抱著新生兒來看診時，對她們產後的肚皮批評兩句（幸好我們的小兒科醫生只默默投以憂心的眼光）。

法國孕婦身材不走樣的主因是她們絕不暴飲暴食。法國的懷孕指南書籍可沒叫孕婦在睡前大啖雞蛋沙拉，也沒叫她們吃飽了還繼續吃，好替胎兒攝取更多養分。這些在「等小孩子來」的法國準媽咪每天吃的還是營養均衡的普通飲食，一如所有健康的成年人。我曾經看過一本法國的懷孕指南，書上建議若孕婦吃完正餐還覺得餓，可在下午時多吃一份點心，內容可以是「六分之一條棍子麵包」加一塊起司，並搭配一杯水。

在法國人看來，孕婦對食物的渴望是一種需要除之而後快的想法，我親耳聽過美國孕婦說「我肚裡的寶寶想吃起司蛋糕」，但法國女人絕不會相信這種鬼話。有一本叫做《準媽媽指南》（The Guidebook for Mothers to Be）的法國懷孕書籍就提到，孕婦特別想吃東西時，應該吃一顆蘋果或一根生胡蘿蔔，如此便能轉移身體的注意力。

這些觀念聽起來很嚴厲，但實際上並非如此。法國女人並不認為懷孕就等於擁有一張大吃大喝的通行證，而其中的一大原因是因為，她們並不像我們，從成年之後便一直禁止自己吃愛吃的食物（然後在忍不住時偷偷摸摸大嗑）。蜜芮兒・朱里安諾的大作《法國女人不會胖》所言甚是，她寫道：「美國女人吃東西時常是偷偷摸摸，導致飲食帶給她們的不是愉悅，而是罪惡感。無論是欺騙自己吃東西並不快樂，或長期壓抑自己吃不喜歡的食物，都很可能導致體重不減反增。」

我到了懷孕中期時，發現巴黎有一個英語系國家父母的自助團體「訊息」。我立刻發現這些成員跟我的確是「同一國」的，因為他們會告訴我哪裡可以找到說英文的治療師、哪裡可以買到自排車，或者哪家肉店可以買到一整隻烤好的感恩節火雞（在法國很少有烤箱能容納一整隻火雞）。或是想知道怎麼從美國帶回一整車的卡夫起司通心粉嗎？這些「訊息」盟友告訴我，別帶裡頭的彎管通心粉，因為法國也買得到，只要把起司醬包塞進行李箱就行了。

「訊息」的成員欣賞法國生活的許多層面。例如：他們常在網路論壇上大讚法國買得到新鮮麵包、處方藥價格便宜，或者是他們孩子現在餐後吵著要吃的東西成了卡蒙貝爾起司，真有法國味。有位會員還笑說，她家的五歲小朋友會拿著摩比積木人偶玩「勞工罷工」的遊戲。

然而，這些英語系國家的朋友確實認為在法國生養孩子有些缺點，而且他們頑強抵抗。因此，他們會交換說英語陪產員的電話、跟會員購買哺乳枕，或一起大嘆法國醫生動不動就開栓劑給小朋友用。我認識的一位會員甚至因為不想讓女兒上法國的公立托兒所，就替她報了一間新開的蒙特梭利托兒所——那小女孩有很長一段時間都是托兒所裡唯一的學生。

這個團體中的婦女都跟我一樣，樂於把懷孕當成藉口，盡情尋求情感上的支持，盡情擔心、盡情購物、盡情大吃。在面臨強大的社會壓力要她們盡快減去孕期增加的體重時，這些成員也彼此鞏固自己原有的信念，例如我曾看到一位新手媽媽發表文章寫道：「我才不要浪費寶貴的時間去量我要吃幾公克的萵苣呢！」

而「訊息」裡的孕婦和我認識的其他英語系國家的人最進退兩難的事，就是決定如何分娩。我曾在羅馬認識一位選擇在義大利酒桶中分娩的美國女人（不過桶子裡裝的是水，不是灰皮諾葡萄酒）。還有一位邁阿密朋友不知在哪讀到生產的疼痛只是文化建構出來的感覺，因此她去練瑜伽，生她的雙胞胎時全程只靠呼吸法止痛。而在「訊息」團體贊助的育兒課中，還有一位孕婦宣布她要回雪梨生產，這樣才能確保擁有真正「澳洲式」的分娩過程。

對我們這些人來說，生產就像生活中其他事情一樣，最好都可以客製化。我的婦產科醫生說曾經有位美國病人給她一份長達四頁的生產計畫，鉅細靡遺地告訴她如何在分娩後按摩產婦的陰蒂，這樣產婦的性高潮會使子宮收縮，有助胎盤排出。此外有趣的來了，這份計畫書還要求醫生必須讓產婦的爸媽全程陪她生產。（這位醫生說：「我拒絕了，因為我可不想因此被警察抓走。」）

雖然我們很愛聊生產的話題，但大家卻從來沒提到一個事實，那就是根據世界衛生組織對各國醫療衛生的最新評量，法國醫療衛生體系的品質高居全球第一，而美國則排名全球第三十七。但我們這些英語系國家的人不理會這些資料，只一味強調法國的健康照護過度醫療化，十分違背「自然」。我常聽到懷孕的「訊息」成員擔心法國醫生會替她們人工催產，然後逼她們使用無痛分娩，最後再偷偷摸摸用奶瓶餵她們的新生兒，讓她們再也無法親餵母乳。雖然無痛分娩的風險很小，但許多英文的懷孕資訊往往再三強調，而採用「自然」方式分娩的女人則昂首闊步四處宣傳，似乎連走路都有風。

雖然法國貴為拉梅茲呼吸法的起源地，但現在無痛分娩在這裡極為普遍。以巴黎前幾大婦幼醫院及診所為例，有百分之八十七的產婦都採用無痛分娩（不包含剖腹產），而且這是平均值，有些醫院的數據甚至高達百分之九十八或九十九。

法國女人對無痛分娩沒什麼意見。常有法國媽媽問我要去哪家醫院生產，但她們絕不會問我打算用什麼方式生，她們對於分娩的形式似乎不怎麼在意。在法國，大家不會根據妳採用的分娩方式來評價妳，或因此判定妳是哪種類型的媽媽，對法國人來說，「分娩」的意義就是把小貝比從子宮平安送到妳懷裡，如此而已。

在法文中，不使用無痛分娩的生產方式並不叫「自然產」，而叫做「不使用無痛分娩的生產」（accouchement sans péridurale）。此外，如今法國的確有幾家醫院與婦幼診所備有分娩池和供產婦緊抓的大橡皮球了，但很少有法國女人會使用這些設備。我聽說在巴黎自然產的那百分之一或百分之二的產婦，幾乎都是像我這種發瘋的美國人，而其中少數幾位法國產婦，大多是來不及趕到醫院打無痛針的。

我所認識最「自然」的法國女人就是艾蓮了，她會帶兒女去野外露營，而且三個小孩都一路吃母奶吃到兩歲多，但她每次生產都使用無痛分娩。艾蓮認為這並沒有什麼矛盾；她就是喜歡有些事儘可能自然，有些事則打上一大劑藥物來輔助，為什麼不行呢？

對法國人來說，「分娩」的意義就是把小貝比從子宮平安送到母親懷裡，如此而已。

後來我因緣際會透過友人認識了珍妮佛和艾希克，這對三十來歲的夫妻具體展現了法國和美國之間的差異。珍妮佛是美國人，在巴黎一家跨國企業工作，艾希克則是法國人，從事廣告業，他倆住在巴黎市郊，育有兩個女兒。當年珍妮佛懷上第一胎時，艾希克心裡假定他倆要做的事情如下：第一，挑醫生。第二，挑醫院。第三，把孩子生下來。就這樣。沒想到珍妮佛卻抱了一堆跟山一樣高的育兒書回家，逼艾希克跟她一起K書。

直到今天，艾希克還是無法相信珍妮佛當年竟然試圖替自己的分娩過程擬定詳細流程。他回憶起那不忍卒睹的過去：「她說她要坐在氣球上生，還要泡在水裡生。」他接著說：「醫生告訴珍妮佛：『這裡不是動物園或馬戲團，妳要跟大家用一樣的方式生，就是平躺著，張開腿生。我告訴妳為什麼，因為這樣如果有突發狀況，我才知道該怎麼反應。』」

此外，珍妮佛後來要剖腹時，還要求醫生別替她打麻醉，好讓她體驗生產的感覺。艾希克說：「我從沒聽過哪個女人生小孩是像她這樣想讓自己痛死的。」

而關於生產，他們夫妻倆有一個最為刻骨銘心的共同回憶，我姑且稱之為「可頌的故事」。珍妮佛生產時，所有流程計畫都白費了，因為最後她竟得剖腹產。醫生請艾希克到家屬休息室等待。最後珍妮佛終於生下一個健康的小女嬰。接著在恢復室裡，艾希克告訴珍妮佛，他剛剛吃了一個可頌麵包。

這事已過了三年，但直到現在，珍妮佛一想到那個麵包，還是會氣得感覺血管裡的血都要沸騰起來。「我忙著生小孩的時候艾希克竟然沒（在休息室裡）陪我，他跑去外面買可頌麵包吃！所以我被推進手術室的時候，艾希克走出醫院，走過大街，進了一家西點麵包店買了幾個可頌，然後回到醫院吃他的可頌！」

珍妮佛原本在腦海中勾勒的情景並不是這樣。她說：「我老公應該要坐著緊張地咬指甲，然後一直想：『啊，不知道會是男生還是女生？』這樣才對吧！」她還提到，家屬休息室旁就有販賣機，艾希克大可以去買販賣機的花生就好啦！

接著輪到艾希克講述這個「可頌的故事」，他也一樣火大。他說對，旁邊是有一台販賣機，但他說「當時我壓力很大，我需要補充一些糖分。那時我知道外頭轉角就有一家麵包店，但結果那家麵包店是在有點遠的地方。可是他們是七點推珍妮佛進去的，我知道前面的準備工作會花一小時，然後生完應該是十一點左右，所以在那麼長的時間中，對，我是花了十五分鐘出去買吃的。」

起初我感覺這個「可頌的故事」是《男人來自火星，女人來自金星》的典型案例，但後來我意識到，這其實是個「男人來自法國，女人來自美國」的故事。因為從珍妮佛的角度來看，艾希克自私地追尋他的可頌麵包，象徵他不願意為了家庭和新生的孩子犧牲自己的愉悅，她擔心艾希克還沒把心放在養育子女這件事上。

然而從艾希克的角度來看，這件事根本不是如此，他知道自己已經很投入老婆生產這件事，他知道自己是個認真的爸爸，但同時，他仍是一個情緒冷靜、頭腦清楚的人，也還關心自己的感受，因此他能走到外面街上買麵包；他想當一個好爸爸，但也想吃一個可頌麵包。他告訴我：「在美國，有時我會覺得如果做一件事的過程太輕鬆，就應該因此感到罪惡。」

我想我應該不是那種會為了一個可頌麵包記恨多年的太太，或者如果是西蒙，他應該

一對「男人來自法國，女人來自美國」的夫妻，
具體展現了法國和美國之間的差異。

會記得把麵包屑拍乾淨。我的確也給了醫院一份輔導級的生產流程計畫——我要求醫院無論如何都不能讓西蒙剪臍帶，但除此之外，因為本人是個連用蜜蠟除腿毛都會尖叫的人，因此我應該不是自然產的最佳人選，也不認為生產的疼痛是文化建構的結果。

當時我比較擔心的是能不能及時趕到醫院，因為我聽從一位朋友的建議在一家遠在巴黎另一端的醫院生產，因此我怕如果寶寶決定在交通尖峰時段衝出來，麻煩可就大了。

而且我們還得招到計程車。巴黎的英語系國家人士流傳著一則謠言（這些人因為只是旅居異鄉，多半沒有自己的車），說法國的計程車司機會拒載產婦，唯恐需要清理後座的胎盤。此外，我不想在計程車後座分娩還有許多原因，例如拿西蒙來說好了，他膽小到連《懷孕知多少》裡頭的緊急自行分娩教學都不敢看。

我的陣痛大約從晚間八點開始，意思是我們才剛買到香噴噴熱騰騰的泰國菜，而我卻不能吃（我得在醫院病床上想像炒河粉的好滋味），但好處是這時路上車少。西蒙打電話叫了計程車，我上車時憋著不敢出聲，生怕這位五十來歲的鬍子大叔一眼看穿——就讓他努力猜吧！

但我根本是窮擔心。車子往前開之後，大叔聽到我在後座呻吟，他立刻變得欣喜若狂，他說他開車這麼多年，終於等到這種任務了。

車子在夜空下疾駛穿越巴黎，我忍不住解開安全帶，滑坐到計程車地板上，陣痛越來越強烈，我止不住地慘叫——蜜蠟除毛算什麼呢！這時我已完全放棄原本自然產的美夢。西蒙把車窗打開，不曉得是想讓新鮮空氣進來，讓我舒服點，或者是想蓋住我的呻吟聲。

在此同時，這位司機大叔越開越快，路燈如流星般劃過我頭頂。大叔扯開喉嚨大談二十五年前他兒子出生的故事。每次陣痛的間隔，我便在地上開口求他：「拜託開慢一點！」西蒙不發一語，面色慘白，眼睛直盯著前方。

「你現在心裡在想什麼？」我問他。

「荷蘭足球。」他回答。

車子開到醫院後，大叔把車停在急診部門口，然後立馬跳下車衝進醫院；我感覺大叔似乎想一起參與我們的生產過程。不久後，他滿頭大汗、氣喘吁吁跑回來，大叫道：「他們在等妳進去了！」

我拖著蹣跚的腳步走進醫院，西蒙則留在原地付車資，並且苦勸司機大叔離開。我一見到助產士就儘可能用我最標準的法文說：「Je voudrais une péridurale!」（我要打無痛分娩！）假如這時我手上有一疊鈔票，我一定拿起來朝她猛揮。

結果呢，原來雖然法國人對無痛分娩十分狂熱，但他們可不是說打就打。助產士帶我到一間檢查室，檢查了我的子宮頸，然後帶著困惑的微笑抬頭看我。原來這時我的子宮頸才開不到三指，而產婦最多可能開到十指。助產士說，來生的孕婦通常不會這麼早就說要打無痛分娩喔，所以她還不會叫麻醉師來——麻醉師這時大概在享用他的炒河粉晚餐吧！

然而，助產士倒是放上我這輩子聽過最舒緩的音樂，那是一種類似西藏催眠曲的旋律。接著她幫我打了止痛點滴，我便疲倦地睡著了。

接下來我的分娩過程有大量的醫療協助，非常輕鬆愉快，我就不跟大家描述細節了，總之多虧無痛分娩，把寶寶擠出來的過程就跟瑜伽動作一樣力道強而精準，但又沒有瑜伽

雖然法國人對無痛分娩十分狂熱，
但他們可不是說打就打。

動作的折磨；我全神貫注在分娩過程中，就連我生完後，醫生那十幾歲的女兒從家裡走來向她媽要錢我都不怎麼在意。

結果我的麻醉師、助產士和醫生都是女生（西蒙全程陪著我——他站得離「事發的那一側」很遠很遠）。破曉時，我的寶寶出生了。

我不曉得在哪裡讀過，聽說嬰兒出生時會長得像父親，這樣父親才能確定孩子是自己的，便可激勵父親外出打獵（或去投資銀行上班）養家。而我看到女兒第一眼時，我覺得她跟西蒙不只像——她的臉根本就是西蒙的等比例縮小版。

我們跟女兒依偎了一陣，接著護士便把女兒抱去，替她穿上一套法式風格、低調有型的衣服，這是醫院提供的，甚至配著一頂亞麻色毛線帽（beanie）。女兒是有正式的名字，不過就因為這頂帽子，我們後來幾乎都叫她「小豆」（Bean）。

我在醫院住了六天，這是法國的標準流程，而且我實在沒理由出院，因為住在醫院裡，每餐都能吃到剛出爐的新鮮麵包（因此老公也不需要溜出去買可頌），外頭有一座陽光普照的庭院，我有時間就溜出去散散步。最後，病房裡的酒單品項繁多，甚至還可以點香檳。第三天時，我還一直忍不住對小豆說：「妳前兩天都還沒生出來耶！」西蒙連假笑兩聲都懶得配合。

在法國生小孩可獲贈指南一本，這簡直像在強調全法國的人都遵循同一套法國式教養原則。每個新生兒都擁有一本《健康手冊》（Carnet de Santé），這是一本白色的平裝冊子，會一直跟著孩子到十八歲那年。孩子每次看診或打疫苗，醫生都會寫進這本手冊，所有身高、體重和頭圍資料也會記錄在裡頭，此外手冊還附了基本須知，教導新手父母該給新生兒吃什麼、如何替新生兒洗澡、何時該回醫院檢查，以及如何判別新生兒的健康問題等。

但這本神奇的手冊可沒告訴我小豆之後會大變身的事。小豆滿月時外表仍跟西蒙非常相像，她的眼睛和頭髮都是深棕色的，甚至臉上還有西蒙的酒窩，唯一值得懷疑的就是她媽到底是誰吧！我的頭髮和眼珠都是淺色的，看來在第一回合的淘汰賽中，我的基因輸給了西蒙那性格的地中海基因。

然而，小豆兩個月大時卻來了一場「變形記」。她的頭髮由褐轉金，而原本棕色的眼睛竟然變成了藍色，我們的地中海小寶貝突然變得像個小瑞典人了。

小豆在法律上是美國公民（等她年紀大一點之後，她可以申請法國公民權），但我懷疑再過幾個月，她的法文就會比我好了。我不曉得我們該把她教養成一個美國小女孩或是一個法國小女孩——而且決定權很可能不在我們手上。

在法國醫院，產婦每餐都能吃到剛出爐的新鮮麵包，病房裡的酒單品項繁多，甚至可以點香檳。

Chapter 3
她現在
可以睡過夜了嗎？

我和西蒙把小豆帶回家幾週後，我們那中庭四周的左鄰右舍開始會問我們一句話：「她會過她的夜了嗎？」（Elle fait ses nuits?）

這就是法文的「她現在可以睡過夜了嗎？」，而這是我頭一次聽到。剛開始被這樣問時，我覺得這說法滿讓人安心的，因為說夜晚是「她的」，感覺像是她遲早會手到擒來，總有一天可以一覺到天亮，不像英文裡說：「Is she sleeping through the night?」「夜晚」的前面沒加所有格，彷彿她永遠無法戰勝晚上似的。

但不久後我就被問煩了。小豆當然還不會「過她的夜」啊，她才兩個月大耶！（後來變成三個月大。再後來變成四個月大。）小嬰兒的睡眠狀況本來就不好，這件事大家應該都懂吧。我的確認識少數幾個美國朋友的新生兒是可以晚上九點睡著、早上七點起床的，但這純粹是上輩子修來的福，我認識大部分的美國父母晚上都得起來哄小朋友，大約到孩子一歲之後情況才會改善。老天，我甚至認識一些小朋友到四歲都還會在晚上跑進爸媽房裡呢！

英語系國家的親朋好友都比較能理解這點，他們問的都是開放式的問題，好比：「她現在睡得怎樣啊？」而且他們其實根本不是在問問題，這句話比較像在提供筋疲力盡的父母一個發洩的機會。

在我們眼中，「生小孩」就等同「睡眠不足」，這是天經地義的事。舉例來說，我曾在英國《每日郵報》上讀到一則報導：「小孩兩歲前，父母平均會減少六個月的睡眠。」這則報導引用的是一份床墊公司委託執行的研究，而且在讀者心中似乎頗有說服力，因為新聞下面有個讀者留言寫著：「慘的是的確如此，我的女兒一歲，這十二個月以來，她從來沒有一覺到天亮過，我們夫妻倆可以連續睡四個小時就已經算很幸運了。」根據美國國家睡眠基金會執行的調查顯示，全美國有高達百分之四十六的幼兒無法睡過夜，然而卻只有百分之十一的家長認為自己的孩子有睡眠問題。我還曾經在佛羅里達州勞德代爾堡的街上看到一個小小孩的T恤前面印著：今晚三點，我在嬰兒床開party！

我那些英語系國家朋友多半認為孩子的睡眠需求跟大人不同，因此他們只好配合小朋友。有天我跟一位英國朋友一起在巴黎街頭逛，她帶著兒子，兒子還是個幼兒，後來他突然窩進朋友懷裡，把手伸進她衣服裡抓著胸脯，不一會兒就睡著了。讓我看到這個小朋友的習慣，我朋友很尷尬，但她低聲解釋說，她兒子非得這樣才睡得著。接下來的四十五分鐘，她就用這樣的姿勢抱著兒子四處走。

至於我跟西蒙，不消說，我們當然早已決定了寶寶的「睡眠策略」。我們的大前提是小朋友喝完奶後不能馬上睡。從小豆出生的那一刻起，我們一直很努力做到這點，但根據我的觀察，這個策略完全無效。

最後我們沒辦法，只得放棄這個理論，另闢活路。我們讓小豆白天待在自然光源下，晚上則待在陰暗的環境，每天晚上同一時間讓她泡澡，另外還盡量拉長她每餐間隔的時間。此外，我甚至還有一陣子只吃餅乾和布里乳酪度日，因為聽別人說高脂肪飲食能讓母乳變得濃稠，這樣比較能夠止飢。最後，還有一位來作客的紐約朋友說，她讀過一個說法，說可以在嬰兒耳邊發出很大的噓噓聲，模仿他們在媽媽子宮裡所聽到的聲音——我和西蒙真的乖乖發了好幾個小時的噓噓聲。

我們千方百計怎麼試都沒用，小豆三個月大時，每晚依舊醒來好幾次，她一醒來，我

「她會過她的夜了嗎？」說夜晚是「她的」，感覺像是她總有一天可以一覺到天亮。

們就要花很長的時間才能把她哄睡，我要先餵奶讓她睡著，然後還得把她抱在手上十五分鐘，確定她睡熟了，這樣把她放回搖籃時才不會又醒來。西蒙這人一向習慣「展望未來」，而他這種世界觀現在成了一種詛咒——他現在每到晚上就會陷入憂鬱，因為他深信這種情形將持續到永遠。而我呢，我是一個目光短淺、缺乏遠見的人，但現在這種想法倒高明多了，因為我不會去想這種煉獄到底會不會再持續半年（雖然答案是會），反正我就努力撐過每個無情的夜晚就對了。

我釋懷的另一個原因是，這件事我早就知道啦，家裡有小嬰兒的人沒辦法睡覺本來就理所當然吧！我認識的英美父母之中，幾乎所有人都說他們的小朋友八、九個月大時才能睡過夜，有些甚至更晚。西蒙有一位佛蒙特州朋友的兒子每天半夜三點都會醒來，我們問他兒子什麼時候開始一覺到天亮。「很早喔，」他邊說邊轉頭問他老婆，「我記得他好像一歲的時候就可以了吧！」而一位住在巴黎的英國律師克芮絲汀則說她一歲四個月的女兒已經可以睡過夜，但她「睡過夜」的定義是「一個晚上醒來兩次，可是每次只有五分鐘喔。」

我每次聽到這些比我們更悽慘的案例，心裡就會感到十分安慰，而且這類例子還真不少。我有個表妹每晚讓十個月大的兒子跟她一起睡，而她生產至今一直還沒回學校教書，其中一部分原因就是因為她每天晚上幾乎都在餵寶寶喝奶。我常常打電話問候她：「妳兒子現在睡得怎樣啊？」

而我聽過最慘的案例是愛麗森。愛麗森是我一位朋友的朋友，住在華盛頓特區，兒子七個月大，她說她兒子從出生到六個月大時，每兩個小時就要吃一次奶，從不間斷。到了七個月大，他的睡眠週期才漸漸拉長為四個小時。愛麗森擁有美國常春藤盟校的高學歷，是個行銷專家，但她跟我聊天時，對於自己筋疲力盡的生活，以及被迫中斷的事業生涯都只聳肩帶過，並沒有多說什麼。她認為自己別無選擇，只能迎合兒子像在懲罰媽媽的獨特睡眠習慣。

不想晚上起床的人或許可以試試一種姑且稱為「睡眠訓練」的方法，亦即不哄嬰兒，讓他們自己「哭到累」。我讀了很多這類文章，但看起來睡眠訓練只適用於六、七個月以上的孩子。愛麗森說她曾試過一次，但後來放棄了，因為她覺得那樣對孩子太殘忍。每回網路上有人討論「睡眠訓練」時，往往很快就會演變成筆戰，很多人都會反對，說這種做法很自私，甚至是虐待兒童。例如我曾經在「牙牙學語」（babble.com）網站上看到一位媽媽寫道：「我覺得睡眠訓練令人作嘔。」還有另一則留言說：「想一覺到天亮的人就不要生小貝比啊！去領養一個現成的三歲小孩算了。」

雖然「睡眠訓練」聽起來很糟糕，但我和西蒙其實比較認同這個理念，只是我們覺得小豆年紀太小，還不適合接受這種軍事化訓練。我倆的觀念和所有英語系國家的親朋好友一樣，我們認為小豆之所以會在晚上醒來，是因為她肚子餓，或是需要我們替她做什麼事，或是因為小嬰兒生來如此。她還是個這麼小的小貝比，我們怎麼能不順著她呢？

我也跟一些法國父母聊過孩子的睡眠，這些法國人有些是我鄰居，有些是因為工作上往來的人，有些則是透過共同朋友認識的，而他們的兒女睡過夜的時間都比我們早得多。莎米雅的女兒現在兩歲，她說女兒六週大就開始「過她的夜」了，她還把那天的日期寫了下來。住在中庭旁邊的史黛凡妮是個身材削瘦的稅務稽查員，還記得當我請教她兒子尼諾

我認識的英美小朋友幾乎都八、九個月大時才能睡過夜，有些甚至更晚。

多大開始「過他的夜」時，她露出窘迫的表情。

「噢，很晚啦！」她說。「他十一月才開始過他的夜，所以這樣差不多是他……四個月大的時候！我覺得好晚噢。」

還有些法國寶寶的睡眠案例夢幻到不可思議的程度。好比雅蕾姍妲，她在一家托兒所工作，家住巴黎郊區，她說她的兩個女兒幾乎都是一出生就可以睡過夜了。「她們還在醫院嬰兒室的時候就可以睡到早上六點才起床喝奶。」雅蕾姍妲說。

許多法國寶寶都喝配方奶，或是母奶跟配方奶混著喝，但這似乎不是關鍵，因為我知道一些喝母乳的法國寶寶也很早就開始過他們的夜了。有幾位法國媽媽告訴我，她們重回工作崗位後就停止餵母乳，讓孩子改吃奶粉，這時小朋友大約三個月大，然而小朋友早在這之前就能過他們的夜了。

原本我以為我認識的這些法國父母只是少數的幸運兒罷了，但不久後我發現這是鐵一般的事實：法國的嬰兒確實都很早就可以睡過夜，睡得好的法國小貝比就跟睡不好的美國小貝比一樣普遍。我突然覺得我的芳鄰們沒那麼討厭了，因為他們原來不是在挑釁我，而是真的認為兩個月大的小嬰兒已經可以開始「過她的夜」了。

法國父母並不認為小朋友一出生就得開始正常睡覺，但當家長對於半夜起床開始感到吃不消的時候，小朋友差不多就剛好可以一覺到天亮了——通常都是兩、三個月大的時候。對法國的新手父母來說，半夜被吵醒只是短期的問題，並不是長期的折磨，我聊過的每一位法國父母都認為小嬰兒最晚在六個月前一定可以、也一定要學會睡過夜。《媽媽！》（Maman!）雜誌裡就有一篇文章寫道：「有些寶寶六週大就能一覺到天亮，有些則遲至四個月才能找到他們自己的節奏。」銷路極佳的睡眠指南《睡眠、夢境與兒童》（Le Sommeil, le rêve et l'enfant）也提及，孩子在三到六個月大時「就可以一覺到天亮，最少睡上八、九個小時，這時父母終於可以再度享有不受干擾的一夜好眠了」。

當然，法國寶寶之中也會有少數特例，否則法國就不會有這些嬰兒睡眠專書和專長是兒童睡眠的小兒科權威了。有些嬰兒早在兩個月大時就能一覺到天亮，幾個月後卻又開始半夜醒來，此外我也確實聽別人說過，有的法國小朋友直到週歲才學會一覺到天亮，但老實說，我在法國住了這麼多年，這樣的小朋友我連一個都沒有遇過。小豆後來有幾位很要好的朋友，其中一位的媽媽叫做瑪麗詠，她說她兒子六個月大才開始一覺到天亮，而這就是我在巴黎聽過最慘的案例了。我認識的巴黎朋友大部分都跟波爾的情況差不多——波爾是一位建築師，據他說，他三個半月大的兒子不只可以睡過夜，而且一定睡足十二個小時，從晚上八點到早上八點。

但最讓人抓狂的是，這些上輩子燒了好香的法國父母雖然說得出孩子何時開始睡過夜，卻無法解釋背後的原因。他們從沒提過像是「理查佛柏睡眠訓練」這類的訓練法，此外，這些法國父母都說他們絕不會讓寶寶哭個不停而不理會，甚至我提到所謂理查佛柏訓練法時，這些法國爸法國媽還感到不太舒服。

我也問過年紀比較大的法國父母，但仍然一無所獲。例如，我曾把我家寶寶的睡眠問題告訴一位五十來歲的法國女性，這位穿著窄裙和細高跟鞋上班的資深公關從業人員顯然非常震驚，她問：「妳不能用點東西讓她睡嗎？譬如給她吃藥之類的啊？」她還說再怎麼不濟，我也應該把女兒託給別人，然後去做SPA放鬆一、兩個禮拜。

對法國的新手父母來說，半夜被吵醒只是短期的問題，並不是長期的折磨。

但我認識的法國年輕父母之中，從來沒有人下藥讓小朋友昏睡，也沒有人逃跑去做蒸氣浴舒壓，大部分法國人都說他們的寶寶確實是自己學會拉長睡眠時間的。例如那位稅務稽查員史黛凡妮就說她並沒有做什麼。她說：「是我兒子自己決定的。」

三十三歲的法妮也這麼說。法妮是幾本財經雜誌的發行人，她說她兒子安托萬原本每天凌晨三點都要吃一次奶，但這個習慣到三個月時自動消失，從那之後他就天天睡過夜了。法妮是這麼向我解釋的：「是他自己決定要繼續睡的，我沒做什麼事強迫他。反正小朋友餓了妳就餵他吃東西，其他事他自己會調整。」

法妮說的時候，她老公文松也在一旁聽，他補充說明，法妮就是在兒子滿三個月的時候回公司工作的。和我聊過的其他法國父母一樣，文松也說這個時間點並非巧合。他說安托萬是知道媽媽要開始早起上班了。文松還拿螞蟻用觸角交換化學氣味來比喻，他說這是一樣的道理。

「我們很相信所謂的feeling，」文松說到「感覺」的時候還特別用英文，「我們覺得小朋友其實懂很多事。」

我確實跟法國父母問到幾個幫助嬰兒睡眠的妙招。幾乎所有人都說，在小朋友出生的頭幾個月，他們會讓小朋友白天待在光線充足的環境中，就算睡覺時也一樣，到了晚上則把他們放在陰暗的地方。此外，幾乎每個法國父母都說，他們從孩子出生的那一天起，就開始仔仔細細「觀察」孩子，然後按照孩子自己的「節奏」來照顧他們。這些法國爸法國媽真的老是把節奏掛在嘴邊，感覺他們不像在養小孩，比較像在組搖滾樂團。

雅蕾姍妲的孩子幾乎都出生沒多久就可以睡過夜了，她說：「小朋友出生到六個月大這段期間，最重要的事就是要尊重他們睡眠的節奏。」

我也很常觀察小豆啊，而且還經常在凌晨三點的時候起床觀察呢，為什麼我們家從沒出現過那種神奇的節奏呢？假如一覺到天亮是一件自然而然發生的事，為什麼我們家就是沒辦法自然一點咧？

這時我已經認識了幾位法國新朋友，嘉比艾兒就是其中之一。有天我向她抒發我滿腔的挫折感，她聽完後，推薦我讀《孩子與睡眠》（L'enfant et son sommeil）這本書。她說這本書的作者愛蓮．德利思奈德是巴黎很有名的一位小兒科醫師，專精的領域正是小兒睡眠。

這本書讓我摸不著頭緒。我早已習慣美國育嬰書那種直截了當、自救式書籍的寫法，但愛蓮．德利思奈德的書卻引普魯斯特的話做為開場，接著鋪陳了一段謳歌睡眠的頌詞。

「睡眠形塑孩子，也形塑一個家庭的生命樣貌。為能使孩童與雙親分離幾個鐘頭，孩童必須相信即使自己暫時無法控制身體，身體仍能自行延續生命。孩子必須沉穩祥和，才能觸及那奇異玄妙的『夜之思想』。」德利思奈德醫師如是說。

《睡眠、夢境與兒童》書中也寫到，嬰兒必須先接受自己與外界的分離，才可能睡得好。「嬰孩發現寧靜長夜的喜樂，並安然面對獨處，這難道不是一個最好的徵兆，證明孩子已發現內心平靜並超越心中的憂傷了嗎？」

法國育兒書籍中，就連一些科學描述的章節內容都非常「存在主義」。例如睡眠中我們稱為「快速動眼期」的階段，法國人卻稱為矛盾睡眠（sommeil paradoxal），因為在這個階段中，人的身體已靜止，但腦部卻十分活躍。因此請看德利思奈德醫師寫得多麼玄

法國父母從孩子出生的那一天起，就開始仔細觀察孩子，然後依孩子自己的「節奏」來照顧他。

妙：「學習睡眠和學習生活，這二者難道不是同義詞嗎？」

我還是不曉得該如何應用這本書的知識，畢竟我並不是想用什麼後設理論來看待小豆晚上醒來這件事，我看書是希望找到讓她睡過夜的方法，如果法國父母都沒辦法解釋他們的小寶寶為什麼睡得這麼好，而法國的嬰兒睡眠書籍又寫得像晦澀難懂的詩，那我到底該如何找出答案？一個可憐的媽媽想得到一夜好眠，到底可以怎麼做？

神奇的是，後來我頓悟了法國寶寶一夜好眠的道理，竟然是在回紐約時。那時我回美國探望親友，順便親身感受一下美式教養的氣氛，期間我在翠貝卡待了幾天。翠貝卡是曼哈頓下城的一區，原本工業建築林立，現在大都改建成小豪宅了。那幾天我時常去住處附近的一個遊戲場，和其他媽媽閒話家常。

在此之前，我一直以為自己已經知道許多教養知識，但跟這些美國女人一比，我根本只是個半吊子，因為她們不但把所有該讀的育兒資訊都讀了，而且還像時髦混搭的名牌服飾一樣，會把各種教養方式排列組合成自己的風格，例如處理孩子睡眠時信奉某一套，管教時信另一套，然後處理小朋友的飲食又遵循另一種做法。不只如此，我在翠貝卡跟媽媽很膚淺地提到「親密育兒法」（attachment parenting）這個詞時，還立刻被她糾正。

她說：「我不喜歡這個說法，因為哪個父母跟小孩不親密啊？」

我也和這些美國媽媽聊到她們小朋友的睡眠狀況。我以為她們想必又會引述一堆理論，然後像大部分的美國人一樣抱怨她們的小朋友已經週歲了還每晚醒來兩次，但令人意外的是，她們並沒有這麼說。她們說翠貝卡很多嬰兒都從兩個月大就開始一覺到天亮了，好法國啊。其中有位從事攝影的媽媽告訴我，這裡很多媽媽都會帶小朋友去看一位米歇爾・柯恩醫師；她唸這位小兒科醫生名字的時候，發音還很有法國味。

「他是法國人嗎？」我試探著問。

「對啊！」這位攝影師媽媽回答。

「是真的從法國來的法國人嗎？」我又問。

「真的從法國來的啊！」她回答。

我馬上約了柯恩醫師。見面當天，我走進他診所的候診室，只見那裡的座椅是美國的伊姆斯（Eames）休閒椅，牆上貼的是七〇年代復古風格壁紙，還有一位頭戴男用軟呢帽的同志酷媽，就連櫃檯小姐也只穿著一件休閒的黑色背心，她喊著病人的名字：「艾拉？班杰明？」——整間診所呈現出來的調調完全是紐約翠貝卡，一點也不巴黎。

後來柯恩醫師從看診室裡走出來，我立刻明白他為什麼能成為「媽媽殺手」。這位柯恩醫師有著一頭隨興蓬亂的棕髮，水汪汪的黑眼睛，曬得一身健康的膚色，身上穿著名牌襯衫，下襬沒紮，下半身則穿著五分長的百慕達褲。柯恩醫師已經來美國二十年，但說起話來依然帶著迷人的法國腔和法文用法。（例如他會說：「當我把我的建議給病人的時候……」）這時他已經看完診，他提議我們到附近的一家咖啡店坐著聊——我當然開心說好囉！

柯恩顯然很喜歡美國，很大一部分原因是因為美國社會鼓勵特立獨行和開拓冒險的精神，他在這塊提供管理式照護服務（managed care）的土地落地生根，成為地方居民信賴的醫生（例如我們喝著啤酒聊天時，他不時和經過的人打招呼，每個人的名字他都叫得出來）。他經營的「翠貝卡小兒科診所」現在已經拓展成五家診所，此外，他還出版了一本簡潔扼要的育兒書，書名叫做《新育兒準則》（The New Basics），封面就是他本人的照片。

柯恩替曼哈頓下城帶來許多創新的育兒思維，但他並不覺得法國文化是背後的功臣，因為他在一九八〇年代晚期便離開法國，那時在他印象中，法國醫院會放任新生兒哭得聲嘶力竭，完全不予理會，他還說，直到現在，「不管什麼時候到法國的公園裡，一定都看得到有家長在打小孩」（或許以前真的是這樣，但我已經在巴黎的公園消磨了幾十幾百個小時，這麼多日子以來，我只見過一次小孩被打屁股的場面）。

儘管柯恩否認，但他提出的某些建議確實是當今巴黎父母會做的事。舉例來說，他的想法跟大多數法國人一樣，認為寶寶吃副食品應該從蔬菜、水果開始，而非淡而無味的五穀類；他不認為嬰兒犯過敏症是什麼天大的事；他也常提到所謂的「節奏」，也鼓勵教導孩子學著面對挫折；他也認為「冷靜」是很重要的能力；除此之外，他也非常強調父母需要維繫自己的生活品質，不該為了促進孩子最大的福祉而犧牲自己。

話說回來，柯恩醫師究竟如何讓翠貝卡的小嬰兒一覺到天亮？

「首先最重要的事就是，寶寶剛出生時，晚上不要他們一哭就立刻衝過去，要讓他們學著安撫自己，不要一有風吹草動就急著回應，從寶寶出生的那一刻起就要建立這種態度。」

也許是啤酒發揮作用（或者是柯恩的眼睛實在太會放電），但我聽到他說出這番話的當下，心兒確實怦怦跳了一下，因為那時我才恍然大悟，我確實經常看到法國的媽媽和保姆在安撫小朋友前會停頓個一下下，而在此之前，我從沒想過這是個刻意且影響至深的舉動，而且老實說，我每次見到他們這樣慢條斯理，心裡還覺得不太舒服，因為我一直認為讓小嬰兒等待是不對的。難不成這就是法國寶寶輕輕鬆鬆一覺到天亮的關鍵？

確實，柯恩說要慢一會兒哄寶寶的建議，的確像是一個「觀察」寶寶的步驟，因為假如寶寶一哭，媽媽就立刻衝過去抱起寶寶，這樣的舉動確實不能稱得上是在好好「觀察」小朋友。

在柯恩看來，這樣的停頓（我很想給它取個專有名稱叫「法式停頓」）是一大關鍵。柯恩說，及早開始這種停頓練習，對於寶寶的睡眠將有深遠影響。他在書中寫道：「若父母對於小嬰兒夜裡的哭鬧能沉著以待，別立刻回應，就能培養出晚上睡得好的寶寶。而如果父母太過神經質，寶寶就會習慣在晚間醒來，最後造成父母極大折磨。」柯恩醫師看診的寶寶大部分都喝母乳，因此喝母乳與否似乎並不影響寶寶夜醒的機率。

施行這種「停頓」的理由之一，是因為小嬰兒睡覺時原本就會翻來覆去或發出嚶嚶哭聲，這其實是正常狀況，但假使每次小朋友哭個幾聲，父母便立刻衝過來抱起他們，小朋友很可能就因此徹底醒來。

停頓還有另一個理由，那就是嬰兒的睡眠週期一次大約兩小時，而他們會在每個睡眠週期之間醒來，因此剛開始他們還在學習把中斷的週期連接起來，醒時會哭是正常的，如果父母聽到孩子哭了，就以為小朋友是餓了或難過了，立刻衝來安撫他們，那麼小嬰兒就無法學會自己度過睡眠週期的銜接階段，導致每次睡眠週期結束後就需要大人來抱他、哄他才能再度入睡。

寶寶剛出生時當然還無法自己銜接睡眠週期，但到了兩、三個月大時，嬰兒其實已經

嬰兒的睡眠週期一次大約兩小時，剛開始他們還在學習把中斷的週期連接起來，醒時會哭是正常的。

具備這樣的能力了，只是父母必須給他們學習的機會。而根據柯恩的說法，銜接睡眠週期就像騎腳踏車一樣——只要小寶寶自己成功在夜醒後自己入睡一次，下一次就更容易（其實成年人也會在睡眠週期之間醒來，只是我們通常不會有印象，因為我們已經學會立刻進入下一個睡眠週期）。

柯恩說，有時寶寶醒來確實是因為肚子餓或是需要大人抱，但我們必須暫停下來好好觀察，才能確定寶寶醒來的原因。「當然，如果寶寶一直哭一直哭，我們當然還是要餵他們，我的意思不是叫父母任由孩子哭得聲嘶力竭。」柯恩醫師的意思是，至少要給寶寶一個學習的機會。

這個概念我其實聽過，一些美國的嬰幼兒睡眠書籍也會提出類似說法，但那些書通常也寫了其他千千百百種的理論。這個「暫停」的做法，我或許在小豆身上實驗過一、兩次，但試的時候自己心裡對於這個方法並非百分之百信服。從沒有人告訴我，這個「暫停」就是唯一最關鍵的致勝秘訣。

或許柯恩這個特別的訣竅可以解釋為何法國父母從來不會讓孩子大哭很久。因為假使父母能在寶寶剛出生的前兩個月就施行「法式停頓」，寶寶就能學會在清醒之後重新入睡，往後父母自然不需要訴諸「讓寶寶自己哭到累」的殘忍絕招。

「法式停頓」並不像所謂的嬰兒睡眠訓練那麼殘忍，而比較像是一種給寶寶的睡眠教育，但要注意的是，施行這種睡眠教育的有效時機很短，一定要在寶寶四個月大以前完成，否則小朋友不良的睡眠習慣就會定型。

柯恩說，翠貝卡的父母似乎特別在意成果，因此他這套嬰兒睡眠法在此地推廣得很順利，但他在其他診所遇到的家長則需要下一番工夫說服，因為許多家長甚至連讓寶寶哭一下下也無法忍受，不過他說，他最後終於讓絕大多數求診的父母都遵照他的方法來調整寶寶的睡眠。柯恩說：「我就盡量把整件事解釋得清清楚楚。」換句話說，柯恩會教導這些父母睡眠的原理。

我回到巴黎後，立刻問了幾位法國媽媽她們是否會施行這種「法式停頓」，而我問到的每個人都回答：當然會囉。她們都說，這件事太基本了，所以我第一次問她們寶寶睡眠問題時，她們根本沒想到要說這點。大部分法國媽媽都說，她們在寶寶幾週大的時候就開始施行「法式停頓」。

雅蕾姍姐的女兒出生後還沒出院就開始睡過夜了。她說小朋友哭的時候，她當然不會在第一時間就衝過去安撫，有時她會等個五到十分鐘才去抱她們，因為這樣才能確認寶寶是真的不舒服，例如餓了、尿布髒了或情緒焦躁，或者只是在睡眠週期之間暫時醒來而已。

雅蕾姍姐有著一頭金色鬈髮，總在腦後紮成一束馬尾，整個人煥發出一種「大地之母」的感覺，同時卻又很像那種高中啦啦隊美少女。她的個性親和熱情，不是那種疏於照料女兒的媽媽，相反地，她施行「法式停頓」的目的正是想要仔細觀察小寶寶。她相信嬰兒哭的時候一定是想表達什麼，因此藉由「法式停頓」，她可以仔細觀察小朋友。（雅蕾姍姐還解釋了法式停頓的另一個好處：「這樣才能培養小嬰兒的耐心啊！」）

其實法國父母並沒有所謂「法式停頓」的說法，在他們心中，如此等待片刻是教養幼兒的基本常識（像我這種老美才會想到要替這種方法命名）。但似乎所有法國父母都會這

「法式停頓」這種睡眠教育一定要在寶寶四個月大以前完成，否則不良的睡眠習慣就會定型。

這種法式智慧並不是什麼新奇古怪、石破天驚的睡眠妙招，這方法擺脫了育嬰的各家說法，只強調單一個重要關鍵。這個訣竅就這麼簡單，我赫然發現，這種做法很重要。這個訣竅就這麼簡單，我赫然發現，這麼做，也會彼此提醒這種做法很重要。

我對「法式停頓」的觀念熟悉之後，便開始注意到法國人其實經常提到這個概念。例如法國知名網站「Doctissimo」就有一篇文章提到：「我們都有這個常識：在回應他人的審問之前，應該先把問題聽清楚。嬰兒哭了也是一樣的道理，我們要做的第一件事應該是仔細傾聽。」

了解法式停頓背後的哲學之後，來看看《睡眠、夢境與兒童》怎麼說吧！這本書的作者群寫到，在孩子銜接睡眠週期時干擾他們，「無庸置疑」絕對會造成他們日後的睡眠問題，例如，導致寶寶在每九十分鐘或兩個小時的睡眠週期之後徹底清醒過來，再也無法自己入睡。

就這樣，我突然了解了，我那位行銷專家朋友愛麗森的兒子之所以會每兩個小時就要餵一次奶，持續六個月，並不是因為他是個睡眠需求奇特的怪寶寶，而是愛麗森自己不知不覺把寶貝兒子調教成這樣，她讓他養成在每兩個鐘頭的睡眠週期結束後就要喝奶的習慣。並不是愛麗森在配合兒子的特殊需求——儘管她絕無此意，但她寶貝兒子的習慣，其實是被她培養出來的。

像愛麗森這種例子，我在法國連一個也沒遇過。在法國人心中，「法式停頓」是教育寶寶睡覺的第一原則，通常在寶寶幾週大時就開始實行了。法國的《媽媽！》雜誌上有篇文章說到，嬰兒剛出生的六個月內，有百分之五十到六十的睡眠都是激躁淺眠（sommeil agité），在這個狀態下，寶寶很可能會在睡到一半時突然打呵欠、伸懶腰，甚至眼睛還可能開開闔闔的。這篇報導如此寫道：「如果認為寶寶的這些舉動是呼喚父母的跡象，那就錯了，把寶寶抱起來吵醒後，他們的睡眠列車便可能就此脫軌。」

法國父母並不是只會「法式停頓」這一招，但這確實是一項關鍵要素。我拜訪那位在書裡引述普魯斯特的小兒科醫生愛蓮・德利思奈德時，我都還沒發問，她自己就立刻講起這種停頓的做法了。「嬰兒睡覺時，有時會轉動眼睛、發出聲音、嘴巴會吸吮，或身體會動來動去，但其實他們還在睡夢中，所以父母不應該在小朋友睡著的時候一直打擾他們，我們要了解寶寶的睡眠習慣。」

「那如果寶寶真的醒來了呢？」我問。

「如果寶寶完全醒來，那當然要把他抱起來啊！」

我和美國父母談嬰兒睡眠的時候，幾乎沒人會提出什麼科學解釋，因為美國人接觸的嬰兒睡眠哲學實在太五花八門，而且每種都說得頭頭是道，因此最後選擇哪一種，似乎只是個人品味的展現。但每當我和法國父母聊這個話題時，他們卻會提到「睡眠週期」、「生理時鐘」、「矛盾睡眠」，也都曉得寶寶半夜醒來，很可能只是因為他們還不會銜接睡眠週期，或是正處於激躁淺眠期。法國父母總是告訴我，他們會「觀察」寶寶，意思就是他們在訓練自己分辨寶寶目前處於哪種情形。法國父母施行「法式停頓」十分堅持，也非常有信心，因為他們對嬰兒的睡眠有所了解，所以這種「法式停頓」是他們理性的決策。

法國人和我們的教養哲學有巨大差異。法國父母認為他們有責任溫和教導寶寶好好睡

法國父母並沒有所謂「法式停頓」的說法，在他們心中，如此等待片刻是教養幼兒的基本常識。

覺，這跟教小朋友注重衛生、飲食均衡和騎腳踏車等是一樣的道理，如果有父母為了八個月大的寶寶而整夜沒睡好，法國人並不會認為這是善盡父母職責，他們會認為這個寶寶有睡眠問題，而且這整個家庭是嚴重失衡的。我向法國女人提起愛麗森兒子的事，她們都說這簡直「不可思議」——小孩和媽媽都是。

法國人也像美國人一樣，認為孩子是美好而特別的生命，然而同時，他們也認為小朋友有些行為背後的原因完全是生理性的。我們斷定自己的寶貝擁有獨一無二的睡眠習慣之前，是不是應該先從科學的角度看待呢？

我悟出了「法式停頓」這個竅門，便決定一窺科學家如何看待嬰兒睡眠。不查還好，一查卻嚇到了——原來雖然嬰兒睡眠對美國父母而言是一場苦戰，眾人各說各話，但研究嬰兒睡眠的美國科學家其實頗有共識呢！談到教導孩子睡眠，多數學者心中的最佳策略都是相同的，而且他們建議的方法看起來也非常「法國」。

睡眠學者都跟法國父母一樣，認為家長應從一開始就主動教導寶寶正確的睡眠。這些科學家都指出，只要嬰兒健康正常，幾週大時就可以開始訓練他們睡過夜了，而且寶寶並不會出現慘哭不止的情形。

我還看過一份研究檢視數十篇經過同儕審稿的論文，文末結論指出，幼兒睡眠的最大關鍵就是「家長的教育和預防策略」，包含帶孕婦及新生兒父母認識睡眠的科學原理，並教導他們嬰兒睡眠的幾項大原則，而家長應從孩子出生起或幾週大時就開始遵循這些原則。

所以到底有哪些原則？這份後設研究的作者追蹤一批計畫產後餵母乳的孕婦，研究人員發給她們一份兩頁長的講義，教導她們基本的育嬰指示，其中有一項原則是孩子晚上睡覺前，父母不能用抱或搖的方式哄他們入睡，這樣嬰兒才能自己了解白天和夜晚的差異。另一條規定則針對數週大的嬰兒，要求若寶寶在半夜十二點到清晨五點之前啼哭，家長可以幫寶寶把衣服裹緊、輕拍寶寶，也可以替他們換尿布或抱起來哄一哄，但不能直接餵寶寶喝奶，除非上述的事都做了而孩子依舊大哭不止。

研究人員解釋了這些原則背後的科學觀點，此外他們也設立了一個對照組，對照組的準媽媽並沒有獲得任何事前教育。實驗結果十分驚人：兩組的嬰兒在出生到三週大的階段中幾乎沒有差異，睡眠模式相差無幾，但到了四週大時，實驗組有高達百分之三十八的嬰兒都已經能睡過夜，而對照組一覺到天亮的比率卻只有百分之七。到了八週大時，實驗組的嬰兒已經全部睡過夜，對照組的嬰兒一夜好眠的比率卻只有百分之二十三。這份研究的作者做出鏗鏘有力的結論：「本研究的結果指出，喝母乳和夜醒之間並沒有絕對的關聯。」

「法式停頓」可不只是法國的民間秘方，寶寶盡早睡過夜對大家都好，這也並非法國人一廂情願的觀點。上述研究便指出：「一般而言，嬰兒夜醒在診斷類別中已算是一種『兒童行為失眠』。」

這份研究也提及，已有越來越多證據指出，睡不好或睡眠受到干擾的幼兒較可能有易怒、攻擊傾向、過動、衝動控制失調等問題，學習及記憶能力也比較可能受到影響，此外也較容易發生意外，甚至新陳代謝及免疫系統也偏弱，整體生活品質較差，而且源自嬰兒

晚上睡覺前，父母不能用抱或搖的方式哄寶寶入睡，這樣嬰兒才能自己了解白天和夜晚的差異。

時期的睡眠問題將可能持續多年。在這份追蹤母乳媽媽的研究中，學者也發現實驗組的嬰兒後來的心理大都較安定，情緒不會起伏過大，也比較不會在小事上緊張兮兮。

總之，我讀的這些論文說法很類似，大都提到嬰兒的睡眠狀況不良將影響家庭中其他成員，造成母親產後憂鬱、家庭功能失常等問題。而相對地，根據調查，寶寶睡得好的家長都表示他們的婚姻變得更幸福，親職的責任也更快樂而沒有壓力。

當然，仍有少數法國寶寶會錯過四個月的黃金期，無法在理想時間內完成睡眠學習。當這類情形發生時，法國的專家多半會建議家長採取類似「讓寶寶自己哭到累」的做法。

睡眠學者對於這個做法的評價也十分一致。例如前述的後設研究便指出，只要採取讓寶寶哭到累的策略，無論是讓他們突然戒除（學界有個不太好聽的術語叫「滅絕」），或者是慢慢戒除（專業術語稱為「漸進滅絕」），通常成效都很好，只需幾天的時間就能成功。該份研究指出：「『滅絕』失敗的最大原因通常是父母無法堅持下去。」

而對於寶寶錯過四個月黃金學習期的父母，紐約翠貝卡的法國醫生米歇爾．柯恩則推薦一種類似做法，但更為極端。根據他的建議，每天晚上，父母應該替寶寶洗澡或讓他們聽音樂，總之使用平常安撫寶寶的方式，讓他們盡量放鬆情緒，然後在應該就寢的時間把寶寶送上床，這時寶寶最好還醒著，然後隔天早上七點才能來看他——期間無論寶寶如何哭鬧都不該理會。

在巴黎，「讓嬰兒自己哭到累」的做法則微調成另一種法式作風，這是我跟蘿虹聊天時發現的。蘿虹是法國諾曼第人，目前在蒙帕納斯替一戶人家服務，她照顧嬰兒的資歷長達二十年。她告訴我，讓嬰兒自己哭到累之前，最重要的是，我們必須先告訴小寶寶我們接下來要做的事。

她是這麼教我的：「晚上該睡覺時，妳要對小孩子說話，妳要告訴她，如果她晚上醒來，妳會過來餵她吃奶嘴，吃一次，但之後如果她再哭，妳就不會再起來哄她囉，因為晚上就是睡覺的時間，妳就在附近，而且會過來哄她一次，可是不會整晚哄個不停。」

蘿虹還說，想讓寶寶學會睡過夜，無論寶寶多大，最大的關鍵就是得真心相信小朋友做得到。她說：「如果父母自己都不相信，那怎麼可能成功。舉我自己為例，我都相信小朋友每天都會睡得比前一晚更好，就算小寶寶睡三個鐘頭就醒了，我心裡還是永遠懷抱希望。大人自己要先有信心啊！」

看起來的確可能因為法國的父母和保姆都對寶寶有信心，法國小朋友才能表現得這麼好，達成大人的期望。或許我們心裡覺得孩子的睡眠狀況應該如何，他們就真的會變成我們預期的模樣，因此，真心相信嬰兒有自己的生理節奏，就有助我們發現孩子的節奏。

要真心相信「法式停頓」的魔力，或讓超過四個月大卻仍無法睡過夜的寶寶「自己哭到累」，你得先相信小嬰兒也是人，他們有能力學習許多事情（包含睡覺），也能面對某種程度的挫折感，多年來，米歇爾．柯恩費盡苦心就是想讓美國父母接受這套法式思維。許多家長都擔心四個月的小寶寶晚上會餓肚子，對此柯恩在書上回應：「對，寶寶會餓，但這不代表他們一定要吃東西，就像你也會半夜肚子餓，但你已經懂得無需餓了就吃，因為讓肚子適時休息其實是好事，而這道理也適用於嬰兒。」

法國人並非認為小嬰兒該承受聖經故事中的那種重量級磨練，他們只是覺得嬰兒不會

想讓寶寶學會睡過夜，無論寶寶多大，
最大的關鍵就是得真心相信小朋友做得到。

被一點小挫折擊垮，他們相信適當的等待和停頓，能讓嬰兒的心理變得更加踏實安穩。例如《睡眠、夢境與兒童》一書中也寫道：「對孩子有求必應、什麼都說好，這樣十分不利孩子的人格養成，因為如此一來，他們永遠沒有需要克服的障礙，也永遠不會在大人的期望下變得更好。」

對法國人來說，教導小朋友好好睡覺並不是懶惰爸媽自私自利的策略，而是重要的第一堂課，讓孩子學會照顧及陪伴自己。《媽媽！》雜誌上便引述一位心理學家的話，指出即便是幾個月大的小嬰兒，只要白天時能自得其樂，晚上單獨躺在床上睡覺時便不會那麼焦慮害怕。

德利思奈德也在《孩子與睡眠》一書中寫道：「小嬰兒在床上可以學到，原來他偶爾也能試著獨處，不感覺餓或渴，也無睡意，就只是靜靜醒著。孩子從很小的時候就需要獨處，得讓他們自己睡著，自己醒來，不要一睜眼就看到母親在眼前盯著他們瞧。」

德利思奈德這本書甚至花了一些篇幅討論母親在嬰兒睡覺時可以做什麼事。「這時母親可以暫時將孩子拋到腦後，想想自己，她可以洗澡更衣，化個妝打扮一下，無論是為了愛悅自己，或是讓丈夫及其他人看起來賞心悅目都很好。夜晚降臨了，這該是女人放鬆享受、愛人與被愛的時光。」

身為一個美國媽媽，這種帶著黑色電影風格的描述讓我聯想到又濃又黑的眼線和薄透的絲襪，感覺就像戲一般不真實。相較之下，我和西蒙都以為從生下小豆的那一刻起，我倆的生活就只能繞著這位小姑娘的喜怒哀樂打轉了。

而在法國人眼中，這是「雙輸」的做法。法國人認為，小嬰兒學習好好睡覺，其實是在學習成為家庭的一分子，是在配合家人的需要而白我調適。我去拜訪德利思奈德時，她告訴我：「如果小朋友一個晚上醒來十次，媽媽隔天想必累得沒辦法上班，所以寶寶就會明白，原來他不能一個晚上醒來十次。」

「寶寶真的會懂嗎？」我問道。

「當然囉。」這位作者說。

「他們怎麼會懂？」

「因為寶寶什麼都懂啊！」

法國父母認為「法式停頓」很重要，但這也不是唯一的靈丹妙藥。法國人還有不少育兒信條和習慣，只要運用這些妙招，配合耐心和愛心，就能讓寶寶進入適當情緒，乖乖入睡。「法式停頓」之所以有效，是因為法國父母相信嬰兒並不是無可救藥的小混蛋，小嬰兒也具備學習能力，只要溫柔引導，並依照小朋友自己的步調，這樣的教育並不會對他們造成什麼傷害，相反地，法國父母相信這樣會使小朋友更有信心、心境更平和，也更能意識到其他人的存在。根據我的觀察，法國親子間有一種互相尊重的關係，而上述的教育正替這種關係奠定了第一道基礎。

要是我在小豆出生時就明白這些事，一切該有多好呢！

我和西蒙已經錯過四個月的黃金期，沒辦法讓小豆自然而然地學會睡過夜，她這時已經九個月大，每晚仍會醒來一次，都在半夜兩點左右。我和西蒙別無他法，決定勇敢一點，試試讓小豆「自己哭到累」。施行的第一天晚上，小豆整整哭了十二分鐘（當時我緊

對法國人來說，教導小朋友好好睡覺是重要的第一堂課，讓孩子學會照顧及陪伴自己。

緊抓住西蒙，陪著小豆一起哭了）。但後來小豆又自己睡著了。第二天晚上，她哭的時間縮短為五分鐘。

第三天晚上，我和西蒙都在半夜兩點醒來，而家裡一片安靜祥和。西蒙說：「我想小豆之前是為了我們才醒的，她覺得我們需要她醒來。」接著我們沉沉睡去。從那天起，小豆學會了「過她的夜」。

Chapter 4
等一下！

我對法國生活越來越適應了。一天早晨，我到家附近的幾個公園巡禮一周後，得意洋洋地對西蒙宣布，我們已經成為地球村的一員了，也就是全球菁英來著。

西蒙回答：「我們是地球村的一員，可是不是菁英。」

雖然已經在法國安身立命，我卻還是非常想念美國。我懷念那種可以套著運動褲就到大賣場購物的日子，懷念走在路上可以對陌生人微笑的氣氛，也懷念可以輕鬆開玩笑的感覺。但我最最想念的還是爸媽；真不敢相信我竟然在距離爸媽七千公里遠的異鄉自己生養孩子。

老媽的想法也如出一轍。在我成長過程中，媽媽最怕的就是我哪天看上哪個俊俏老外，跟外國人遠走他鄉，她老把這個煩惱掛在嘴上，搞不好這個想法因此在我心中生根。有一回我媽到巴黎來探望我們，她請我和西蒙到餐廳吃飯，然後在餐館裡突然掉下眼淚。她問我們：「這裡有什麼東西是美國沒有的？」（要是老媽那時點了蝸牛，我就可以指著盤子證明給她看，可惜那天她點雞肉。）

儘管我在法國生活得越來越自在，但我始終沒有完全融入這個文化。相反地，正因為在這裡生了孩子，法文能力也漸入佳境，我才了解自己和法國人之間有多大的鴻溝。小豆學會一覺到天亮之後，差不多就是我們把她送到「crèche」的時間點了——crèche就是法國的公立托嬰中心。入園面談時，園方和我們詳談了各種問題，包含小豆吸奶嘴的習慣、偏好的睡姿等，此外，我們連疫苗接種狀況和緊急聯絡電話等資料也都備妥了，但後來有個問題考倒了我們：請問您們女兒都幾點喝奶？

餵嬰兒吃東西對美國父母來說是另一個大難題，各家說法都不同，簡直可稱為「飲食大戰」。有一派說法認為寶寶喝奶的時間應該固定，但也有人認為應該彈性一點，寶寶餓了就該餵。舉例來說，美國的「寶貝中心」網站上竟然為五、六個月大的嬰兒提供多達八種餵奶時間表，其中一種甚至建議父母一天餵小朋友十次。

而我跟西蒙採用的是混搭策略。小豆每天早上醒來和晚上睡前一定會喝一次奶，而其餘時間則是餓了就餵。在西蒙心中，奶（不管是牛奶或是人奶）可以解決小朋友所有問題，我也是，只要可以讓小豆閉嘴不再大哭，要我做什麼都好。

我們向那位托嬰中心的女士解釋我們的餵奶方式之後，她睜大眼望著我，好像我剛說的是「我們家平常出門都是小豆開車」之類的瘋話。我們竟然說不出自己的孩子每天幾點吃奶？很顯然，這個天大的問題她會盡快處理。這位女士的表情告訴我，雖然我們人在巴黎，但我們所養的這個孩子，無論吃、喝、睡（好啦，還有拉撒）的習慣絕對都非常「美國」。

除此之外，那位女士的表情也讓我明白，法國人對於餵奶方式顯然並沒有各種不同的主張，他們不會煩惱該聽信哪個派別。多數法國寶寶的進食時間從四個月起就固定了，在法國父母心中，這是每個孩子都應該遵循的方式，是常識，而不是千百種育兒哲學中的一派。

更稀奇的是，法國寶寶的進食時間幾乎一模一樣。我聊過的法國媽媽都說她們餵孩子的時間是早上八點、中午十二點、下午四點和晚上八點，有些略有不同，但都不脫這個範疇太遠。《你的孩子》（Votre Enfant）是法國極具權威的育兒指南，而上頭對於四到五個月大的嬰兒飲食也只建議了單一種餵食時間表——就是上述那份時程。

除此之外，法國人並不把餵奶稱為「餵食」，這種說法聽起來像在餵牛吃草似的——法國人把小朋友喝奶叫做「用餐」。而且在我看來，法國寶寶的用餐時間十分自然，似乎

多數法國寶寶的進食時間從四個月起就固定了，
在法國父母心中這是常識。

就是早、午、晚三餐外加一次午後點心，換句話說，法國寶寶從四個月就開始遵循大人的飲食習慣了，從此一輩子受用（唯一的差別是成人通常會省略點心）。

你可能以為這套通行全國的嬰兒膳食準則應該已經公諸於世，其實卻不然，法國人簡直像串通好要隱瞞這個秘密似的，因為假如你問法國父母，他們家裡的小貝比是否都定時餵奶，幾乎所有人都會說「沒有」。法國人的答案就跟討論嬰兒睡眠問題時一樣——他們會說他們只是「跟著寶寶的節奏走」。而且就算我挑明著問他們，為什麼我聽到法國寶寶喝奶的時間都差不多，這些法國父母也都說「這是巧合吧」，就這樣打發過去了。

此外還有一個更大的謎團：為什麼法國寶寶可以乖乖等四個鐘頭才吃下一餐呢？每次小豆肚子餓的時候，就算只等幾分鐘也氣急敗壞，搞得我和西蒙也一樣焦慮。然而我已經漸漸察覺，我周遭的法國人似乎有一套「等」的文化，先是「法式停頓」，也就是寶寶晚上醒來時父母會按兵不動，而現在又有這套嬰兒用餐流程表，讓法國寶寶溫順地等上好幾個鐘頭才喝下一頓奶，最後別忘了，法國的餐館裡還有無數個小小人兒總是乖乖等著用餐呢！

我感覺這似乎是某種法國奇蹟，他們全國的嬰幼兒不但願意等待，而且還等得開心、等得快樂。難道這種「等待」的能力，就是法國和美國小朋友天差地別的原因嗎？

為了解開謎底，我寄了一封電子郵件給華特．米薛爾（Walter Mischel）。高齡八十歲的米薛爾是哥倫比亞大學心理學系的講座教授，專門研究兒童「延後滿足」的能力，是這個領域數一數二的專家。我和這位教授見面前已做足功課，關於他的一切我能讀的都讀了，也拜讀過幾篇他發表的相關論文。我解釋我的目的，說明我在巴黎研究法國家長育兒的特色，然後問他能否和我用電話聊一聊。

幾小時後，我收到米薛爾的回信，沒想到他竟說他人就在巴黎，問我要不要過去喝杯咖啡？兩天後，我便來到巴黎拉丁區萬神殿的山坡下，在米薛爾女友家的廚房裡與他相對而坐了。

米薛爾外表看來根本不到七十歲，更別提八十歲了。他理著光頭，整個人帶著點拳擊手似的氣勢，但面容煥發著慈祥的光輝，甚至有些稚氣，不難想像他童稚時的模樣。

米薛爾原是奧地利人，八歲那年從陷入納粹魔爪的維也納逃到美國。他九歲開始上公立學校時，被分班到幼稚園學英文，他猶記當年「跟班上同學一起齊步走過走廊時，為了避免在一群五歲小朋友之間顯得太過醒目，還跪在地上用膝蓋走路」。米薛爾的雙親原本在維也納是社經地位高、生活舒適的中產階級，到美國後為了生計，開了一家販售廉價物品的商店，生意始終慘澹。米薛爾的母親在維也納時患有輕微憂鬱症，但美國的環境令她整個人振奮起來，然而米薛爾的父親卻因為社經地位驟變，自此一蹶不振。

正因為這些人生經歷，米薛爾看事情永遠維持一種局外人的角度，也引導了他的研究方向。他三十幾歲時便顛覆了關於人格的既有科學知識，指出人的性格並非固定，而是會隨著環境改變的。米薛爾後來娶了美國太太，育有三名女兒，在加州成家立業，但他漸漸養成每年到巴黎朝聖的習慣。他說：「我一直覺得自己是歐洲人，而巴黎就像歐洲的首都。」（他在一九九六年離婚，過去十年來都和他的法籍女友同居，他倆一半時間住紐約，另一半時間住巴黎。）

米薛爾最為世人所知的就是他在一九六〇年代晚期於史丹佛大學設計的「棉花糖實

法國人把小朋友喝奶叫做「用餐」，法國寶寶從四個月就開始遵循大人的飲食習慣了。

驗」。這項實驗的受試對象是四到五歲的小朋友，研究人員把受試兒童帶到一個房間裡，而他們眼前的桌上都放著一顆棉花糖。研究人員跟小朋友說自己會暫時出去一下，如果小朋友忍住不把棉花糖拿起來吃，乖乖等他回來，就可以得到兩顆棉花糖做為獎勵，但如果小朋友把棉花糖吃了，就拿不到第二顆棉花糖。

這真是個殘忍的考驗啊！這項實驗在一九六〇及七〇年代進行，在六百五十三個受試兒童中，只有三個小朋友成功抵擋棉花糖的誘惑，撐過研究人員離開的十五分鐘。有些小朋友在研究人員前腳踏出房門時就把棉花糖抓起來吃了，其他大部分的小朋友也都只能忍耐三十秒左右。

到了一九八〇年代中期，米薛爾追蹤當年受試兒童的現況，觀察當年願意和不願意等待的小朋友到青少年時期是否表現出任何差異。他和研究同仁分別評估這些青少年在各種能力上的表現，結果發現了高度相關性：四歲時在棉花糖前面撐越久的孩子，長大後在各方面的表現就越好，特別是專注力和推理論證的能力。

米薛爾和研究團隊在一九八八年發表一份研究報告，指出這些當年最能忍的孩子「即使在有壓力的狀況下也不會輕易崩潰」。

難不成，只要像這些法國中產階級父母一樣培養小朋友「延後滿足」的能力，就能養出穩重又有韌性的孩子？而美國中產階級家庭的小朋友就因為生活中要什麼有什麼，所以變得毫無抗壓性？法國父母是否在傳統和直覺的引導下，不知不覺採取了米薛爾等科學家推崇的育兒方法？

拿小豆來說好了，她每次想要什麼，我們總立刻回應，結果呢，我們確實養出一個翻臉比翻書還快的小妞。另外，每次我回美國，總不時會看到一些脾氣很拗的幼兒，放聲尖叫，吵著下嬰兒車，或直接躺在人行道上哭喊，這些在美國都是家常便飯的景象。

而這些場景在巴黎都極少出現。法國的嬰幼兒比較擅長等待，他們想做什麼想要什麼，或許都不能馬上獲得滿足，但他們卻能平靜以待，實在奇怪。每次我到一些法國人家裡作客、跟他們的孩子相處時，總發現他們很少哭喊或向大人抗議，通常屋裡總是一片祥和之氣（至少跟我們家比起來），大人小孩都能專心做自己在做的事。

在法國見證的這一切簡直像天降神蹟——家裡有小小孩的大人依然能好整以暇地啜飲咖啡和聊天，進行屬於大人的對話。此外，「等待」甚至已是法國人育兒字彙的一部分了，因為當小孩子吵鬧時，法國父母對兒女說的往往不是「不要吵」或「不行這樣」，而是一句嚴厲的「attend」，這個字就是法文的「等一下」。

米薛爾當年測試的兒童並不包含法國小朋友（如果實驗對象是法國小朋友，他可能得把棉花糖換成巧克力可頌吧），但他已經在法國生活多年，他說法國小朋友和美國小朋友之間的差異確實令他訝異。

他說，在美國時「你會有一種感覺，那就是小朋友似乎越來越難控制自己」。米薛爾說，就連他自己的孫子、孫女也是如此，「有時候我打電話給我女兒，她們會說她們現在沒辦法跟我講話，因為小朋友在旁邊吵。她們竟然沒辦法對孩子說『等一下，我在跟外公講話』，我很不喜歡這樣。」

如果家裡小朋友具備「等待」的能力，家庭生活會更快樂。米薛爾說，法國孩子「似乎有家教多了，他們受到的教養和我小時候比較類似，每次有法國朋友帶著小孩子上門拜

法國的嬰幼兒比較擅長等待，他們想做什麼想要什麼，或許都不能馬上獲得滿足，但他們卻能平靜以待。

訪時，我們還是可以來一頓完整的法式晚餐……法國小朋友給人一種印象，那就是他們比較乖，不吵不鬧，可以自在地跟我們一同享受晚餐。」

他說的「自在」是一個關鍵詞。大部分法國父母並不是認為小朋友應該噤聲不語，不能開心，不能發出任何抱怨，他們只是認為孩子必須先學會自制，才可能真正感到「自在」。

我常聽到法國父母叫小朋友要「sage」。法文sage的意思和「乖」相似，但含意更豐富，意思是「冷靜有智慧」。每次我帶小豆到別人家作客之前，我總會叫她「要乖」，這聽起來好像她其實是一隻野生動物，現在必須裝溫馴一個小時，但仍隨時可能失控；叫小朋友「要乖」，就好像在暗示小朋友的天性應該「不乖」。

但如果我叫小豆要冷靜有智慧，意思也是希望她表現得乖一點，不過除此之外，更是要求她運用自己的判斷力，同時意識到並尊重其他人的存在。叫小朋友冷靜有智慧，就暗示小朋友是擁有智慧的個體，能理解自己所處的環境，也能控制自己。用這個詞，代表我信任她。

冷靜並不等於無聊；我認識的法國小朋友都過得很快樂。週末時，小豆常和她的朋友在公園裡瘋狂地跑來跑去，又叫又笑的。她在法國托嬰中心和托兒所的下課時間也都是想做什麼就做什麼，老師從不干涉。除此之外，巴黎還有非常多專為兒童設計的休閒活動，如兒童電影節、兒童劇場、兒童烹飪課等等，而這些活動都可以培養小朋友的耐心和專注力。我認識的法國父母，每一位都希望孩子擁有多采多姿的生活經驗，儘可能接觸藝術和音樂。

只是，法國家長認為小朋友必須有耐心，才能盡情享受這些活動。在法國人眼中，孩子要過得快樂，就不能焦躁吵鬧，而必須學習自制、冷靜、專注於當下。

法國的家長、保姆和老師們並不是認為兒童具備天大的耐心，他們並沒有期待幼兒乖乖坐著聽完一場交響樂演出或吃完一頓正式晚宴，他們叫小朋友「等一下」，指的只是幾秒鐘或幾分鐘的時間。

但這些短短的等待似乎造成了大大的影響。現在我已經確信，比起美國小朋友，法國小朋友很少哭喊或大吵大鬧的原因，正是因為他們已經培養出面對挫折的本事，他們不認為自己可以想要什麼就立刻得到。法國父母給孩子的「教育」，或許就是教導他們別急著吃眼前的棉花糖吧！

法國人能將孩子培養成「延遲滿足」的高手，這背後的秘訣究竟是什麼？我和西蒙也能依樣畫葫蘆，讓小豆學會等待嗎？

華特．米薛爾看過數百個四歲幼兒在棉花糖前面掙扎的模樣，最後他看出一點端倪，那就是沒辦法忍耐的小朋友都把注意力集中在棉花糖上，而可以等待的小朋友則會找別的事情做。「少數幾位輕鬆撐到最後的小朋友顯然都會自己打發時間，他們會自己唱歌、用很可愛的方式掏耳朵，或者是玩自己的腳趾玩得很開心。至於那些沒辦法轉移自己注意力的小朋友則一直盯著棉花糖看，最後就忍不住拿起來吃了。」

米薛爾的結論是，培養等待的意志力，並不代表就得無欲無求、毫無樂趣，而是要學習如何降低「等待」帶來的折磨。他說：「要讓『等待』不那麼辛苦，有很多種方法，其中最簡單直接的……就是學習轉移自己的注意力。」

法國父母認為孩子必須先學會自制，才可能真正感到「自在」。

父母並不需要特別教孩子一些「轉移注意力的絕招」，米薛爾說，這種技巧小朋友自己就能學會，家長只需要讓他們練習等待就行了。他說：「大家談到育兒方法時，往往忘了幼兒其實有很好的認知能力，只要大人給他們機會就可以了。」

這正是我觀察到法國家長在做的事。他們並沒有直接教孩子什麼轉移注意力的策略，多半只是時常給孩子練習等待的機會而已。

在一個陰霾的週六午後，我搭上往返市郊的火車，前往巴黎東邊的郊區——豐特奈索波斯（Fontenay-sous-Bois）。我透過一位朋友介紹，來此地拜訪一戶人家，這戶人家有位漂亮的女主人，名叫瑪婷，是一位三十來歲的勞工律師，她先生是急診部醫生，夫妻倆育有兩個孩子，住在一棟現代風格的低矮建築裡，四周林木扶疏。

一進她家，我感覺她的公寓跟我家真像啊！她家客廳和我家一樣，四周都排滿了玩具，客廳旁邊也緊鄰著開放式的廚房（法國人把這種廚房稱為「美式廚房」），另外，我們用的都是不鏽鋼材質的廚房電器。

但除了這些，其餘一切和我家一點也不像。雖然瑪婷有兩個年幼的孩子，但她家的靜謐氛圍卻是我難以望其項背的。我進門後見到的景象是這樣：她先生正在客廳用筆記型電腦處理事情，一歲大的歐古斯特在旁邊睡，而三歲大的寶樂更神了，這個剪著可愛男生頭的小女孩坐在餐桌前，正忙著把杯子蛋糕的生麵糊倒進小紙杯裡，每倒滿一杯後，還會撒上彩色巧克力和新鮮的紅醋栗。

我和瑪婷坐在餐桌另一頭聊天，但我忍不住目不轉睛地盯著小寶樂和她的杯子蛋糕。寶樂完全專注在這件事情上，而且不知道為什麼，麵糊近在眼前，她卻能忍住不吃。全部的杯子都倒滿後，寶樂問媽媽，她可不可以舔湯匙上的麵糊？

瑪婷說：「不行，但是妳可以吃一些巧克力。」然後她讓女兒倒出幾匙彩色巧克力在桌上。

我女兒小豆和寶樂年紀相仿，但我從沒想過要讓她獨立完成如此複雜的工作，這件事如果發生在我們家，我一定從頭到尾在一旁指導，而小豆則會忙著違抗指令，整個過程會充滿壓力和哭喊聲（包含小豆和我的），我還可以想像，只要我一轉過頭，小豆一定馬上把麵糊、紅醋栗和巧克力拿起來吃，更別妄想我能平心靜氣地和客人聊天了。

我不會想從下週就開始效法瑪婷，讓小豆自己烤蛋糕，但我感覺烘焙確實是法國家庭的傳統，他們似乎每個禮拜都會自己烤點心。我每次週末拜訪法國友人時，他們不是正在烤蛋糕，就是端出當天烤好的蛋糕讓我享用。

剛開始我以為這些法國朋友是因為有客人才特別烤點心，但後來我發現我是往自己臉上貼金了，因為事情並非如此。每到週末，巴黎人就像在進行全國烘焙大賽似的，家家戶戶都烤西點。法國的小朋友大概從會坐開始，母親就開始教他們烘焙點心，而且每一、兩週就烤一次。這些小傢伙做的可不是撒麵粉或把香蕉搗爛這種簡單的事情，他們會打蛋、用杯子盛砂糖，還會混合材料，而且做每一個步驟都帶著一種超自然的自信態度，總之這些點心幾乎全程都是小朋友自己做的。

多數法國小孩學習烘焙的第一種蛋糕是優格蛋糕（gâteau au yaourt），做法是用優格空盒來量其他材料的份量，步驟簡單不易失敗。這種蛋糕吃起來不膩不過甜，裡頭加了各種莓果、巧克力片、檸檬，也有人會加一大匙蘭姆酒。

法國家長並沒有直接教孩子什麼轉移注意力的策略，多半只是時常給孩子練習等待的機會而已。

這些法國家庭烤蛋糕的收穫可不只是得到一堆蛋糕。烘焙能讓孩子練習自制，而按照食譜量材料並依序進行步驟更是最好的一課，可以培養孩子的耐心。換作是我，自己烤的蛋糕一出爐，我大概會忍不住馬上嗑光，但法國人不會如此，他們通常在早上或中午過後烤西點，烤出來的蛋糕和馬芬他們不會馬上吃掉，往往等到下午吃點心（法文稱為goûter）時才拿出來享用。

法國媽媽不像美國媽媽，她們不需要為了應付小朋友不時的失控，隨時在包包裡塞幾包Goldfish金魚餅乾或Cheerios穀類圈圈餅，這實在讓我難以想像啊！我認識一位在《紐約時報》擔任記者的朋友珍妮佛，也是個媽媽，她曾向我抱怨，她帶女兒參加的各種活動，無論時間長短、無論在一天當中哪個時段，一定都包含「點心時間」。她寫道：「顯然我們的美國文化已經斷定，想讓小朋友乖乖參與活動，非得先在他們的小嘴裡塞點食物不可。」

反觀法國，下午的點心時間是他們一天當中正式且唯一的零食時間，通常在四點半左右，也就是小朋友放學之後。下午點心時間的地位和其他的三餐同等重要，所有法國小朋友都會在這時吃點心。

我在法國餐廳看到小朋友乖乖吃飯，這件事或許就跟他們一天只吃一次點心有關，因為到了用餐時間，他們是真的餓了，畢竟他們一整天都沒吃其他零食（下午點心時間法國成人或許會喝杯咖啡，但很少人會吃點心。我曾經聽一位來法國玩的朋友抱怨過，他在這裡很難找到適合大人吃的零嘴）。

前面提到的那位郊區媽媽瑪婷說，她從未刻意培養孩子的耐心，然而她家裡每天重複的各種儀式（我也在其他法國人的家裡見過），其實正是絕佳的學習營，可以讓他們的小朋友學會如何延遲滿足。

瑪婷說她時常買糖果給寶樂吃（法國的西點麵包店大多販售糖果），但寶樂必須等到下午的點心時間才能享用，因此如果是上午買的，她甚至得等上大半天，但她卻甘之如飴。瑪婷說，寶樂偶爾還是會想提早吃，她得提醒兩句，但寶樂聽了之後便不會抗議。

即便在下午的點心時間，小朋友也不是想吃什麼就吃什麼。法國美食作家克蘿蒂・杜蘇里埃就曾經說：「好處是有蛋糕可以吃沒錯，但缺點是我媽每次都說：『吃這樣就夠了。』限制份量是為了讓小孩子學會節制。」克蘿蒂現年三十出頭，她說她小時常和媽媽一起烤西點，「幾乎是每個週末」。

法國人的飲食習慣使他們的三餐和點心時間都成了培養孩子耐心的絕佳時機，而且關鍵不只在他們吃的東西和時間點，跟他們吃東西的方式和共進餐點的對象也大有關聯。法國孩子習慣用餐時一道道依序享用，一餐當中最少都包含開胃菜、主菜和甜點。另外，他們也很習慣和父母一起用餐，而這個習慣對於培養耐心當然大有助益。根據聯合國兒童基金會的調查，法國的十五歲孩子每週數天與父母共進午餐或晚餐的比率很高，高達百分之九十。而在美國和英國，十五歲孩子每週與家長吃飯次數的比率只佔大約百分之六十七。

而且法國家庭的這些午、晚餐可不是匆忙了事的。前面提過一份針對法國雷恩市及美國俄亥俄州的母親進行調查的研究，該報告便指出法國女人每天用餐的時間是美國女人的兩倍，而不難想像，她們應該也把這種「慢食」的態度傳承給下一代了。

幸好，瑪婷家的杯子蛋糕出爐時，正好就是下午的點心時間，寶樂喜孜孜地吃了兩

下午四點半的點心時間，是法國小朋友一天當中正式且唯一的零食時間。

個。然而瑪婷卻連一口都沒吃，她似乎已經說服自己杯子蛋糕是小朋友的食物，因此碰也不碰（不幸的是，她大概也以為我是這樣教育自己的，所以她也沒請我吃蛋糕）。

這正是法國家長教導孩子等待的另一個方法：他們以身作則，自己也常常等待。如果法國的小女孩從小在家裡看媽媽都不吃杯子蛋糕，她們長大後，自然也能成為這樣的女人（我娘親雖然有很多優點，不過關於這點嘛……她每次烤蛋糕，自己都會吃就是了）。

此外我也意識到，瑪婷並非期望她女兒擁有超人的耐心，她明白寶樂有時還是會拿不該拿的東西，犯下錯誤，但她不像我，她不會對女兒的這些舉動反應過度。她了解讓女兒學習烤點心和等待，都只是培養一種技能的練習過程而已。

換言之，瑪婷對於「培養耐心」這件事也十分有耐心。

我和她聊天的過程中，每當寶樂想插嘴中斷我們的談話，瑪婷就會對女兒說：「寶貝，再等兩分鐘，媽媽在跟人講話。」她說得既有禮又堅定，語氣十足溫柔，卻感覺得出無比自信，像是相信女兒一定會聽話，這讓我留下深刻印象。

瑪婷說，她從孩子很小的時候就開始培養他們的耐心，例如寶樂還是個小嬰兒時，每次她哭了，瑪婷總會等五分鐘才抱她起來（所以當然囉，小寶樂兩個半月就能睡過夜了）。

除此之外，瑪婷也培養孩子另一項相關技能——學著自己玩。她談到兒子歐古斯特時如此說道：「最重要的是，他要學會自己獨處時也開開心心。」

如果一個小孩可以自己玩，那麼當媽媽在跟別人講電話時，他就能自得其樂。比起美國媽媽，法國媽媽很注重培養孩子自得其樂的能力，舉例來說，有一份研究針對擁有大學學歷的美國及法國媽媽做調查，調查結果發現，美國媽媽認為「鼓勵孩子自己玩」這件事只是「普通重要」，而法國媽媽卻認為這件事「高度重要」。

如果家長重視孩子的這項能力，那麼當他們看到孩子正玩得開心時，自然不會走過去打斷他們。法國媽媽說觀察孩子的節奏很重要，或許實踐這個原則的方法之一，就是當孩子自己玩得不亦樂乎時，父母別走過去打擾他們吧！

在這件事上，法國的母親和保姆老師又一次憑直覺選擇了符合科學理論的育兒策略。華特．米薛爾說，對於一歲半到兩歲的幼兒而言，最糟的狀況便是「孩子正玩得不亦樂乎，媽媽卻拿著一匙蔬菜泥走過來準備餵食……」

米薛爾也說：「孩子專心做某件事、不願受打擾時，媽媽走過來干預，但孩子真正需要媽媽時卻又不見蹤影，這種母親就是最不稱職的母親，因此細心觀察是最重要的事。」

米薛爾說得沒錯。美國政府曾執行一項大型研究了解兒童照護的影響，研究結果指出，兒童照護中的一大關鍵就是母親或保姆老師的「敏銳程度」，亦即對於孩童體察世界的意識程度。這份研究報告的背景資料也提供了解釋：「敏銳的母親應該能意識孩子的需求、情緒、興趣及能力，並據以跟孩子正確互動。」相對而言，罹患憂鬱症的母親對孩子會有十分不良的影響，因為母親有憂鬱症狀時，便無法細心觀察及了解孩子。

米薛爾很強調家長的敏銳程度，而這個信仰並非全然來自科學研究，也有個人經驗佐證。他說他的母親便是反例，有時專制得令人難以消受，有時又對他疏於關心。米薛爾不會騎腳踏車，因為小時候母親擔心他會摔傷頭，不讓他學騎腳踏車。另一方面，他高中畢業時代表全年級同學致詞，父母親竟然都沒到場。

觀察孩子的節奏很重要，方法之一就是當孩子自己玩得不亦樂乎時，父母別走過去打擾他們。

當然，美國父母也希望孩子有耐心，我們也相信「耐心是美德」。美國家長會鼓勵孩子學習分享的精神、學習和別人輪流、學習在吃飯前幫忙擺餐具、學鋼琴，然而說到「耐心」，我們似乎不像法國家長那麼努力琢磨。在這方面，我們跟訓練孩子睡覺一樣，都認為孩子是否具備等待的耐心，似乎是天生個性使然；在我們的觀念裡，生到一個有耐心的孩子，純粹是父母走運。

法國的家長和保姆老師則認為我們對於這種重要能力的態度過於隨便。對法國人來說，若小朋友每次想要什麼東西就非得立刻得到，這將影響到生活品質。有次我到一位巴黎友人家作客，他是一位法國記者，那天他舉辦晚宴，我在晚餐中提到我在寫育兒書，他便和我分享某年他旅居南加州的經驗。他太太是一位法官，他倆在那裡和一對美國夫婦成了朋友，有一次兩對夫妻決定帶孩子一起到聖塔芭芭拉共度週末假期。那是他們第一次見到彼此的孩子，他們的兒女年紀從七歲到十五歲不等。

這位朋友說，那個週末實在令他抓狂，如今事隔多年，但他和太太仍深深記得，那對美國夫婦的孩子會一直插話打斷大人聊天，此外，那個美國家庭似乎沒有固定的用餐時間，孩子隨時想吃什麼，就自己打開冰箱拿東西吃。

在這對法國夫妻眼中，這幾個美國孩子似乎是家裡的小霸王。這位記者朋友說：「我們最驚訝而且不舒服的事就是，那對美國父母從沒說過『不行』。」他太太也在旁邊補了一句：「他們的孩子什麼事都是想怎樣就怎樣（n'importe quoi）。」而且這種態度還會傳染。「慘的是我們的小孩有樣學樣，也開始想怎樣就怎樣。」女主人描述。

不久之後，我便明白許多法國人形容美國孩子時都會用n'importe quoi這個詞，意思是「隨便」、「想怎樣就怎樣」。法國人認為美國小朋友做事沒有明確規範，美國父母缺乏權威，放任孩子恣意而為，這種狀態跟法國人心中的框架（cadre）理想恰恰相反。法國父母時常把框架一詞掛在嘴邊，這個概念指的是小朋友必須嚴守的行事界線，父母必須篤定堅持。但在符合框架的範圍內，小朋友則可以自由自在，隨心所欲。

美國父母當然也會設下規範，但我們的規範往往與法國家長的大相逕庭，老實說，法國父母常覺得我們的規範很可怕。例如前面提到一位出身諾曼第的保姆蘿虹，她就告訴我她現在已經不願意幫美國人帶小孩，她認識的許多法國保姆也是如此。蘿虹說，她最後一次幫美國客戶帶孩子只帶了幾個月便決定遞辭呈，辭職的主要原因正是「規範」的問題。

蘿虹回憶道：「幫那對美國夫婦帶小孩很辛苦，因為什麼都是隨便，那小朋友隨時想做什麼就做什麼。」

這位資深保姆身材高瘦，剪了一頭俐落短髮，面容看起來溫和莊重。我看得出她不想說什麼冒犯我的話，但她說，跟她待過的法國家庭相比，美國家庭裡小朋友哭哭啼啼吵鬧的機率就是比較高（這是我第一次聽到法國人說「哭哭啼啼」這個字眼——法文叫chouiner）。

蘿虹待過的最後一個美國人家有三個孩子，年紀分別是八歲、五歲和一歲半，她說那位五歲小女孩「把『哭哭啼啼』當成每天最重要的運動，常常從早鬧到晚，整天表演一秒鐘落淚的特技」。當時蘿虹認為對付這個小女孩的最好方法就是不予理會，這樣她才不會覺得愛吵的孩子有糖吃，但每回蘿虹故意不理時，小女孩的媽媽就會從別的地方衝過來，無論女兒想要什麼，這位美國媽媽都依她的。

法國父母常把「框架」掛在嘴邊，但在符合框架的範圍內，小朋友則可以自由自在，隨心所欲。

而那位八歲的哥哥更糟糕。「不管你答應什麼，他都會再多要求一點，然後再多要求一點。」蘿虹說，他越來越貪心，然後一旦要求被拒絕，他立刻變得歇斯底里。

蘿虹的結論是，在這種情況下「孩子比較不快樂，因為他們有點迷失了……相反地，若一個家庭比較有規範，一切都會比較順利。規範並不是嚴厲，只是需要一個框架而已。」

蘿虹也描述了讓她決心離職的導火線，那就是後來美國媽媽要求蘿虹讓她五歲和八歲的小朋友吃減重餐點，蘿虹不肯，她堅持孩子吃營養均衡的正常餐點就行了。她每天都在晚上八點半左右讓小朋友就寢，然後才離開，但後來她無意間發現，每晚她離開後，那位美國媽媽都會偷偷讓孩子吃餅乾和蛋糕。

「他們都很壯。」蘿虹這樣形容那三個美國小孩。

「很壯？」我問。

「我用『壯』這個字是因為我不想說他們『胖』。」她回答。

我當然也想辯稱蘿虹描述的美國家庭只是刻板印象，當然並非所有美國孩子都那麼沒教養，而且一定也有法國小朋友是想怎樣就怎樣的（因為後來小豆上學後，我聽過她模仿法國老師的口吻對一歲半的弟弟說：「Tu ne peux pas faire n'importe quoi.（你不能想怎樣就怎樣）」）。

可惜事實上，我親眼看過許多美國孩子確實是想怎樣就怎樣，而且我見識的地點就在家裡。每次有美國朋友帶著小朋友來我家玩，通常大人不是忙著在小孩後面追著跑，就是在忙著照顧小朋友。曾有一位加州朋友和先生帶著兩個七歲和四歲大的女兒到巴黎玩，她來我家那天，我們光是喝杯茶就一直被小朋友打斷，足足喝了一個鐘頭。她也揶揄自己：「可能再等五年，我們大人就可以自己聊天了。」

那天他們一家子是在巴黎觀光一整天之後才來拜訪的，而聽說小女兒瑞秋整整鬧了一天的脾氣，很多場面都讓人嘆為觀止。後來我準備晚餐時，朋友和先生都到廚房來問我能不能快一點，因為他們的女兒已經沒辦法再等了。最後我們終於坐下用餐，所有人都好好坐著（包括小豆），但他們竟然任由瑞秋爬到餐桌底下，還說他們女兒只是累了，所以沒辦法控制自己。接著這對夫妻開始大談瑞秋的閱讀能力有多強，以及她很可能可以進入一家資優幼稚園就讀。

後來飯吃到一半，我感覺有東西搔到我腳底。

我緊張地對那對夫婦說：「瑞秋在搔我癢。」又過了一會兒，我叫出聲來。因為這位資優兒童咬了我的腳。

當然，為孩子訂規矩並不是法國人發明的概念，許多美國家長和專家當然也認為規範在教養中扮演重要角色。然而對美國人來說，要孩子守規矩，似乎就意味著不准他們表達自己的想法。小豆會有一些特別的要求，好比不想喝水、想喝蘋果汁，或是想穿公主裝去公園玩，又或者是不想坐嬰兒車、想自己下來走——有時我會覺得這些是她心裡真實的念頭，她每次都會做出相同要求，並不是故意要跟我作對。我當然不會有求必應，但一而再再而三拒絕她真心的要求，還是令我感覺不大自在，我甚至害怕這樣會有害孩子的發展。

除此之外，我也很難想像小豆吃飯時能乖乖依序吃完四道菜，或是在我講電話時自己

若一個家庭比較有規範，一切都會比較順利。
規範並不是嚴厲，只是需要一個框架而已。

乖乖在一旁玩耍。或許應該說，我根本不確定自己想不想這樣要求她，這樣不會傷害到她的小小心靈嗎？我這樣會不會扼殺了她表達自己的機會，導致她以後無法創辦第二個「臉書」？因為心裡有這些擔憂，所以我時常對小豆屈服。

有這種想法的不只有我一個人。小豆四歲那年，我替她辦了慶生會，一個英語系國家的小男孩送小豆一份生日禮物，但手上還捧著另一份禮物是要留給自己的。小男孩的母親說沒辦法，因為他在店裡吵著他也想要一樣禮物。我曾聽朋友南西說過一個據說可以減少親子之間拉鋸戰的最新教養原則——避免對孩子說「不」，這樣孩子便不會對父母說「不」。

法國父母對於說non（不）並沒有什麼糾結的情緒。法國式教養的一大準則就是「孩子必須學習面對挫折」。舉例而言，我很喜歡一套叫做《完美公主》（Princesse Parfaite）的法文童書，書中女主角叫做柔伊，書裡有張插圖描繪她正拖著母親往可麗餅攤的方向走，文字部分寫著：「她們走著走著，經過可麗餅舖，這時柔伊大鬧一場，做了丟臉的事——她吵著要吃一片黑莓可麗餅。柔伊的母親說不行，因為柔伊才剛吃完午餐。」

翻到下一頁，只見柔伊走到麵包店裡，身上穿著封面的「完美公主」打扮，這回她用手蒙住自己的眼睛，不去看麵包店裡剛出爐的布里歐奶油麵包——她變得冷靜有智慧了。旁邊的文字寫著：「柔伊把頭別到另一邊去，不再受到誘惑。」

值得注意的是，在前一頁裡，柔伊得不到她想要的東西，插圖中的她在哭泣，但到了第二頁，她學會轉移自己注意力的方法，圖中的她反而露出了燦爛笑容。這故事想傳達的訊息是，孩子總有衝動想做一些大人不喜歡的事，但如果他們可以變得冷靜有智慧，學習控制自己，其實會更快樂（另外值得注意的一點是，巴黎父母不會讓小女孩穿著公主裝上街，公主裝只有在派對時可以穿，或是偶爾在家裡打扮著玩的）。

法國心理學家狄蒂耶．波婁（Didier Pleux）在《快樂的孩子》（Un enfant heureux）一書中指出，若希望孩子快樂，最好的方法就是讓他們體會挫折。「給他們挫折的意思並不是不准他們玩樂或避免抱他們。我們絕對應該尊重孩子的品味、節奏和個人特色，然而孩子必須從小就意識到他並非世上唯一的人，應該在對的時機做對的事。」

我驚覺法國家長對孩子的期許和我們天差地別，而這體悟發生在我們帶小豆去濱海小鎮度假期間。那天我帶小豆去逛一家店，店裡陳列著一疊疊整齊的水手條紋T恤，色彩鮮豔，小豆隨即開始亂扯衣服，我連忙喝止她，但她依然故我。

那時我心裡的直覺想法是小豆年紀小，會胡鬧是自然的，因此後來女店員的反應令我大吃一驚。因為她對我說：「我從沒看過有小朋友這個樣子的。」她的語氣沒有惡意，但我慌忙道歉，隨即逃出那家店。

華特．米薛爾說，對孩子屈服將造成惡性循環，因為「如果大人叫小朋友等一下，然後小朋友尖叫，媽媽就過來哄他們，他們就不用等了，那以後他們就會故技重施，不想等就尖叫，他們會覺得會吵的孩子有糖吃。」

法國父母樂於培養孩子獨一無二的性情，但他們心中有個理所當然的原則：唯有心理不健康的小朋友才會恣意哭鬧、一被拒絕就崩潰，或是一直煩人和亂抓東西。

法國家長通常將孩子偶然的無理要求視為突發奇想（caprices），也就是小朋友衝動的一時興起，既是沒道理的奇想，法國父母也就能夠勇於拒絕。我和一位小兒科醫師聊

我們絕對應該尊重孩子的品味、節奏和個人特色，然而孩子必須從小就意識到他並非世上唯一的人。

過，他的病人包含法國和美國兒童，而他告訴我：「小朋友會有很多需求，其中許多需求並不合理，而我認為法國女人通常比美國女人早意識到這點。」

法國心理學家克莉斯婷・布奈（Christine Brunet）曾表示，假使孩童突發奇想，例如跟母親逛街時突然吵著要買某樣玩具，那麼母親應該做的事是保持冷靜，溫和地告訴孩子，他們當天並沒有計畫要買新玩具，接著母親便應該轉移孩子的注意力，避開孩子的突發奇想，比方說，母親可以說說自己從前的故事。布奈表示：「孩子都喜歡聽父母親從前的故事。」（我讀到這個之後，每次只要小朋友又在鬧，我就會對西蒙大喊：「快點說一件你以前發生過的事！」）

布奈寫到，在這過程中，母親應該持續和孩子進行親密的溝通，或者保持眼神接觸，但母親應該讓孩子徹底明白「他不能想怎樣就怎樣，必須讓孩子了解他不能恣意妄為，予取予求。」

法國家長從不覺得給孩子一點挫折，他們的小心靈就會因此受傷，相反地，他們反倒認為不能面對挫折的孩子是不健康的，在法國父母心中，處理挫折是人生中的一大核心技能，孩子當然得學會，不能教孩子面對挫折的父母是失職的父母。

保姆蘿虹說，如果她在煮飯時，小朋友想要抱抱，「我就會跟小朋友解釋『我現在不能抱你』，然後告訴他為什麼。」

蘿虹說有時小朋友會不能接受，但她仍會堅定立場，然後讓孩子宣洩失望的情緒。「我不會放任小朋友連哭八個小時，可是我會讓他們哭一下，」她說，「我會向他們解釋我就是沒辦法抱他們。」

蘿虹同時照顧好幾個小朋友的時候便經常發生這種狀況。「有時我正忙著照顧某個小朋友，然後另一個小朋友吵著要我去哄他，如果我有空，當然就要去抱他，可是如果當下沒空，我就會讓小朋友繼續哭。」

法國人之所以會期許小小孩擁有等待的耐心，這或許有一部分源於法國式教養的「黑暗時期」，因為從前的法國人認為小朋友應該「有耳無嘴」，不准吵，且必須完全服從大人的話。然而這種信念也有一部分是因為法國人相信小嬰兒也具有理智，他們是可以接受教導的。因此根據這種觀點，每次小豆嗚咽個幾聲，我們就急急忙忙去餵她喝奶，這種做法就像在對待一個成癮且失去理性的人，相較之下，期許小豆可以耐心等待才是對她的尊重。

這件事就像訓練小朋友的睡眠一樣，法國專家認為孩子成長的過程中，學著面對拒絕是很關鍵的一步，如此一來，小朋友才會了解這世界上還有許多其他人，並非只有自己的需求最重要。法國兒童心理醫師安卡特琳．佩諾瑪松（Anne-Catherine Pernot-Masson）曾表示，這種教育應該從孩子三至六個月大的期間就開始施行。「從這時起，母親就要開始適時讓孩子等待一下，把時間向度帶進小朋友的意識之中。只要家長日復一日秉持著愛心，用這些小小的挫折訓練寶寶，培養他們的韌性，讓孩子在二到四歲期間慢慢戒除原本自我中心的世界觀，他們就能漸漸成為社會的一分子。這種戒除自我中心的過程並不總是驚天動地，但無論如何，這是每個孩子的必經之途。」

按照法國人的觀點，我對小豆百依百順，這樣反而有害無益。法國的專家和父母都認為，適時對孩子說「不」，可以避免孩子被無限的欲望宰制，例如一位在巴黎執業的雙語家庭心理醫師卡洛琳．湯普森（Caroline Thompson）就告訴我：「基本上，幼兒的需求

法國的專家和父母都認為，適時對孩子說「不」，可以避免孩子被無限的欲望宰制。

和欲望無窮無盡，這是生物本能，而父母的職責就是讓孩子學習停止索求，這也就是挫折的功用。」

湯普森的母親是法國人，父親是英國人。她說家長阻止小朋友無節制的要求時，小朋友往往會發脾氣，而英語系國家的父母時常會把這樣的憤怒解讀成自己做了錯事，但湯普森說，家長不該誤以為「孩子不高興」就等於「家長教養方式錯誤」。

事實恰恰相反。「假如父母不願逆孩子的意，孩子永遠沒有機會面對挫折感，最後就會被自己心中的欲望困住，面對自己無止盡的貪婪和需求，而如果父母不能阻擋他，最後他就得自己阻擋自己，這樣會比接受父母的管教更令他焦慮。」

湯普森的說法反映出法國人共同的觀念：能夠面對限制和挫折的孩子比較有韌性，也比較快樂。而在日常生活中，可以給予孩子適度挫折的方法，就是適時讓他們等待片刻。法國人訓練孩子睡眠時採取「法式停頓」，而培養孩子接受挫折時也一樣，法國家長似乎都相信同一套做法，在他們心裡，等待不只是一項重要的技能，更是一切教養的基礎。

儘管如此，對於所有法國寶寶都在相同時間吃奶這件事，我依然百思不得其解。法國嬰兒為什麼都在相同的時間點吃東西，難道法國媽媽沒刻意做任何事嗎？每次我提出這點，這些法國媽媽就又說起節奏、彈性等等的那一套，而且她們總會強調每個孩子都是獨一無二的個體。

但過了一陣子後，我發覺法國人心中其實有一些他們認為是天經地義的原則，只是他們不會把這些原則掛在嘴邊。首先是原則一：在寶寶幾個月大之後，法國人就會開始盡量把餵奶的時間固定下來。接著是原則二：每次餵食的時候，份量應該多一些，而非少量多餐。最後是原則三：嬰兒應該融入整個家庭的生活節奏。

因此，雖然法國媽媽不會強迫嬰兒遵循同一套作息時間，但她們的確會遵照上述三個原則，在不知不覺中幫寶寶培養出規律的喝奶時間。《你的孩子》這本育兒書裡寫到，照料新生兒的理想模式應是寶寶出生的前幾個月餓了就餵，但之後就要「漸漸調整成符合正常生活的定時定量型態」。

正因為法國父母秉持著上面提到的三大原則，而寶寶多半在早上七、八點醒來，父母又總是讓寶寶每餐間隔大約四小時，如此一來，法國的嬰幼兒自然會習慣同一套飲食時間囉，那就是早上吃一次、中午吃一次、下午四點左右吃一次，最後在晚上八點吃最後一頓，不久後就上床睡覺。而假設寶寶在早上十點半的時候哭了，法國父母會認為讓寶寶等到午餐時間再吃多一點，這樣對寶寶比較好。要嬰兒適應這樣的「節奏」需要一點時間，法國家長讓孩子習慣這套作息的過程是循序漸進的，不會在一夜之間強制執行，但最後寶寶都能漸漸適應，調整成跟大人一樣的作息，如此一來，大人小孩的飲食起居習慣都一致，全家人便能同時用餐。

談談瑪婷的例子。她說在寶樂出生的頭幾個月，寶樂一餓她就餵奶，但從第三個月起，為了把女兒喝奶的間距拉長成三個小時餵一次，她開始會在寶樂哭的時候抱著她散散步，或用背巾把她揹在胸前，這樣寶樂通常很快就不哭了。過一陣子後，她又依樣畫葫蘆，把寶樂喝奶的間隔再拉長到四個小時。瑪婷說她從來不會讓小孩哭太久，但兒女確實可以漸漸習慣一天固定吃四餐。她說：「我真的很彈性，真的。」

這種育兒法的關鍵概念就是，嬰兒有自己的節奏，但父母和其他家人也同樣有他們的節奏，而法國人的理想就是在這兩種節奏之間達到平衡。《你的孩子》書中便解釋了這個觀念：「你們和寶寶同樣有權利，因此所有決策應該是大家各退一步的協調結果。」

小豆的小兒科醫師從沒跟我提過一天四餐的作息規律，但有次我帶小豆去看診時他正好有事，代班醫師是一位年輕的法國女人，她的女兒正好和小豆年紀相仿。我向她問起嬰兒是否該規律飲食的事，她回我一句「Bien sûr（當然囉）」，小朋友每天只能吃四頓呀！」接著她就拿了便利貼，寫了餵奶的時段給我，果不其然，又是一模一樣的作息表：早餐、午餐、下午四點和晚上八點。後來平常看的那位醫生回來後，我問他為什麼沒跟我說過這套作息規範，而這位醫生的回答是，他通常不會給美國家長這樣的作息表，因為美國家長常會把醫生的囑咐都當成聖旨遵循，缺乏彈性。

我和西蒙便開始調整小豆的餵奶時間，過程花了幾個禮拜，但她漸漸適應了。我們這才發現，我們的小女娃也擁有等待的耐心，她只是需要一點練習的機會而已。

法國小孩都會做的蛋糕食譜

優格蛋糕

gâteau au yaourt

材料：

全脂原味優格2杯（優格的容器請留下來量其他材料。法國常見的優格容量約為170毫升，若使用的優格杯容量不同，請酌加調整比例）

雞蛋2個

砂糖：優格杯2杯（若想降低甜度，可減為1杯）

香草精數滴

沙拉油：優格杯8分滿

中筋麵粉：優格杯4杯

泡打粉1.5茶匙

法式鮮奶油適量（可有可無）

做法：

1. 先將烤箱以攝氏190度（華氏375度）預熱。
2. 準備9吋圓形蛋糕烤模或麵包烤模，模具抹上一層沙拉油備用。
3. 將優格、雞蛋、砂糖、香草精及沙拉油混合均勻。
4. 使用另一個容器，混合中筋麵粉和泡打粉。
5. 將粉類混合物倒進液體類混合物中，把所有材料稍微攪拌均勻，輕拌即可，勿過度攪拌，以防產生筋性。
6. 亦可加入2杯冷凍莓果或1杯巧克力碎片等，做成你喜歡的口味。
7. 將麵糊倒進烤模，烤35分鐘，然後拿刀叉或筷子戳進蛋糕體，若筷子拿出來是乾淨的，代表蛋糕已熟，若上面還沾著蛋糕糊，請再烤5至10分鐘，理想的口感應該外酥內Q。
8. 將烤好的蛋糕取出放涼。享用時可擠上一點法式鮮奶油，配著茶吃最美味。

Chapter 5
縮小版的人類

小豆一歲半的時候，我們替她報名了「幼兒適應水中環境」訓練，這課程又稱為「嬰兒水中課程」，是鎮公所提供的自費游泳課，每週六上課，地點在我們家附近的一個公立游泳池。

早在開課的前一個月，主辦單位便召集所有家長開了一次課前說明會。其他家長看起來跟我們滿相像，都是擁有大學以上學歷、且願意在每個週六早晨冒著寒風推嬰兒車出門讓小朋友學游泳的開明家長。說明會的人員替每個家庭排好四十五分鐘的上課時段，還特別說明之後上課時，男性必須穿三角泳褲，不能穿長版的四角泳褲（這應該是基於衛生因素，因為男生的長版泳褲在其他場合也可以穿，這樣很可能把灰塵帶進泳池）。

一個月後，我們一家三口風塵僕僕地來到游泳池，在男女共用的更衣室裡小心翼翼地脫衣服換泳衣，然後便隨著其他大人、小孩一起下了游泳池。在這堂課裡，小豆拿著塑膠球扔來扔去，玩了滑水道，又學著從游泳池的充氣筏往下跳。整堂課當中，老師只游到我們身邊一次向我們自我介紹，之後就游走了。這堂課以迅雷不及掩耳的速度結束，下一輪的家長和小朋友很快就跳下水。

我心想，第一堂課應該是暖身，下週就會開始正式上課吧！沒想到第二週仍然是相同的情形：小朋友一直在玩水，但老師完全沒教小朋友怎麼踢水、在水中吐氣，更別提正式的游泳技巧，老實說，整堂課根本毫無章法，老師只是偶爾游過來確定大家玩得開心而已。

這次我忍不住了，我在池子裡朝老師開砲：請問你什麼時候才會開始教我女兒游泳呢？老師聽了卻只露出和藹的微笑對我說：「嬰兒水中課程不會教游泳啊！」他說話的模樣彷彿這件事完全是常識（後來我才知道，巴黎大部分的小朋友都在六歲以後才學游泳）。

那我們上這門課做什麼呢？老師說，這堂課的目的是讓小朋友探索水的世界，讓他們在水中的感官覺醒起來。

什麼？小豆在我家浴缸裡就可以「探索」水的世界了啊，我報名這堂課是要讓她學游泳的！我希望她盡早學會游泳，最好在兩歲以前就學會。如果不是要學游泳，我又何必付學費讓她上課，然後在天寒地凍的週六早晨把全家拖下床呢？

這時我環顧四周，赫然發現一件事，那就是原來說明會上的所有家長都知道他們替孩子報名的課程只是要教導孩子「探索」水的世界，以及讓孩子對水的意識覺醒起來，他們都知道這不是游泳課。難道法國孩子上鋼琴課也只是在「探索」鋼琴，而不是實際學彈鋼琴嗎？

於是我驚覺，法國父母的育兒之道不只有某些細節和我們不同；對於孩子該學什麼、以及孩子究竟是什麼，法國人的觀念和我們根本南轅北轍。因此，我的問題並不只是游泳課的問題，而是整套育兒哲學的問題。

在一九六〇年代，瑞士心理學家皮亞傑（Jean Piaget）到美國分享他關於兒童身心發展過程的理論，每次演講結束後，總會有聽眾問他類似的問題，而皮亞傑給這類問題起了個名字叫做「美國問題」。這個美國人最愛問的問題就是：「請問怎樣可以加快小朋友身心發展的速度？」

對此，皮亞傑的答覆是：為何要加快孩子身心發展的速度呢？皮亞傑認為想讓兒童提前培養技能不但是痴人說夢，而且毫無益處，他認為兒童的身心會依循自己的步調發育，

在法國，嬰兒水中課程的目的是讓小朋友探索水的世界，讓他們在水中的感官覺醒起來。

動力來自孩子自己。

這個「美國問題」點出法國和美國家長的關鍵差異。美國父母認為自己的職責就是敦促、刺激孩子的發展，確保孩子從一個階段進入下個階段的時程越短越好，我們認為父母教養得越好，孩子身心發展的速度就越快。在巴黎，我讓孩子參加一個英語系國家的遊戲團體，在聚會中，我不時會聽到那些媽媽吹噓她們讓孩子上了什麼音樂課程，或是小朋友還另外參加了葡萄牙語的遊戲團體等事蹟，而且重點是她們對於這些課程活動的詳細資訊往往絕口不提，生怕其他家長也去報名，她們當然不願承認這是一種競爭心態，但這氛圍再明顯不過了。

相較之下，法國家長似乎不會那麼想讓孩子贏在起跑點上，他們不會急著讓小朋友盡快學會認字、游泳或算術，不會急著把孩子培育成天才資優生，總之在法國，我不會感覺法國家長在暗中較勁，替孩子爭奪某個不知名的獎盃。法國父母也會讓小朋友去學網球、擊劍或英文，但他們不會以此自傲，認為這些課程就是教養成功的象徵，而跟別人聊到時，也不會把這些課程當成秘密武器似的語帶保留。對法國家長而言，讓小朋友在週六上午去上音樂課並不是為了活絡他們的什麼神經網絡，而是為了讓他們體驗樂趣。總歸一句，法國父母跟我遇到的那位游泳教練一樣，強調的是「覺醒」和「探索」。

事實上，法國父母對於「孩子」的認知和我們截然不同。我開始大量閱讀法國人對於「兒童」的觀點，而在研讀文獻的過程中，我一直讀到兩個人的學說，這兩人年代相差兩百年，一位是鼎鼎大名的哲學家盧梭，另一位則是我先前從沒聽過的法國女性，名叫法蘭絲瓦茲．朵爾托（Françoise Dolto），這兩位大家對法國人的育兒之道影響至深，他們留下的觀念在今日的法國社會中仍十分普及。

現代法國人的育兒觀念源自盧梭，而這位哲學大師自己根本稱不上是為人父母（此外他跟皮亞傑一樣，都不是土生土長的法國人）。盧梭於一七一二年在日內瓦出生，童年過得不太幸福，他出生後十天母親便去世，唯一的哥哥逃家，後來他的錶匠父親因為商業糾紛而跑路，離開日內瓦，把盧梭託給一位叔叔照顧。盧梭長大後搬到巴黎定居，曾經有過孩子，但孩子一出世就被他送到孤兒院，他說這是為了保護孩子母親的名聲，孩子的母親是一位在盧梭家幫傭的裁縫。

雖然盧梭自己的童年和兒女都頗為不幸，但這位大師卻在一七六二年出版了《愛彌兒：論教育》（Émile, or On Education）這本書。《愛彌兒》的主角是他虛構的孩子愛彌兒，整本書就是描述這個男孩子接受教育薰陶的過程（後面還有他青春期之後認識俏佳人蘇菲的故事）。德國哲學家康德認為這本書的重要程度和法國大革命不相上下，此外，我的法國朋友們都在高中時就讀過這書。這本書的影響深遠，裡頭的不少段落和名言佳句都成了現代法國育兒教條，法國人時常掛在嘴邊，像「覺醒」的說法就是一例。《愛彌兒》裡頭提到的準則，多數法國家長至今仍奉為圭臬。

《愛彌兒》一書出版時正逢法國育兒的黑暗時代。根據法國警局官員的統計，一七八〇年巴黎有兩萬一千名嬰兒出生，其中有多達一萬九千名被送到諾曼第或勃根地等鄉下讓奶媽照顧。這些新生兒被放在寒冷的馬車上，搖搖晃晃地運送到鄉間，許多在旅程中就夭折了。而奶媽的薪資也低，往往同時照顧許多孩子，常把嬰兒用衣物布料長時間緊裹，預防嬰兒亂抓亂動受傷，卻導致不少嬰兒因此死亡。

對法國家長而言，讓小朋友在週六上午去上音樂課，是為了讓他們體驗樂趣。

對於當時的勞工階級父母而言，請鄉下的奶媽是出於經濟考量，因為花費比請保姆到家裡照顧孩子低廉許多，然而對於上流階級的母親來說，把孩子送到鄉下給奶媽帶，背後的理由卻與「生活型態」攸關，因為當時法國社會的主流觀念是社交生活至上，根據一位法國社會歷史學家的說法，養育兒女「不但會干擾母親的婚姻生活，還會妨礙其生活情趣」，在當時的法國父母心中，「育兒是一件既掃興又『落伍』的苦差事」。

盧梭創作《愛彌兒》的目的就是要推翻這些觀念。在這本書中，盧梭鼓勵母親哺餵母乳，並責難當年保護兒童的普遍做法，像是用布料緊裹幼兒、給嬰兒戴厚墊針織帽、用牽引帶綁住幼兒等。他寫道：「我不會小心翼翼地預防愛彌兒受傷，對我來說，若他從來沒有受傷的經驗，成長的過程中不知痛為何物，這才是令人憂心的事。即便愛彌兒不小心抓了刀子來玩，他不可能使力緊握，因此也不可能割出太深的傷口。」

盧梭認為孩子應該有足夠的空間自然發展，他說他會讓愛彌兒「每天都到田野上跑跳玩耍，每天跌個一百次跤」。在他的想像中，孩子應能自由探索並發現世界，感官才能逐漸「覺醒」。他的書裡是這麼寫的：「無論春夏秋冬，每天早晨愛彌兒都能裸足在田野中奔跑。」此外，盧梭不肯讓這個虛構的孩子讀書——除了《魯賓遜漂流記》以外。

我讀過《愛彌兒》之後，終於了解法國父母和教育工作者為何老把「讓孩子覺醒、探索」掛在嘴邊。小豆的托嬰中心舉辦親師座談會時，曾有一位老師用非常誇張的口吻讚嘆他們每週四上午都帶孩子去體育館有多好多好，她說目的不是讓孩子運動，而是要讓小朋友「探索」自己的身體。托嬰中心的宗旨也明明白白寫著他們希望帶領嬰幼兒「以歡愉的態度探索世界……」，甚至我家附近有另一家托嬰中心的名字就叫做「童年與探索」。在法國，大家對小寶寶最好的讚美就是說他們很éveillée——意思是敏銳、極具意識。在美國，如果有人這樣形容寶寶，大概代表他們覺得這小孩很醜，才硬擠出這種形容詞來讚美一下。

讓小朋友「覺醒」，指的是讓孩童經歷味覺等各種感官體驗，在這樣的過程中，家長並不需要時時參與互動，有時只是讓幼兒凝視天空、烹調晚餐時讓孩子聞聞嗅嗅，甚至讓孩子自己在毯子上玩一會兒，都能算是「覺醒」的方法。這些經驗能讓孩童的感官更為敏銳，讓他們分辨各種經驗的差異，讓他們學會如何自得其樂，而這正是成為有教養的成人的第一大步。覺醒能讓孩子學習profiter——享受當下的美好時光。

法國人這套「覺醒」的理論我當然喜歡，誰會不喜歡呢？但我困惑的是他們強調的程度。正如皮亞傑所說，我們美國父母比較在意的似乎是讓孩子習得一些具體技能，要不停往前邁向身心發展的新里程碑。

此外，我們常認為孩子的發育取決於父母的育兒方式，也就是家長的決策及教養品質影響甚深，因此美國家長讓幼兒學嬰兒手語、識字前的準備技巧，並且費心挑選最好的托兒所，我們認為這些步驟都事關重大，不容小覷，也正因如此，美國人永遠在尋找最一流的育兒專家和育兒策略。

光我們巴黎住處的小中庭四周就存在這樣的文化鴻溝。小豆的房間裡擺滿了各種黑白的認知學習圖卡、印著英文字母的嬰兒積木，以及（目前已遭到育兒界唾棄的）小小愛因斯坦系列DVD，這些全是我們認識的美國家庭送的，我們都喜孜孜地收下了，此外為了刺激小豆的認知發育，我們還時常播放莫札特的曲子。

讓小朋友「覺醒」，有時只是讓幼兒凝視天空，或者在烹調晚餐時讓孩子聞聞嗅嗅。

反觀我的法國鄰居安妮，就是前面提到的那位建築師，她從沒聽過什麼「小小愛因斯坦DVD」，甚至我跟她提到時，她也不怎麼感興趣。安妮寧可讓女兒坐著玩她買來的二手玩具，或在中庭裡踱著小小的步伐自行探索。

後來有次我跟安妮聊天時提到，這附近的托兒所最近空出一個名額，我在考慮讓小豆提早一年入學，也就是說要讓她離開托嬰中心，因為小豆在托嬰中心已經算是年紀很大的小朋友，我擔心那裡的教育對她來說已經不夠了。

安妮卻只問我：「為什麼要這樣做啊？小朋友的童年已經夠短了。」

德州大學瑪莉安．蘇柔的一份研究指出，法國母親強調讓孩子的意識「覺醒」起來，並不是要促進他們的認知發育，也不是為了讓他們在學校表現得更優異，而只是想培養小朋友「自尊自信、容忍差異等種種的心理能力」。此外也有法國母親表示，讓孩童接觸各種味道、色彩和視覺的刺激，純粹是要讓他們享受感官經驗而已。

還有一位受訪的法國媽媽說，這些美好的經驗會成為「孩子生命的泉源」，因為「如果一個人沒有享受過，他不會了解活著的價值」。

而在二十一世紀的今天，我在巴黎家長和他們的孩子身上，見到盧梭的觀念以兩種看似互斥的形式保存下來。一種是他們自由的一面——法國孩子可以在曠野（或游泳池）自由嬉戲，但另一方面，法國兒童又似乎很有紀律。根據盧梭的理論，兒童的自由必須建立在明確的規範之上，家長也應該維持權威。

他在書裡是這麼寫的：「你知道想讓孩子痛苦最好的方法是什麼嗎？就是讓他習慣要

什麼有什麼，如此一來，他無論有什麼欲望都能迅速滿足，欲望持續擴張，很快你便無法再滿足他的需求，最後不得不拒絕他，而孩子不習慣被拒絕，如此承受的折磨將比欲望不被滿足更嚴厲。」

盧梭指出，教養孩子最大的陷阱，便是以為只要孩子辯論合理，就誤以為他們說的話跟大人有相同份量。「最失敗的教育便是讓孩子在自己和大人的意志之間漂浮，無窮無盡地爭執究竟自己和大人誰的話算數。」

在盧梭看來，家長永遠是唯一的老大，此外他經常提到所謂的框架，這也成了現代法國父母的一大育兒典範。框架的理想就是父母對某些事立下嚴格規範，但在其他領域中則讓孩子自由行事。

從事出版業、家有兩個小小孩的法妮也告訴我，她還沒生小孩前便在廣播上聽過一位知名法國演員談他育兒的經驗，而法妮認為那位演員說的話很可以歸納她自己對於框架的看法，以及父母小時候教育她的過程。

「那位演員說：『教育就是一個不容動搖的框架，而在框架裡頭要給孩子無拘無束的自由。』我非常喜歡他的說法。我覺得這樣小朋友才會有安全感，知道有些規範非遵守不可，但在規範之內，他就可以不受干涉。」

我認識的法國家長中，幾乎所有人都說自己對孩子很「嚴格」。但嚴格的意思並不是說他們一天二十四小時都扮演兇狠的巫婆，而是類似法妮這樣，只對特定事情嚴格，而這些原則便形成他們教養框架的基礎。

「我對孩子幾乎都滿嚴格的，算是有點嚴格，因為有些規則只要稍微鬆綁，就等於走

法國父母對孩子很「嚴格」，但是只對特定事情嚴格，而這些原則便形成他們教養框架的基礎。

了回頭路，所以我通常都堅守原則。」

法妮堅守的原則主要在幾個層面，分別是飲食、睡眠和看電視，「至於其他事，她想怎麼做我都不太干涉。」她談到女兒露西時如是說。而且即便在上述的關鍵領域當中，法妮也盡量給予露西足夠的自由和選擇空間。「我所謂的『看電視』不是電視節目，而是DVD，但是我讓我女兒自己挑她想看的DVD，平常每件事也都是這樣……例如早上幫她穿衣服打扮時，我會告訴她：『妳在家想穿什麼都可以，大冬天想穿夏天的衣服媽媽也不會管，但出門的衣服就要讓爸爸媽媽來決定。』現在這招還管用，等到她十三歲之後我們就再想想要怎麼辦囉！」

教養框架的重點並不是限制孩子，而是為孩子框出一個原則一致、可預測的範圍。法妮說：「這種框架很重要，沒有框架就會迷失方向。有了教養框架，我們會比較有信心，對孩子比較有信心的話，孩子也感受得到。」

框架的概念可以啟迪孩子，賦予他們許多自由，但盧梭這套理論也有陰沉的一面。舉一個例子，有回我帶小豆去接種疫苗，我把她抱在懷裡向她說對不起，因為等下打針會痛痛，但身旁的法國小兒科醫生見狀卻馬上出聲斥責。

他說：「妳不用說對不起啊！打針本來就是每個人都會經歷的事，沒必要道歉。」這位醫生的觀念似乎就是盧梭的看法，因為盧梭就曾經寫過：「如果你對孩子過於照顧，竭力免除他們生活中所有不適，這等於是讓孩子在未來面臨更多折磨。」（現代法國醫生喜歡開效果立見的肛門栓劑給小朋友用，真想知道盧老先生對這點有何看法。）

兒童在盧梭心中並不是要柔情守護的對象，而是一塊塊可造之材，如果培養得宜，就能成為優秀的公民。在盧梭之後的好幾百年間，不少思想家仍用哲學中「白板」（tabulae rasae）的概念看待嬰兒，認為兒童會受到教育形塑。到了十九世紀末，美國心理學家暨哲學家威廉．詹姆士（William James）仍說，在嬰兒眼中，外在環境只不過是「勃發喧鬧的一片混亂」；而即便到了二十世紀，大多數人仍然認為兒童出生時什麼都不懂，孩子對於這個世界及自身的理解是漸進的過程。

在法國，認為兒童是次等生命的觀念同樣歷久不衰，直到一九六〇年代才漸漸退燒，我甚至認識一些四十來歲的法國女人，她們小時候在飯桌上，除非大人主動對她們說話，否則是不許開口的，因為當時的法國人認為兒童應該「像圖畫一樣安靜」，跟我們說「囝仔人有耳無嘴」是差不多的意思。

直到一九六〇年代晚期，法國人對於「兒童」的觀念有了轉變。一九六八年三月，法國楠泰爾巴黎大學有位學生起身抗議，後來事情如滾雪球一般，演變成法國各地學生及勞工階級的起義反抗。兩個月後，全法國有一千一百萬名勞工展開罷工，法國總統戴高樂更因此解散國民會議。

當年的示威民眾雖然提出一些財經訴求，但不少人渴望改革的其實是法國的生活型態。當時的法國深受宗教力量箝制，社會保守，且男尊女卑的觀念十分嚴重，這些現象持續了千百年，人民已忍無可忍，抗議群眾渴求的是個人解放，包括讓婦女能選擇不同的人生道路、抹除嚴明的社會階級，以及脫離只有métro, boulot, dodo（通勤、工作、睡覺）的枯燥生活型態。抗議活動最後被政府終結，有些甚至是以武力強行制止，然而這次暴動卻對法國社會產生深遠影響（例如法國如今在歐洲可說是宗教氛圍最淡薄的國家）。

權威獨裁的教養方式也在一九六八年之後逐漸成為過去式，因為在人人平等的前提下，有什麼理由禁止孩子在餐桌上發言呢？盧梭那套「孩子是白板」的理論已經不能百分百適用於改革後的法國社會，法國人轉而對精神分析的說法起了濃厚興趣，法國父母開始認為叫孩子閉嘴，很可能會戕害孩子的身心。

一九六八年之後的法國家長依然希望孩子行止合宜，懂得自制，但他們也漸漸開始鼓勵孩子表達自己的想法。如今我認識的年輕一代法國父母，他們叫孩子要安靜有智慧時，是希望孩子自制，但同時也希望他們愉快地專注投入某件事情。「『靜』的理想演進了，以前要求孩子『像圖畫一樣安靜』，現在則希望孩子『靜心享受，意識覺醒』。」法國心理學家暨作家瑪琥思．威蘭（Maryse Vaillant）如此解釋，而她本人也是「一九六八世代」的一分子。

緊跟著走入這個時代動盪的正是法國育兒巨擘法蘭絲瓦茲．朵爾托。美國人大多不認識朵爾托這號人物，她的著作只有一本譯為英文（而且已經絕版多年），我認識的法國人無論本身有沒有小孩，知道這事都十分驚訝。

在法國，朵爾托可是個家喻戶曉的人物，地位大概像從前的育兒大師斯波克醫師（Dr. Benjamin Spock）之於美國人一樣。二〇〇八年朵爾托誕辰一百週年時，法國媒體不只以一系列報導和頌辭慶祝，甚至拍了一支電視電影介紹她的生平，聯合國教科文組織還在巴黎舉辦長達三天的朵爾托研討會。除此之外，隨你到法國任一家書店，絕對都能買到這位育兒大師的著作。

一九七〇年代中期時，年近七十的朵爾托已是法國極富盛名的精神分析大師及小兒科醫生，接著到了一九七六年，法國一家廣播電台開始播送朵爾托的節目，每天十二分鐘，讓她在節目中回應聽眾來信詢問的育兒問題。節目主持人賈克・普哈戴當時年僅二十七歲，他回憶當年時表示：「沒人料想得到那個節目竟然一炮而紅，而且歷久不衰。」普哈戴形容朵爾托給讀者的回應「精準得近乎預言」，還說「真不知道她怎麼想得出那些絕妙的答案」。

而我看了朵爾托那時期的影片，便可以想見當年她為什麼能收服那些手足無措的法國家長。朵爾托總是戴著厚厚的眼鏡，身上穿著端莊的衣裳，舉手投足之間盡是智慧老祖母的模樣（她整個人看起來就是以色列梅爾夫人那一型啊）。除此之外，朵爾托也跟美國的斯波克醫師一樣，可以把任何事說得像人人都該明白的常識一樣，即便是比較大膽的說法，從她口中說出來也顯得公信力十足。

即便朵爾托的外表看來像是慈祥的老祖母，然而她主張的育兒之道頗為聳動，激進的新觀念十分適用於新時代的法國人。她的主張就像是一種嬰兒解放運動，根據她的觀點，嬰兒是具有理性的生物，即便是初生的嬰兒也能聽得懂別人說的話。朵爾托的理念強調直覺，帶有神秘主義色彩，直到今天，雖然不是所有法國人都會挑明引述她的理念，但可以看出多數法國人仍採行她那套觀點，我看了朵爾托的書之後才明白，法國父母對我說的那些很玄的話，例如應該跟嬰兒討論他們的睡眠問題等等，這類觀點背後的概念其實都源自朵爾托。

朵爾托的廣播節目讓她成為所有法國人的偶像。直至一九八〇年代，法國超市裡還賣著收錄她當年廣播節目及其他訪談內容的書籍，儼然是法國人不可或缺的民生必需品。此外，那年代出生的法國人直接被稱為「朵爾托的一代」。另外二〇〇八年時，《電視全覽》週刊有一期還以朵爾托為主題，其中一篇報導引述一位精神分析學者的話，他提到某次搭

計程車，司機說當年朵爾托的廣播節目他沒錯過任何一集，學者形容那位司機先生「簡直目眩神迷，他說『朵爾托對待小孩子就像對待一般人類一樣，還會跟小孩子講話耶！』」

朵爾托的中心思想稱不上是什麼「教養哲學」，她沒有提供任何明確的教養撇步，但如果你能像法國人一樣，先打從心裡認同孩子也是理性的人類，那麼許多變化都會隨之而來。如果你對幼兒說話，而他聽得懂，你就能在他年紀小小時就教會他許多事，例如你當然就能讓他學著在餐廳好好吃飯。

法蘭絲瓦茲．朵爾托原名叫法蘭絲瓦茲．瑪黑特（Françoise Marette），生於一九〇八年，她是巴黎一戶闊綽人家的孩子，家中篤信天主教。表面上她過著如夢似幻的生活：自小學習小提琴，家裡有專職的廚子煮飯，後院裡還養著幾隻孔雀，大搖大擺地走來走去，而她出身這樣一戶好人家，自然也嫁給了好人家。

然而法蘭絲瓦茲並不如父母所期望，她並非那種乖巧順從的女兒，從來沒辦法「像圖畫一樣安靜」，她天生反骨，有話就說，而且對於身邊的人充滿熱情與好奇。從她早年的書信中就能看出她意識到自己與父母之間存在代溝，她知道他們不了解她。法蘭絲瓦茲早在八歲時就立志成為「教育專家」，化身為成人和孩童之間的溝通橋樑，當時的法國社會根本還沒有這樣的工作，但她後來卻真的成為這樣一號人物。

那是個法國女人終於可以工作的年代，法蘭絲瓦茲跟同於一九〇八年出生的西蒙波娃一樣，是首批參加法國高中畢業會考的女學生（會考名為le baccalauréat，即大學入學資格考）。

通過會考之後，法蘭絲瓦茲屈服於父母施加的壓力，選填了護理系，一直到她弟弟菲利普準備進入醫學院就讀時，她的雙親才同意在弟弟幫忙監護的條件下，讓她開始醫學院的學業。此外，法蘭絲瓦茲還攻讀了精神分析，這在當時是頗不尋常的新興領域，但法蘭絲瓦茲家人的想法是，讀精神分析或許能消除她心中那些傳統女性不應該有的志向抱負。一九三四年時，法蘭絲瓦茲的父親在給她的一封信中寫到，希望精神分析能「助妳改變性情，讓妳成為妳所說的『真正的女人』，使妳的個性更臻迷人……」

在法國創立第一間精神分析研究所的是拉佛爾格（René Laforgue），法蘭絲瓦茲師承拉佛爾格，而正是精神分析解放了她，促使她成為真正的「教育專家」。她同時攻讀精神分析和小兒科學位，並前後在法國好幾家醫院接受訓練。

和其他育兒專家相比，朵爾托特別之處在於她本身真的是一位成功的母親。她育有三名子女，而女兒卡瑟琳回憶父母時如此寫道：「……舉例來說，我爸媽從來不逼我們做功課。不過我們學業成績不好時，爸媽也像其他家長一樣，會厲聲責罵我們。我每週四放學都會因為不乖而被老師留下來，媽媽會說：『太糟糕了，被留校懲罰的是妳喔，妳如果不想再被懲罰，就要乖乖閉上嘴巴。』」

特別的是，朵爾托一直保留著清晰的回憶，她深深記得自己小時候對外在世界的印象。當時社會上普遍的育兒觀念，是把兒童當成一連串生理問題來處理（例如當時的法國人常使用「止尿器」，用電擊的方式來治療幼童尿床），但朵爾托抗拒這種思維，她所採取的方式是對孩子說話，聊他們的生活，因為兒童的生理問題往往源自心理因素，例如她常常問她的小病人：「那你呢，你覺得呢？」

朵爾托採取的方式是對孩子說話，聊他們的生活，因為兒童的生理問題往往源自心理因素。

朵爾托有一個十分知名的做法，就是她堅持年紀比較大、稍微懂事的小朋友每次看診後都要給她「看診費」，可能是一塊石頭或其他小東西都好，這是為了強調孩子也有自主心和責任感。朵爾托的學生也很認同這種對兒童的尊重，例如精神分析學者慕西安．沙傑（Myriam Szejer）便如此回憶這位恩師：「她推翻了許多傳統，而我們這些學生想做的正是推翻傳統。」

朵爾托不只尊重兒童，她對待初生嬰兒的態度也一樣認真。曾有一位門生描述朵爾托替一個非常難帶的嬰兒看診的情形：「朵爾托全神貫注，很專注觀察那個女娃的情緒，她的重點不是要安慰寶寶，而是要了解寶寶想傳遞的訊息，或者更精準的說法是，她是想了解寶寶如何看待外在世界。」

朵爾托有許多傳奇故事被流傳下來，面對醫院裡哭鬧不休的幼兒，她會向他們解釋他們為何在醫院，還有他們的爸媽在哪裡，小朋友就這麼被安撫了，而且據說嬰兒都是立即停止哭泣。

這跟美國人和孩子說話的立意不同。我們老美對嬰兒說話，是因為認為嬰兒會認得母親的嗓音，或聽到撫慰的聲音就會平靜下來，或者是希望讓孩子及早開口說話，或是期許他們成為下一個有名的小說家。

然而朵爾托強調，我們對孩子說話的內容至關緊要。她說父母應該對孩子說實話，讓孩子對自己認知的事更有信心。

事實上，朵爾托認為孩子在子宮裡就開始聽大人講話，而且還能憑直覺感受到發生在周遭世界中的問題和衝突。朵爾托曾在廣播節目中描述母親可以這樣對剛出生的寶寶說：

「寶寶，我們都在等你來喔！你可能之前聽爸爸媽媽說我們想生小女娃，可是我們也很高興可以生到你這個兒子喔！」

朵爾托說，若不幸父母想離婚，那麼只要孩子超過六個月大，討論離婚的事情也應該讓孩子在場。而假使有祖父母過世，就算是很小的嬰兒也應該短暫出席喪禮。

「應該要有家人帶寶寶參加喪禮，告訴寶寶『這是你爺爺的喪禮，死亡是我們必須經歷的事。』」朵爾托有一本著作叫做《當父母分開》（When Parents Separate），麻省理工學院的社會學家雪莉·特克（Sherry Turkle）在這本書的序言中寫到，依照朵爾托的觀點，「讓孩子永保幸福快樂並不是對他們最好的事，理性的理解才是。」特克指出，根據朵爾托的信念，孩子最需要的是「有助自主和成長的穩定心理狀態」。

不少國外的精神分析學者批評朵爾托的理論太仰賴直覺，然而在法國境內，她充滿想像力的育兒觀點無論在智識或美感層面都擄獲了法國父母的心。

英語系國家的家長鮮少接觸這位法國育兒大師的理念，就算少數人聽過，恐怕只會覺得她的理念頗為詭異。美國父母信的是斯波克醫師那一套。斯波克醫師早朵爾托五年出生，也同樣具有精神分析背景，他的著作中表示幼兒到一歲半之後才能理解自己有弟弟、妹妹的意思。斯波克擅長的不是聆聽寶寶，而是聆聽家長，他的著作《Dr.Spock's育兒寶典》（Dr. Spock's Baby and Child Care）開宗明義第一句話就是「相信你自己，你懂的比你想像的還多」。

然而朵爾托認為，最了解孩子的其實是孩子自己。朵爾托甚至到了晚年必須仰賴氧氣罩維生時，仍會蹲坐在地上陪她的小病患，從小朋友的角度看世界，因此她的視角永遠直

兒童也具有理性思維，就算是他們不乖時也不例外，父母的職責便是聆聽並理解孩子的這些想法。

截了當，打動人心。

「如果家裡生了弟弟妹妹，小朋友卻不嫉妒，那可不是好事，小朋友當然要懂得嫉妒，弟弟妹妹的出現本來就是個問題，因為原本大家的愛都集中在他身上，現在卻讓一個年紀更小的孩子搶走了，會嫉妒是自然的。」朵爾托如是說。

朵爾托堅持兒童也具有理性思維，就算是他們不乖時也不例外，她說父母的職責便是聆聽並理解孩子的這些想法，「若小朋友有什麼不尋常的反應，背後一定有他們的原因……我們的任務就是要**理**解小朋友的原因。」

朵爾托舉過一個例子。她曾有一位小病人，父母說某天帶那孩子外出，但他在大街上突然不肯繼續往前走。在父母眼裡看來，這孩子是在使性子，但小朋友這麼做其實有他的原因。朵爾托說：「我們應該努力理解小孩子為什麼會有這些舉動，我們可以想『小朋友這樣做一定有他們的原因，我現在還不懂，但我會試著了解』。最重要的是，父母絕不該因此大驚小怪、火冒三丈。」

朵爾托百歲誕辰的紀念報導非常多，而其中法國精神分析學者穆希埃．迪比瓦倫廷回顧朵爾托的育兒智慧時，如此描述：「人跟人之間可以彼此溝通，雖然我們有些比較大，有些比較小，但只要是人就一定能溝通。」

我比較了一下。《Dr.Spock's育兒寶典》是大部頭巨作，內容儘可能囊括兒童每日生活中可能發生的大小事，從小兒淚管堵塞到同志家長的教養守則等應有盡有；反觀朵爾托的著作卻都是輕薄短小的口袋書，裡頭沒有包山包海的詳細教學，她只是一再強調幾項基本原則，讓家長自己理出解決之道。

朵爾托當年答應開廣播節目時開了條件給電台，那就是她希望問問題的家長要寄信，不能用打電話的方式。因為她認為只要家長靜心寫下問題，很可能就能自己想出解決方法。這個節目的主持人普哈戴回憶道：「那時朵爾托告訴我：『真的，以後一定會有聽眾寄信來說：我本來要寄這些問題問你們，可是我寫完，自己就知道該怎麼做了。』結果不出她所料，後來我們還真的收到一封這樣的信。」

而正如同斯波克醫生在美國面對的處境，朵爾托在法國也招致不少批評，因為有人認為法國在一九七〇及八〇年代興起放縱式的教養風潮，朵爾托就是背後的始作俑者。其實不難想像為何大家會有這種誤解，因為有些家長就是以為，既然他們得理解孩子想表達的訊息，當然就得順從孩子的心意囉。

但這其實曲解了朵爾托的本意。朵爾托的確認為父母應該靜心了解孩子想傳達的訊息，並耐心向他們解釋這個世界運作的方式，但在她的觀點裡，世上本來就充滿許多限制，而一個具備理性的兒童應該能夠消化並面對這些限制。換句話說，朵爾托並不是要推翻盧梭所倡導的教養框架，反倒是要延續這個概念，只是她對孩子懷抱比較多的尊重和同理心而已——而這正是一九六八年之前的法國父母缺乏的態度。

而今日我所見到的巴黎父母似乎確實找到了一個平衡的立足點，他們會努力理解孩子，卻又表明父母才是老大的態度（雖然他們偶爾也得提醒自己這點）。法國父母永遠傾聽孩子的心聲，但如果某位法國小娃兒的心聲是想吃巧克力可頌當午餐，父母可不會順著他的意。

只要家長靜心寫下問題，
很可能就能自己想出解決方法。

朵爾托站在巨人的肩膀上，承襲了盧梭的概念，而她的育兒之道則成為法國式教養的基石。在巴黎一家托嬰中心工作的雅蕾姍妲說，如果寶寶作惡夢大哭，「我們一定要安慰小朋友，對他說話，我很相信要多跟小朋友說話的理論，就算只是小嬰兒也一樣，小朋友其實都懂的，我相信他們聽得懂。」

法國的《父母》雜誌（Parents）也寫到，如果嬰兒會怕陌生人，那父母就應該在訪客來之前先告訴小朋友，然後等到門鈴響了，就「告訴寶寶客人來囉，然後等個幾秒鐘再開門……如果寶寶看到陌生人沒哭，記得稱讚他。」

此外我還聽好幾位法國家長說過，他們把新生兒從醫院帶回家後，都會先抱著寶寶在家裡走一遭，讓寶寶認識新家。法國父母照顧寶寶時也常對他們說話，例如說：「來，我把你抱起來」、「媽媽幫你換尿布囉」，或是「爸爸要幫你洗澡喔」。法國人對嬰兒說話並不只是在發出安撫的聲音，他們是真的在跟孩子溝通。而既然寶寶也是人，和其他人一樣，法國家長通常對寶寶很有禮貌（反正培養孩子的禮貌永不嫌早）。

法國人相信嬰幼兒可以理解大人說的話，也可以有所回應，這代表他們相信寶寶可以學習很多事，例如他們可以訓練小朋友從小開始睡過夜、每天早上不要一起床就衝進父母房間、用餐時乖乖坐好、不吃零食，以及不能干擾父母。法國父母信賴他們的寶寶，因此也相信寶寶可以（或至少會努力）融入父母的生活。

小豆十個月時，我對這個概念有了深刻體驗。那陣子她開始會在客廳書架前站起來，一股腦兒把所有能抓到的書都扔到地板上。

這樣當然很討厭，但我想不到什麼方法治她，通常只能把書撿起來重新擺好。但有天早上，西蒙的法國朋友萊拉來我們家，這時小豆又犯了，沒想到萊拉見狀，便立刻跪坐在小豆身邊，然後用溫柔堅定的語氣對小豆解釋：「不可以這樣喔。」接著她教小豆怎麼把書擺回書架上，然後告訴她，書要擺在書架上，不可以抓下來亂扔。這整個過程中，萊拉不時提醒小豆要doucement（輕輕地）（從此我就注意到，法國父母常叫小朋友要「輕輕地」、「小心點」）。小豆竟然乖乖聽從萊拉的教導，我驚訝極了。

這件事點出我和萊拉在教養這件事上的文化差異。在此之前，小豆在我心中就是一個可愛但原始的生物，我知道她未來有很多潛力，但現在還太小，沒辦法控制自己，如果她偶爾表現良好，我會覺得那是動物接受訓練後的成果，或是老天爺這天想鼓勵我一下——畢竟我女兒連話都還不會講呢，連頭上都還沒有半根毛呢，不是嗎？

然而萊拉的觀念跟我完全不同（她那時還沒生，但現在已經有兩個女兒了——而且都很乖）。萊拉認為雖然小豆只有十個月大，還是可以理解大人的話並自制，而且只要她願意，她也懂得要**小心點**。結果呢，小豆真的做到了。

朵爾托於一九八八年過世，而她那些看似直覺的育兒建議，如今有不少都獲得科學實驗證實。舉例來說，科學家已經發現，藉由測量嬰兒視線停留的時間，就能看出他們理解事物的程度，因為嬰兒跟成人一樣，見到令他們驚訝的事物時，目光會停留得比較久。耶魯大學心理學者保羅·布倫（Paul Bloom）指出，從一九九〇年代早期以來，學者便利用這種技術做實驗，發現「嬰兒懂得運用物品做基礎算術」、「嬰兒確實能了解人的心理狀態，可以大致理解別人的想法及行為意涵」。英屬哥倫比亞大學的學者也曾發表一份研究

法國人對嬰兒說話並不只是在發出安撫的聲音，而是真的在跟孩子溝通，並且通常對寶寶很有禮貌。

指出，八個月大的嬰兒就已經懂得「機率」的概念。

除此之外，學者還證明小貝比也有道德觀。布倫和研究同仁找來一組六到十個月大的嬰兒，給他們看一種類似偶戲的表演，內容是一個圓圈正努力爬上斜坡，而有個扮演「助力」的角色努力把圓圈拉上坡，另一個「阻力」的角色則試圖將圓圈推下坡。偶戲結束後，研究人員把上述兩個「助力」和「阻力」的角色擺在托盤上，放在受試的嬰兒面前，結果發現大多數小朋友都拿了「助力」的那個角色。保羅・布倫解釋：「大部分寶寶都喜歡好人的角色，不喜歡那個壞人。」

當然，朵爾托的理論並非全都經過科學實驗證實，例如至今我們仍不能證實嬰兒聽得懂大人說話，儘管如此，她認為孩子從小就具有理智這點卻說對了，兒童的心智確實並非所謂「勃發喧鬧的一片混亂」，至少我們絕對應該留心自己對寶寶說的話。

Chapter 6
托嬰中心？

我打電話回美國跟老媽說，我們替小豆搶到巴黎市立托嬰中心的名額囉，但老媽卻在電話那一頭沉默了好幾秒。

最後她終於開口說：「托嬰中心？」

不僅如此，我那些老美朋友也都持保留態度。

有個朋友不以為然地說：「如果是我，我不會想把兒子送去托嬰中心。」她兒子九個月大，小豆之後進托嬰中心時也差不多就是九個月。朋友說：「因為我希望小孩受到多一點個別照顧吧！」

但鏡頭轉回法國，當我說小豆可以去上crèche（法文的「公立托嬰中心」）時，那些巴黎鄰居們都大大恭喜我一番，只差沒開香檳慶祝。

在我住法國的這段期間以來，這是我見識到法國和美國最大的差異了。美國中產階級的媽媽可不太喜歡托嬰中心，day care（英文的「托嬰中心」）這個詞會讓人聯想到戀童癖、嚎啕大哭的嬰兒和昏暗骯髒的空間，所以那位朋友說「我希望小朋友可以受到多一點個別照顧」已經算是委婉，她的意思其實是「我可不像妳，我很愛我的小孩，才不會把他丟到那種收容機構」。在美國，經濟能力許可的父母通常會把嬰兒托給全天候的保姆照顧，等到小朋友兩、三歲大，就讓小朋友去上托兒所，也有少數家長不得不把小孩送到托嬰中心，但他們往往瞻前顧後，而且通常會覺得這是虧待了孩子。

反觀法國中產階級家長，無論是建築師、醫師或記者等，所有人都是殺紅了眼也要搶到家附近的公立托嬰中心名額。法國公立托嬰中心從週一開到週五，通常是朝八晚六，法國媽媽們往往懷孕時就早早報名，接著展開一連串行動，對負責分配名額的單位軟硬兼施、連番懇求，就為了取得入學資格。法國公立托嬰中心的費用有政府補助，家長的自費額則採分級收費制，家長收入越多，學費越高。

法國朋友愛思黛說：「我覺得這是個很完美的制度，太完美了。」愛思黛的職業是律師，她女兒從九個月大就送到公立托嬰中心。我甚至認識一些沒在工作的法國婦女也會替小孩報名這種全天的托嬰中心，真的沒法子了才會考慮半天的托嬰中心或請保姆，而這些育兒協助也都有政府補助（法國的政府網站上清楚提供民眾各種選擇）。

這一切對我來說不僅是文化衝擊，還衝得我頭暈目眩。送小豆去托嬰中心，會不會使她如同那些嚇人的美國媒體頭條所說，得不到足夠的關心，成為一個有暴力傾向、「不安全依附型」（insecurely attached）的孩子？又或者這些法國父母沒騙人，我的女兒上法國托嬰中心真的可以學習跟其他人相處、變得「覺醒」，受到妥善照料？

這是我第一次擔心我們的跨文化實驗是否玩得太過火，畢竟學法國人用左手拿叉子、用白眼瞪路人是一回事，但因此讓自己的親骨肉在一個古怪有害的地方度過幼兒階段可是另一回事，我們是否太天真了？我不反對讓小豆吃吃法國鵝肝醬，可是真的要讓她去法國托嬰中心嗎？

我決定先做點研究，了解一下法國公立托嬰中心為什麼會有這麼妙的名字——crèche，這個字原本應該跟「耶穌降生」有關吧？

原來，法國公立托嬰中心的歷史起源自一八四〇年代，那時正逢工業大革命高峰期，巴黎跟其他大城市一樣，充滿許多從鄉下進城來當裁縫或工廠女工的婦女；當時巴黎普遍

法國中產階級家長，所有人都是殺紅了眼也要搶到家附近的公立托嬰中心名額。

設有一種公立托兒機構（法文稱作salles d'asile），二到六歲幼童均可免費就讀。那時巴黎第一區的副區長是位雄心勃勃的年輕律師馬赫波，他被派撰寫一份研究公立托兒所辦學成果的報告。

結果他驚為天人。他在報告書中寫道：「我心想：『咱們社會把清寒人家的孩子照顧得多好啊！』」

但馬赫波想知道，貧困人家在孩子出生後到兩歲之間都怎麼辦呢？畢竟那些母親都得工作。於是他拿著第一區的「清寒名單」，登門拜訪了幾位母親。「我拜訪的其中一位是杰哈德夫人，她替人洗衣維生，家住在一條骯髒巷弄的盡頭。我到了她家，站在門外喊她，她聞聲下樓，卻不願請我進去坐，因為『家裡太髒了，很丟臉』（一字不差，她就是這麼說的）。她一手抱著新生兒，另一手還牽著一歲半的小娃兒。」

接著馬赫波發現，杰哈德夫人去幫人洗衣服的時候，就把孩子托給保姆照顧。保姆費一天要七十分錢，這就花掉她每天收入的三分之一。而那保姆也是個貧困婦人，馬赫波去視察時，只見她「正在工作崗位上監督著地上的三名幼兒，而那房間十分破爛」。

而以當時的標準來說，這還不是最糟的育嬰環境。有些母親白天便把嬰兒鎖在公寓裡，或是繫在床柱旁，沒有任何人照顧，而年紀大一點的孩子就得在母親外出工作時，負責照顧弟弟妹妹。甚至還有許多嬰兒直接托給全天候的奶媽照顧，惡劣的環境往往威脅著小生命。

馬赫波突然靈機一動：來創辦「crèche」吧！（此字原指「馬槽」，取這名字正是希望讓人聯想到耶穌降生故事中那溫暖舒適的環境。）馬赫波希望創立這種公立托嬰中心，提供兩歲以下幼兒全天托育服務，政府可向富人勸募籌措資金，除了出錢，有些有錢人也可幫忙監督托嬰中心的營運。在馬赫波的構想裡，crèche的房舍應該簡樸但乾淨，聘請一群婦女來照顧嬰兒，這些專業的照顧者應該稱為「護理師」，除了照顧孩子之外，護理師也可提供諮詢服務，向母親宣導衛生及道德觀念，而每日的托嬰費只需五十分錢，此外，若寶寶尚未斷奶，還可每天帶回家兩次，讓媽媽哺餵母乳。

馬赫波的點子引起熱烈迴響，不久之後，crèche委員會便成立了，開始研擬創辦這種公立托嬰中心的種種細節，馬赫波自己則展開四處遊說找金主的工作，他的募款功夫十分了得，既懂得訴諸富人的慈善心，也不忘提到實質經濟利益。

「這些孩子是您的同胞手足，然而他們窮困不堪，過著如此悲慘的生活，虛弱不堪，請您務必伸出援手。」這是馬赫波在一八四五年印行的crèche手冊中的撰文，此外他還寫道：「若您能拯救一萬名孩童的生命，切莫遲疑，因每年養出一萬名健康人力可不是小數目，人力即是勞工，而勞工可替您創造財富。」另外他的宣導手冊也寫到，公立托嬰中心可以讓婦女安心，如此一來，女性勞工便能「心無掛念，專注工作」。

馬赫波的宣傳手冊中寫到，為了配合一般勞工的工作時間，crèche應從早晨五點半開到晚上八點半。這冊子對於勞動階級母親一日生活的描述，其實跟現代職場婦女的生活相差無幾：「這些婦女每天早上不到五點便起床，先替小孩穿衣，再做點家事，隨即直奔crèche，接著又要奔赴工作地點……到了晚上八點，她們急忙來接孩子、領取當天弄髒的被單衣物，然後回家，把可憐的小寶貝抱上床睡覺，自己則趕緊清洗被單衣物，隔天早上晾乾了才能再用，日復一日重複這樣的生活！……這些母親何其偉大！」

法國公立托嬰中心從週一開到週五，通常是朝八晚六，法國媽媽們往往懷孕時就早早報名。

馬赫波的宣傳攻勢奏效了，不久之後，就有人捐出一棟位於巴黎夏佑街的房子，第一家公立托嬰中心於焉開張。兩年後，全法國已有十三家公立托嬰中心，各地的公立托嬰中心也如雨後春筍般成立，巴黎尤其密集。

第二次世界大戰之後，法國的婦幼保護服務甫成立不久，法國政府便將公立托嬰中心納入其管轄業務，此外還開辦了正式的幼兒照護學位學程，培養照料嬰幼兒的專業人員。

到了一九六〇年代初，法國窮人的經濟狀況已經大為改善，清寒人家也逐漸減少，但越來越多中產階級婦女進入職場，中產階級便成了公立托嬰中心的新客源。十年之間，法國公立托嬰中心的招收名額激增到將近兩倍，到一九七一年已達三萬兩千個名額，中產階級母親都想把孩子送進公立托嬰中心，搶不到名額的人簡直捶胸頓足，crèche儼然成為職業婦女應享的社會福利。

後來開始出現各種不同的公立托嬰中心，像是半日托嬰中心、家庭托嬰中心（由家長分擔托嬰工作），以及專為員工開設的公司托嬰中心等等。此外，秉持著法蘭絲瓦茲·朵爾托「嬰兒也是理性人類」的觀念，托嬰中心的服務目的也不再只是照顧嬰兒的身體健康，或把他們當成調皮的小惡魔嚴加看守，而開始囊括其他更宏大的宗旨，例如幫助嬰兒「社會化」及「覺醒」等等。

我第一次聽到crèche，是懷小豆時，從朋友狄特琳那兒聽來的。狄特琳是芝加哥人，大學畢業後就一直住在歐洲（巴黎有許多像這樣因為交換學生而來的老外，這些人大學時在這裡交了男女朋友，結果就「回不去了」）。狄特琳為人開朗友善，說得一口流利法語，而且老說自己是「女性主義者」，很有趣，她是我朋友當中少數幾個真的會以天下為己任的好青年，如果硬要說她的缺點，大概就是她完全不會煮菜吧，她一家老小幾乎靠「皮卡」（Picard，法國知名冷凍食品）維生。有一次她還試圖請我吃解凍的冷凍壽司……

儘管如此，狄特琳在其他方面可都是個模範母親，因此當她說她五歲和八歲大的兒子以前都送到我家街角的托嬰中心，我立刻記住了這件事。狄特琳把那家托嬰中心捧上了天，她說如今好幾年過了，她仍不時過去跟園長及她兒子以前的老師打招呼，甚至她兩個兒子都還常常說起從前在crèche的歡樂時光，懷念得不得了，他們最喜歡的老師以前還常替他們剪頭髮呢！

不只如此，狄特琳還允諾要替我向園長說好話。不過她再三強調「那家crèche滿樸實的囉」。難道她覺得我預期托嬰中心要有知名設計師菲利普．史塔克設計的嬰兒圍欄嗎？還是她說「樸實」的意思其實是「很髒」？

儘管我在老媽面前裝出一副天不怕地不怕的跨文化菁英模樣，但我內心深處其實也有點猶豫。光是crèche由巴黎市政府經營這點就夠讓人毛骨悚然了，感覺像把孩子丟在郵局或監理處似的，我彷彿看到小豆在搖籃裡嚎啕大哭，然後許多面容模糊的官僚公職無動於衷地從她身邊匆忙走過。也許我真的不會喜歡「樸實」的托嬰中心呢，也或許我真的想把小豆留在身邊自己照顧。

可惜我真的分身乏術。我手上的書早該在小豆出生前就交稿，但這本書到現在卻還有一半沒生出來，小豆出生後，我請了幾個月的假專心育兒，但如今已經延過一次的交稿日又要到了。我們是請了一位菲律賓保姆阿玲，這可愛的女孩子每天早上都會到家裡來，替

法國托嬰中心的服務目的不只是照顧嬰兒的身體健康，還有幫助嬰兒「社會化」及「覺醒」。

我照顧小豆一整個白天，但問題我寫書的地方就是家裡牆邊布置的一個工作區，孩子近在眼前，導致我總忍不住想監督這一大一小的活動，阿玲和小豆大概都覺得很煩吧！

請這位保姆的好處是小豆似乎漸漸聽得懂菲律賓他加祿語了，但壞處是我懷疑阿玲常帶小豆去麥當勞，因為每次我和小豆路過時，她總指著那家麥當勞開心地嚷嚷。我想，或許樸實的托嬰中心還比較好吧！

此外我很驚嘆的一點就是，拜狄特琳所賜，現在我和西蒙終於也算有「人脈」了。我已經習慣自己在各方面都跟這個國家脫節（例如我時不時就會忘記某天是國定假日，導致出門購物時撲空），如今可以把小豆弄進法國托嬰中心，感覺我們跟法國終於連結在一起了。

另外，托嬰中心也算是我方便行事的選擇，太誘人了，因為我家對面就有一家，而狄特琳推薦的那家也只消五分鐘路程，因此送小豆去托嬰中心後，我還是可以像十九世紀的法國洗衣婦一樣，隨時衝去餵小豆喝母奶、替她擦擦鼻涕之類的。

但最大的誘因還是因為我腦波太弱，抵擋不了這些法國人施加的強大同儕壓力（幸好我來法國後還沒有法國人叫我學吸菸）。住在我家社區中庭旁邊的安妮和其他法國媽媽都眾口一聲說crèche多好多好的，我跟西蒙就想，雖然我們有「人脈」，但反正成功搶到名額的機率很低吧，因此我們沒多想，就先去鎮公所辦申請手續了。

美國中產階級為何對托嬰中心這麼沒好感？這也得追溯回十九世紀。十九世紀中葉時，馬赫波創辦法國公立托嬰中心的消息傳到美國，而美國本土同樣有不少窮人，把孩子綁在床柱上的恐怖故事也時有耳聞，因此有些感興趣的慈善家和社會運動人士便親自到巴黎勘查，結果當然驚為天人。接下來的幾十年間，美國各地便勸募善款，開辦許多托嬰中心，專為清寒職業婦女照顧孩子，在波士頓、紐約、費城和水牛城都有，其中少數幾家沿用法文稱呼，就叫crèche，但大部分都叫做「日托」（day nursery）。到了一八九〇年代，美國已經有多達九十家日托機構，其中大部分照顧的都是新移民的孩子，他們的宗旨是防止孩子流落街頭，幫助他們成為「真正的美國人」。

到了二十世紀初，美國掀起另外一個「托兒運動」，各地開始大量開辦私立托兒所及幼稚園，專收二到六歲幼童。這波風潮是因為越來越多人認為及早學習對兒童發展十分重要，而孩子在托兒機構中也能促進社交能力及情緒發展。因此，這些私立托育機構從一開始就鎖定中高階級的美國家長。

正因美國托嬰中心和托兒所的起源大不同，才造成在一百多年後的今天，美國人一聽到托嬰中心就聯想到勞工階級，而中產階級家長卻擠破頭想把兩歲的兒女送進私立托兒所，此外，這也能解釋為何美國托兒所通常都只上幾個小時的課，因為我們都假設可以負擔私立托兒所的媽媽一定都不需要工作，或經濟能力足以僱用保姆。

在美國，對日托機構態度最不矛盾的大概就是美軍。美國國防部旗下有全美最大的托嬰體系，在世界各地美軍營地一共設立了大約八百個兒童發展中心CDC（child development center）。這些兒童發展中心最小連六週大的新生兒都收，而且開放時間長，通常從清晨六點開到晚上六點半。

美軍的托嬰體系跟法國的crèche十分相像，例如營運時間同樣配合家長的工作時間，費用也採分級制，依父母薪資總和調整，費用也由政府補助一半，除此之外，美軍的托嬰中心也跟法國的crèche一樣熱門，候補的人多得不得了。

然而除了軍人之外，美國中產階級家長對於托嬰中心仍抱持著糾結的心態，而這其中很大一部分是因為名字本身。哥倫比亞大學一位研究托嬰中心數十年的教授席拉・凱摩門（Sheila Kamerman）表示：「如果你把托嬰托兒服務改叫『零到五歲的幼兒早期教育』，家長就會願意送孩子來讀，但現在這些機構多半就叫『托嬰中心』、『托兒所』，聽起來不夠厲害。」

美國人一直認為兒童的心理十分脆弱，唯恐把孩子送到托嬰中心會危害他們的心理發展，媒體上也常見新聞討論團體托嬰是否會造成幼兒學習遲緩、產生暴力傾向，或成為不安全依附型的媽寶。我甚至認識一些美國媽媽寧可辭掉工作也不肯把孩子送到托嬰中心。

而美國家長的擔憂其來有自，因為美國的托嬰服務確實良莠不齊，缺乏政府規範，在某些州，甚至沒受過任何訓練的普通人也能成為照顧幼兒的專職人員。此外美國勞工部指出，托嬰中心員工的薪資甚至比工友還低，而且「托嬰中心職員往往因為不滿福利、薪資及工作壓力過大而離開此產業」，在美國的托嬰中心，員工流動率高達百分之三十五是常有的事。

當然，美國也不乏優良的托嬰中心，但高品質的托嬰中心不是要價不菲，就是企業專為員工開設的，不對大眾開放。劣質托嬰中心多如牛毛，家境越清寒的兒童所接受的照護往往越糟；而比較好的托嬰中心，好比那種昂貴的貴族機構，則把托嬰服務當成升大學補習似的，例如我就看過美國科羅拉多州的某家私立托嬰中心說，他們會教不到一歲的幼兒「識字」。

相較之下，法國媽媽都相信她們的兒女在公立托嬰中心能得到妥善照料。在巴黎，三歲以下嬰幼兒有三分之一會進crèche，如果把其他類型的托嬰服務也算進來（因為巴黎以外的地方沒有這麼多公立托嬰中心），嬰幼兒接受集體照護的比例高達二分之一。法國媽媽當然也擔心小朋友遇到戀童癖等壞人，然而她們對公立托嬰中心卻放一千兩百個心，根據一份法國家長遊說團體的報告，在法國家長看來，孩子讓一批訓練有素的專家共同照料，比「讓某個陌生人單獨照顧」安全多了。我也在小豆的crèche認識某位一歲半小女娃的母親，她告訴我：「我才不想讓我女兒跟別人建立一對一的親密感情呢！」這位母親說，如果當初她沒申請到公立托嬰中心的名額，她寧可辭掉工作自己帶孩子。

法國媽媽當然也害怕把孩子送到托嬰中心自己會不捨，但她們認為這是父母應該克服的情緒。法國勞工部的社會學家瑪希・威仁克（Marie Wierink）解釋：「法國家長不會捨不得把孩子送到托嬰中心，他們反而怕孩子進不了托嬰中心，成長過程就少了一段珍貴的經驗。」

法國的公立托嬰中心並不會教孩子識字，也不會教他們字母或其他識字前技能，幼兒在crèche裡成天就是和其他小朋友相處，培養社交技能。也有少數美國家長提到日托中心的這項好處，但在法國，我聊過的每一位家長都會提到這點。例如把九個月女兒送到托嬰中心的律師朋友愛思黛就說：「我知道去crèche對小朋友很好，可以讓她學會跟別人相處。」

法國家長相信每間托嬰中心絕對都是超高品質，職員也一定有愛心又專業。我在法國

法國的公立托嬰中心並不會教孩子識字，
幼兒成天就是和其他小朋友相處，培養社交技能。

的育兒聊天室上看過最嚴重的抱怨，是有位媽媽說她小孩的托嬰中心竟讓小朋友吃義大利餃配希臘茄盒千層（moussaka），這樣搭起來口味太重、太飽足了。她說：「我寫信去crèche，他們說因為原本的大廚請假，他們暫時找別人代班。接下來幾天我再觀察看看！」

法國人對公立托嬰中心的品質有信心，媽媽自然不會感到罪惡或有所疑慮。我朋友艾蓮是個工程師，她生小女兒後，當專職媽媽當了幾年，但她依然把女兒送去托嬰中心，一週五天，而且一點也不覺得這樣有什麼不對。這一方面是因為她需要有自己的時間，但同時也因為她希望女兒能體驗團體生活。

法國人對托嬰中心大致上只有一個問題，那就是如何才能提供更多名額。法國現在正興起一股嬰兒潮，出生率大增，因此無論右翼左翼，政治候選人捧出的政見一定都包含增建及擴建托嬰中心這項。例如我就看到法國政府計畫將火車站荒廢不用的行李寄放區改建成公立托嬰中心，以便就近服務搭火車通勤的家長（改建費用中大部分的資金都是用來做隔音設備的）。

而法國人競爭公立托嬰中心的學籍……套他們的話來說，可說是競爭得非常**有力**。巴黎分為二十個行政區，每個行政區都有一個公立托嬰中心委員會，由政府官員及托嬰中心的園長組成，成員定期開會敲定招收名額。較富裕的十六個行政區共有四千名家長在搶區區五百個入學名額，而就算是我們這種偏處巴黎東區、比較「曲高和寡」的地方，爭取到入學資格的機率也只有大約三分之一。

爭取托嬰中心學籍是我學習法國式教養的第一步。有些巴黎孕婦懷孕六個月就上鎮公所申請學籍了，但我甚至看過雜誌文章建議婦女一驗出身孕就立刻到心儀的托嬰中心找園長面談。

法國公立托嬰中心通常將名額優先分配給單親、孩子為領養或者雙胞胎以上的家長，以及「有特殊困境」的家庭，當然，許多人都希望能符合最後那項聽起來十分模糊的條件，這也成了網路論壇上火紅的討論話題。網路上有位媽媽的建議如下：大家可以先寫信到鎮公所，表達自己十分迫切需要重回職場，並描述自己努力找尋其他托嬰服務但都失敗的壯烈過程，接著把這封信也寄給地方首長和法國總統，最後要求跟區長見面。「然後妳們就抱著寶寶去面談，表現出一副走投無路的樣子，再把信裡寫的內容從頭說一遍，這樣包准可以拿到學籍。」這位好心媽媽表示。

但我跟西蒙決定走我們唯一能走的路線：亮出「老外」王牌。於是呢，我們除了填寫托嬰中心的申請表之外，還另外附上一封信，在信裡大讚女兒日漸茁壯的雙語能力（其實小豆根本還不會說話），說女兒的英美出身將為托嬰中心帶來多元文化。此外，狄特琳也說話算話，去她兒子唸過的托嬰中心替我們向園長說了一番好話，我得以和這位女園長面談，聊的過程中，我竭力表現得像是一個走投無路但不失迷人風範的母親。除了上述種種，我每個月還打電話到鎮公所一次（不知為何，跟大多數法國夫妻一樣，這份「crèche 爭奪戰」的苦差事常常落到我頭上），定期提醒他們「我們對托嬰中心非常感興趣，而且迫切需要這個學籍」。至於法國總統，因為我不是法國人，也沒有投票權，所以就放他一馬吧！

神奇的是，我這些洗腦策略還真的有效，不久後，一封恭賀我們的通知書翩然抵達，說小豆九月中就能入學，屆時她正好滿九個月。我得意洋洋，打給西蒙說：我們這對老外

艾蓮是個專職媽媽，依然把女兒送去托嬰中心，因為她需要有自己的時間，同時也希望女兒能體驗團體生活。

在老法的地盤上打敗他們囉！打贏這場仗，我們真是又驚又喜，不過我們心中隱約感覺我們佔了人家便宜，而且還不確定這個便宜我們究竟想不想佔。

帶小豆上托嬰中心的第一天，我心裡仍有許多不確定。

這家托嬰中心在路的盡頭，是一棟三層樓建築，前面有個鋪著人工草皮的小庭院，整體感覺彷彿是縮小版的美國公立學校，園裡有不少IKEA的兒童家具，整個環境不算高級，但明亮乾淨。

托嬰中心的小朋友依年齡分成大、中、小三組，小豆的教室採光很好，裡頭擺著幾組玩具廚房、迷你家具，並有好幾塊遊戲區，各自放著適合不同年齡幼兒的玩具。教室旁邊還有一個玻璃帷幕的睡覺區，擺著每位小朋友專屬的嬰兒床，裡頭都有他們自己的奶嘴和睡覺時抱的填充玩偶，法文叫做doudou。

來接待我們的是安瑪希，也就是未來負責照顧小豆的老師（而且她就是那位會替狄特琳兒子剪頭髮的女士）。安瑪希已經當了祖母，年約六十來歲，一頭金髮剪得短短的。她每天輪流穿著印有各地地名的T恤，都是學生家長從世界各國買回來送她的（後來我們也買了一件「我愛布魯克林」的T恤送她）。這家托嬰中心的員工在這裡工作的平均年資長達十三年，而安瑪希在這裡服務的時間更是長得多。法國公立托嬰中心的職員大都是經過專業培訓的育兒師（auxiliaires de puériculture），而美國根本沒有像這樣經過認證的專業人員。

育嬰中心每週都有小兒科醫師和心理醫師定期視察，而老師每天都會記錄小豆白天睡覺和大小便的狀況，也會告訴我她今天用餐狀況如何。像小豆這樣年紀的嬰兒，他們會一個個餵，有時用手抱著餵，有時則讓小朋友坐在嬰兒搖椅上餵。老師每天都讓小朋友在差不多的時段睡覺，而且會讓他們睡到自然醒。寶寶剛送到托嬰中心需要一段調適時間，安瑪希請我帶一件我穿過的衣服去，他們會放在小豆的嬰兒床裡陪她睡覺，我覺得這聽來像是照顧剛出生小狗的做法，不過還是照做了。

我最嘖嘖稱奇的一點就是，安瑪希和其他老師都對帶孩子極有自信，他們都確知每個年齡層的小朋友需要什麼，也有信心自己可以把寶寶照顧得很好，卻又不會表現出自大或不耐煩的態度。我對安瑪希唯一的小小不滿就是她不叫我「潘蜜拉」，而是直接叫我「小豆媽媽」，因為她認為要記住所有家長的名字太困難了。

因為我和西蒙對托嬰中心還不是那麼有信心，所以我們只讓小豆一週去四天，每天大約從早上九點半待到下午三點半。但小豆有許多同學都是一週上五天，而且每天待的時間長得多（這家托嬰中心每天從早晨七點半開到晚上六點）。

法國的托嬰中心有一點非常妙，就是他們仍維持馬赫波時代的傳統，要求寶寶送來時的尿布得是乾淨的，不能有大小便。這個規定讓我和西蒙簡直展開玄學般的討論：「送來」的定義是什麼？如果小豆在進門或我們跟她說再見的時候便便了，那坨不敬的便便誰該負責清呢？是我們嗎？還是育兒師？

前兩週是適應期，我們採漸進式做法，有時會留在托嬰中心陪她，然後一天天慢慢拉長小豆待在那裡的時間。每次我離開時小豆都會哭，但安瑪希向我保證，我離開之後，小豆很快就不哭了。我走出去後，老師常抱著小豆走到窗邊，讓我跟小豆揮手道別。

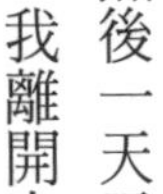

寶寶剛送到托嬰中心需要一段調適時間，老師會請媽媽帶一件自己穿過的衣服去，他們會放在寶寶的小床裡陪他睡覺。

托嬰中心似乎沒對小豆造成什麼傷害。不久後，我們離開時她就不再哭了，每天下午去接她時，她看起來也總是開開心心的。小豆上托嬰中心一陣子後，我便發現這地方儼然是一個小小社會，展現法式育兒的各種面向。其中當然包括缺點，例如安瑪希和其他老師都難以想像小豆已經九個月大了，我還在餵母乳，尤其我就在托嬰中心直接餵，更讓她們覺得匪夷所思；此外，我原本還想每天午餐前把擠好的母乳送去讓她們瓶餵，但她們也不怎麼支持，儘管她們沒有明言拒絕，但後來我還是打了退堂鼓。

儘管如此，我確實在托嬰中心見證了法國式教養的許多優點。因為法國人對於育兒之道極有共識，法國父母自然不會擔心老師是否按照他們個人偏好的育兒哲學來照顧小朋友，教職員替寶寶安排的作息及照料方式也確實跟家長差不多。

舉例來說，托嬰中心的老師會一直跟小朋友說話，就算是年紀很小的嬰兒也不例外，他們似乎相信寶寶都能理解。此外，老師們也時常把框架的說法掛在嘴邊，例如某次親師座談會，有位老師就用非常詩意的說法說：「我們這裡做每件事都照著框架來，例如寶寶都準時來、準時走；但在框架範圍內，我們也盡量彈性，一切都是靈活、自然的，對待小朋友和整個教學團隊都是如此。」

在托嬰中心，小豆大部分時間都只在教室裡搖搖晃晃地走來走去，或是隨意玩她想玩的東西，對此我有些擔憂——怎麼沒有嬰兒音樂課？怎麼沒有特別設計的活動？但不久後我便了解，這樣的隨興其實是法國人有心的設計，這也是法國式教養框架的體現：小朋友必須遵守明確的規範，但在規範之內則享有極大自由。此外，孩子也應學習面對無聊，自己找樂趣。小豆的另一位老師思爾薇就對我說：「玩耍就是小朋友建構自我的方式。」

我曾讀過一份針對巴黎托嬰中心的市長報告，報告指出托嬰中心的宗旨應是「誘發孩子的活躍知覺」，讓小朋友「樂於體驗五感、運用肌肉、訓練感官、探索空間環境」。托嬰中心其實會替年紀比較大的小朋友特別規劃一些活動，但老師並不會硬性規定每位小朋友都得參與。

小豆的另一位老師解釋：「我們會讓小朋友知道有活動，但不會強迫他們參加。」每到睡覺時間，老師會播放輕音樂幫助小朋友入睡，也會發幾本書，小朋友可以在嬰兒床裡自己看書，直到自然睡著；到了下午點心時間，小朋友便會一個個自己醒來。總的來說，法國托嬰中心並不是什麼紛亂嘈雜的育嬰工廠，倒像閒適的度假飯店。

托嬰中心的遊戲場也沒什麼規定，而這自然也是法國人特意設計的，他們的中心思想就是讓孩子享受最大的自由。小豆的另一位老師美喜說：「小朋友到了教室以外的地方，我們就盡量不管他們，否則一直被管，小朋友也會發瘋的。」

托嬰中心也培養寶寶的耐心。例如，我曾看到一個兩歲大的女娃吵著要美喜抱，但那時是午餐後，美喜正忙著擦桌子，所以她柔聲對小女孩說：「我現在沒空，妳等我一下。」接著她轉過來向我解釋：「我們希望培養寶寶等待的能力，這點很重要，小朋友不能要什麼就立刻得到。」

托嬰中心的老師對寶寶說話時都既溫和又尊重，而且時常把「權利」這個字眼掛在嘴邊，例如他們會說「你們現在有權利做這件事」或「你沒有權利做那件事」等。他們說這些話時非常有自信，那語氣就跟我觀察過的其他法國父母一樣，法國人都認為若希望框架穩固不動搖，最重要的就是維持規範一致。思爾薇說：「我們禁止小朋友做的事就是那些，都不會變的，而且我們會跟孩子解釋為什麼。」

我之所以知道法國托嬰中心對某些事有嚴格的規範，是因為我們把小豆送去托嬰中心不久後，她開始會在家裡重複說一些話，我們知道那些話一定是從crèche來的，因為會跟她說法文的就只有老師。這感覺彷彿小豆身上綁著竊聽器一整天，回到家後就把帶子放給我們聽似的。她最常說的都是命令句型，例如：「on va pas crier!」（我們不可以大叫！）還有幾個很有韻律感的我超愛，而且我現學現賣也在家裡說了起來，例如：「couche-toi!」（睡覺了！）還有替小孩擤鼻涕時說的：「mouche-toi!」（擤出來！）

小豆有好一陣子說法文都只說命令句，以及說什麼事可以做、什麼事不能做。她在家裡玩「老師」遊戲時會站在椅子上，伸出食指揮來揮去，大聲對她的空氣學生下達指令，有時我們請朋友吃飯，她也會在飯桌上突然來這一招，讓客人嚇一跳。

但不久後，除了命令句之外，她在家裡也開始哼唱一些法文歌曲。例如她經常唱一首歌，我聽不出是哪些字，發音聽起來像是「多姆龍、多姆龍，放圬屁！」她會越唱越大聲，揮著兩隻小手臂轉來轉去。後來我才得知這是一首法國小朋友很喜歡的兒歌，法文歌詞應該是「你的風車、你的風車，轉太快！」（ton moulin, ton moulin va trop vite!）

法國托嬰中心最擄獲我們心的其實是他們的供餐，或者應該說「精緻料理」。托嬰中心每週一都會在門口大白板上公布當週菜單，我有時還忍不住要拿相機拍照，然後用電子郵件傳給我媽看。這些菜單看起來簡直像巴黎餐館那種黑板菜單，每天的菜色都分成四道依序上菜：先是開胃菜生菜冷盤，接著有主菜，主菜旁邊還有穀類或煮熟蔬菜做為配菜，此外每天都提供不同的起司，最後還有甜點，都是新鮮水果或水果泥。菜單會隨著小朋友的年齡層微調，年紀最小的寶寶基本上也吃一樣的食物，只是都打成泥狀。

以下是一份經典菜單：前菜是棕櫚心番茄沙拉，主菜是羅勒火雞肉片，搭配普羅旺斯奶油燉飯當副菜，第三道菜是聖納蒂爾起司和一片新鮮棍子麵包，餐後甜點則是新鮮奇異果。

托嬰中心有專職廚師每天替小朋友準備午餐，都使用生鮮食材，卡車每週派送當季新鮮食材數次，有時甚至還是有機食材，料理除了偶爾使用番茄糊罐頭，其餘完全不用加工食材或預煮食品，是有少數幾樣冷凍蔬果，但絕對不會出現調理包。

我無法想像一群兩歲小人乖乖坐著吃完整頓飯的光景，所以問老師我能不能去參觀，後來某個禮拜三，我請來保姆照顧小豆，然後我就真的去托嬰中心參觀了——我終於見到女兒每天是怎麼吃午餐的，驚訝得下巴都要掉下來。我拿著採訪筆記簿，看著小豆的同學每四個成一組，各自在迷你的方形餐桌前坐下，接著一位老師推著推車走進來，裡頭是備妥的菜餚，上頭都蓋得好好的，另外還有塑膠袋裝著的新鮮麵包。每張餐桌都有一位老師負責。

接著，首先老師會掀開蓋子，把每道菜拿給小朋友看。這天的前菜是鮮紅的番茄沙拉佐油醋醬，然後老師說：「再來是le poisson（魚）。」她把那道菜展示給大家看，只見是軟嫩的白色魚肉佐著清淡的奶油醬汁，旁邊則是副菜，有豌豆、紅蘿蔔和洋蔥；小寶寶們的眼神都閃耀著光芒。接著老師預告本日起司盤，她端起一盤鬆軟的藍起司給小朋友看，然後宣布：「今天吃的是le bleu（藍起司）。」最後老師拿起甜點給小朋友看——是

寶寶們的菜單看起來簡直像巴黎餐館那種黑板菜單，每天的菜色都分成四道，依序上菜。

整顆的新鮮蘋果，餐後她會親自削給大家吃。

總之，托嬰中心的餐點看起來簡單而新鮮美味，要不是因為餐桌上用的都是塑膠餐盤、食物都切成小小塊，還有某些小饕客得要人盯著說「謝謝」，我真以為自己置身高級餐廳了。

不過，這些照顧小豆的人究竟是什麼來歷呢？我實在想知道，於是在一個秋風陣陣的早晨，我來到ABC育兒學院（ABC Puériculture）的年度入學考。這所學校專門訓練公立托嬰中心教員，這天此地出現數百個神情緊張的女孩子（少數幾個是男生），約莫都是二十多歲，有的模樣羞澀，不時偷偷打量別人，有的則在做最後努力，正在厚厚的活頁簿上寫練習題。

我能理解這些人為何如此焦慮，因為報考的共有五千多人，但最後錄取的入學名額卻只有三十個。磨人的考題範圍包含推理、閱讀能力、數學及人體生物學。通過初試後，第二階段的考生須進行心理測驗、口頭簡報，最後還得接受幾位專家考官的口試。

最後選出的三十位獲選者得先完成一年的課程和實習，完全依照法國政府規劃，訓練內容包括兒童營養、睡眠及衛生的基本知識，以及練習沖泡配方奶和換尿布等等。此外，合格的育兒師在開始執業後仍須定期接受額外訓練，每次訓練都長達一週。

對法國人而言，在托嬰中心當育兒師是有前景的職涯，像上述那樣入學標準嚴格的育兒學院在法國各地有不少間，這些學校培養出一批批訓練精良的育兒中心教職員。法國公立托嬰中心的員工須有一半是合格育兒師（或擁有類似學位），還有四分之一必須是擁有健康、休閒或社工學位的職員，剩下的四分之一不需正式檢定資格，但也必須接受托嬰中心的內部訓練。在小豆的托嬰中心，十六位老師中有高達十三位是合格育兒師。

了解這些之後，安瑪希和小豆的其他老師在我心中儼然成了育兒界的博士級人物，我終於明白他們的自信從何而來，他們在這個領域已是身經百戰的專家，法國家長很尊敬他們，而我也對他們滿懷感激。小豆在托嬰中心待了將近三年，老師們替我幫她戒尿布，教導她用餐禮儀，更使她得以浸潤在全法文的環境中。

到了第三年，我開始擔心小豆在托嬰中心會覺得無聊，怕她在那裡已經無法得到新的經驗，因此盤算著要讓她去讀托兒所。然而小豆似乎很喜歡托嬰中心，整天把梅琪和黎拉掛在嘴邊，這兩位是她在托嬰中心最好的朋友（有趣的是，小豆結交的也都是外國人的小孩，梅琪的爸爸是塞內加爾裔，黎拉的父母則分別是摩洛哥人和日本人）。我知道小豆真的喜歡托嬰中心的朋友們，因為有回我和西蒙帶她去巴塞隆納度假，她整個週末都一直問我們：其他小朋友在哪裡？

小豆班上的小朋友每天大部分時間都在人工草皮庭院裡跑跳嚷嚷，院子裡還有許多小滑板車和小推車可玩。每天我去接她時，她通常都在庭院裡玩耍，一見到我就立刻衝進我懷裡，大聲說她今天發生的事。

小豆在托嬰中心的最後一天，歡送會結束後，我們把她櫃子裡的東西都收拾妥當，接著小豆緊緊抱住思爾薇老師。思爾薇是過去這段時間以來負責照顧小豆的老師，一直都表現得很專業，但小豆摟住她時，她卻掉下淚來。我也忍不住哭了。

專門訓練公立托嬰中心教員的學校，共有五千多人報考，但最後錄取的入學名額卻只有三十個。

小豆離開托嬰中心時，我和西蒙都覺得女兒這三年得到的是美好的經驗，但我們每天送她去托嬰中心時，心中仍常感到愧疚，而且美國媒體成天報導日托機構對兒童有多麼不良的影響，我們仍然看得膽戰心驚。

而這類問題，歐陸國家的人早已不擔心了。前面曾提到的一位哥大教授席拉・凱摩門也說，歐洲人早已認定優質的托嬰中心對寶寶很有好處（優質機構的定義是所照顧的嬰兒人數不多、教員都經過良好培訓且富有愛心，且認真經營這份職涯），而當然，歐洲人也認為劣質托嬰機構對孩子有百害而無一益。

反觀美國人，我們對日托服務有太多疑慮，根本無法直覺信任這類機構，因此美國政府出資委託研究人員執行一項有史以來最大規模的研究，想了解嬰幼兒托育是否會影響孩子的發育及日後的各項發展。

美國許多報導日托機構的新聞都採用這份大型研究的資料，這份研究的一大成果就是——日托機構對嬰幼兒的教養其實沒有顯著影響。報告中寫道：「父母教養的品質才是最重要的，相較之下，托嬰的類型和質量其實對孩子的影響都不大。」通常只要家長的經濟條件和教育程度好，孩子就會發展得好，因為家裡就會有書、玩具等刺激媒介，生活中也會充滿許多啟迪孩子身心發展的經驗，例如父母會帶他們上圖書館等等。因此無論孩子每週去托嬰中心三十個小時或更久，還是待在家裡讓全職母親照顧，發育結果都相差不多。

我前面也提過，這份研究發現影響孩子發展甚鉅的其實是母親的「敏銳度」，亦即母親明不明白孩子如何感知這個世界，而這理論其實也可套在托嬰中心。負責上述研究的學者傑・貝爾斯基指出，只要機構的照顧者「能敏銳了解孩子的需求，並回應孩子的語言及非語言訊息，適切啟發孩子對外在世界的好奇心和求知慾，同時熱情關愛、提供情緒上的支持，這樣的托嬰機構即可稱得上是『高品質』」。

無論育嬰工作是由保姆、祖父母或托嬰中心的老師擔任，只要照顧者夠敏銳，孩子就會有很好的發展。貝爾斯基表示：「假使我們隨機走進一個學校的班級，如果沒有額外資訊，我們不可能分辨出哪些小朋友上過托嬰中心、哪些小朋友沒上過。」

因此我明白了，或許美國人該擔心的並不只是劣質托嬰機構對幼兒多麼有害（當然有害啦），我們更該在意的是寶寶待在劣質的機構有多難受。美國家長太在意孩子的認知能力發展，都忘了該關心更基本的事，那就是孩子在日托機構是否開心，在那裡的體驗快不快樂，而這些才是法國家長在意的事。

連我媽也開始習慣法國的托嬰中心了，甚至提到托嬰中心時，她會直接說法文的「crèche」，而不用英文的「day care」，我想把法國的crèche和美國人心中的托嬰中心當成兩回事或許沒錯吧！法國的托嬰中心給我們一家子許多好處，令我們覺得自己更融入法國，或至少更融入附近社區的生活，而且多虧有crèche，我們已經暫時把「要不要繼續待在巴黎」這件事拋在腦後了，因為實在很難想像哪裡還能找到這麼優質又平價的托嬰服務呢！而且，我們已經找到留在法國的下一個藉口了：école maternelle，就是法國的免費公立托兒所，幾乎所有幼兒都有入學資格喔！

我和西蒙滿喜歡法國托嬰中心，主要是因為小豆喜歡。她在那裡可以吃到藍起司，學會和別人分享玩具，玩各種遊戲，還學會了法文的命令句型。然而說到缺點，小豆是變得

孩子在日托機構是否開心，在那裡的體驗快不快樂，這些才是法國家長在意的事。

有些暴力，時常踢我的小腿骨，但我懷疑她的火爆脾氣或許遺傳自她爹，總之應該不能把小豆的壞習慣怪到托嬰中心頭上。

後來梅琪和黎拉仍是小豆的好朋友，甚至我們偶爾也會帶小豆回托嬰中心，站在門外看院子裡的小朋友玩耍。小豆有時還會沒來由地對我說：「思爾薇哭了。」法國的托嬰中心把我女兒當成心肝寶貝照顧。

Chapter 7
寶寶與奶，媽媽與女人

結果適應法國托嬰中心挺簡單的，但要適應法國媽媽卻是另一回事。我知道法國女人不來美國女人那套，不會跟人光速成為好姊妹，我也聽說法國女人的友誼發展得很慢，有時候需要好幾年的時間小火慢燉（然而法國女人是一日姊妹、終身姊妹，美國的光速姊妹卻隨時可能離妳而去）。

在巴黎待了這些時間，我已經成功結交了幾位法國女性朋友，但她們不是沒有小孩，就是家住得很遠。之前我還以為可以結識住在附近、兒女年紀跟小豆相仿的媽媽，我幻想跟這些法國朋友分享食譜、一起野餐、一起抱怨老公，我們老美就是這樣的，例如我媽，小時候她帶我去遊戲場在那兒認識的其他媽媽，到現在跟她都還是好朋友呢！

因此後來我帶小豆去上托嬰中心，那裡的媽媽都住附近，小孩的年紀當然也和小豆差不多，但她們對我的態度淡定到簡直是視而不見，我真的好驚訝。每天早上，我們就把我們的寶寶放在一起，但她們幾乎連聲「日安」都不說。我花了滿長一段時間把小豆班上同學的名字都記了起來，但過了一年多，其他媽媽似乎還是不知道小豆的名字，更不用說是我的名字了。

若說這種和法國人建立關係的第一階段（先假設真的會有後續階段吧）是在小火慢燉，那這火也未免太小了。我和這些托嬰中心的媽媽一週打照面好幾次，但有時我們在附近超市擦肩而過，她們卻表現得一副根本不知道我是誰的樣子。或許正如一些談跨文化的書上說的，這些法國女人是在尊重我的隱私吧！畢竟開口交談等於是建立互動關係，而這樣多少會給彼此帶來負擔。但也或許她們純粹是不把我看在眼裡……

在遊戲場的情形也差不多。我在遊戲場偶爾會遇到幾位加拿大媽媽和澳洲媽媽，她們的想法都跟我一樣：遊戲場是一個認識朋友、甚至是結交一輩子好姊妹的地方。我和這些英語系國家的媽媽常常見面幾分鐘，就知道對方的故鄉、婚姻狀況，而且連彼此對於雙語學校的看法都聊得差不多了，然後我們就立馬開始挖掘彼此的共通點：「妳也會專程跑去協和廣場買『Grape-Nuts全穀麥片』嗎？我也是！」

可惜大部分時間我碰到的都是法國媽媽，而法國媽媽可不時興「我也是」這招，應該說她們通常連看都不看我一眼，即便我們的孩子就湊在一起搶沙坑玩具也一樣。有時我會試圖破冰，問她們：「妳小朋友多大？」但這些法國媽媽都只是咕噥說出一個數字，然後用「妳這人好怪」的表情打量我。總之我問完問題後，法國女人幾乎從來不會跟我聊下去，偶爾對方接話了，我才發現原來她是義大利人。

這些都是理所當然的事，畢竟我人在巴黎，巴黎人就是世上出了名的冷，不是嗎？我想什麼冷笑、冷眼、冷言冷語這些應該都是巴黎人發明的吧！我甚至聽法國其他地方的人說過巴黎人的確特別冷漠。

也許我該直接把巴黎女人拋到腦後算了，但我忍不住，因為我對她們實在太好奇，而原因有幾點。首先第一點：巴黎女人看起來真的比美國女人養眼好多啊！我每天早上送小豆去托嬰中心時，頭髮都是隨便紮成馬尾，身上則是起床時看到床邊地上有什麼衣服就胡亂穿上。但那些巴黎媽媽送寶寶到托嬰中心時，頭髮卻梳得完美精緻，身上還灑了香水。現在我去公園時，如果有俏媽咪穿著高跟靴和緊身牛仔褲、推著出生沒多久的新生兒走過眼前，我也不再痴痴望著她們了，因為巴黎的美麗媽媽實在多如牛毛啊（雖說越往巴黎郊區走，確實會發現路上的媽媽身形比較豐腴些）。

法國媽媽不只美麗時髦，而且還從容優雅，這點更特別。我從沒見過法國媽媽對著公園另一頭大喊孩子的名字，或是急急忙忙抱著嚎啕大哭的寶寶跑到門外，她們總是泰然自若，一點都沒有美國媽媽那種又累又擔心又快崩潰的經典媽媽樣（對，我就是在說我自己）。要不是旁邊就有個孩子，真的很難想像這些女人已為人母。

我心中的小惡魔只想把這些法國女人抓起來用肥滋滋的法式肉醬強迫灌食，但同時我的理智又想知道她們保持優雅的秘訣。我已經知道法國寶寶睡得好、有耐心、又不會胡亂哭鬧，這些當然有助法國媽媽保持輕鬆淡定，但我相信這背後一定有其他原因。會不會她們其實也有不為人知的痛苦？她們的小腹在哪裡？難道法國媽媽生來如此完美？就算真是如此，那她們的生活幸福快樂嗎？

孩子出生之後，法國媽媽和美國媽媽第一個最大的差異就是「餵母乳」這件事。對於我們英語系國家的媽媽來說，母乳餵多久簡直像年終獎金的數目一樣，是一種能力指標。舉個例吧，我帶小豆參加一個英語系國家的遊戲團體，裡面有位媽媽以前是個商場女強人，她就常常悄悄走過來，假裝不經意地問我：「對了，那妳現在還在餵母奶嗎？」

我知道她是故作輕鬆，因為咱們都心知肚明，我們餵母乳的時間長度根本就是衡量「好媽媽指數」的具體指標：有時會餵配方奶？扣分。太依賴擠乳器？扣分。甚至連餵母乳餵太久其實也是扣分（因為這樣就太極端、變成嬉皮路線了）。

在美國中產階級媽媽的觀念中，餵配方奶簡直是虐待兒童，而正因餵母乳是如此麻煩的苦差事，有時還使人身心受創，因此更抬高了母乳媽媽的地位。

繼續剛剛的積分遊戲：如果妳是在法國餵母乳的美國媽，恭喜妳得到加分。為什麼呢？因為法國人根本不鼓勵哺餵母乳，甚至覺得女人餵母乳的樣子不雅觀。巴黎的英語系國家父母自助團體「訊息」出版了一本育兒指南，裡頭就提到：「在法國，婦女餵母乳不是被視為奇觀，就是被嗤為走火入魔。」

我們這些老外時常傳述法國醫生的恐怖故事，例如法國醫師經常一看到母乳媽媽乳頭破皮或乳腺不通，就輕率地要媽媽停餵母乳，因應這點，「訊息」早成立了自己的「母乳後援會」。在小豆還沒出生前，就有一位後援會會員警告我，生產後要提防睡覺時，寶寶落入醫護人員手中，小心他們會不顧我的意願，寶寶一哭就直接塞配方奶；那位媽媽把「乳頭混淆」形容得比自閉症還可怕。

就因為有上述這些難處，住在巴黎的英語系國家媽媽會覺得自己活像「哺乳女超人」，要對抗邪惡的法國醫生和法國路人，努力不讓這些老法奪走我們的寶寶應該獲得的抗體。我還在網路聊天室看過外國媽媽爭相列舉最奇怪的餵母乳地點，包含聖心堂裡頭、拉榭思神父墓園中的墳墓上，甚至有人在四季飯店的雞尾酒宴會上餵奶。還有一位媽媽說：「有一次我站在戴高樂機場易捷航空的櫃檯前，一邊跟櫃檯人員吵架，一邊餵母奶，我直接把我兒子放在櫃檯上。」可憐的櫃檯先生小姐。

我們對餵母奶這麼狂熱，實在想不透法國媽媽為何興趣缺缺。根據統計，約百分之六十三的法國媽媽曾餵過母乳，但出院時繼續餵母乳的比率只剩百分之五十幾，而之後繼續餵的比例只剩個位數，長期哺餵的更少見。反觀美國，有百分之七十四的媽媽曾經餵過母乳，更有三分之一的媽媽在寶寶四個月後仍繼續餵母乳，且完全不使用配方奶。

法國人根本不鼓勵哺餵母乳，
甚至覺得女人餵母乳的樣子不雅觀。

我們英語系國家的媽媽更難理解的是，即便某些中產階級法國媽媽在各方面都跟我們很像（意思是她們也會費心替七個月大的寶寶製作有機韭蔥泥、不辭辛勞地送三歲小朋友去上非洲鼓課程等），但這個族群的媽媽也同樣不怎麼喜歡餵母乳。

我之前和一位美國媽媽聊天時，她還忍不住問：「難道法國醫生倡導的觀念不一樣嗎？」英語系國家的媽媽認為法國女人不餵奶的可能原因如下：第一，她們懶。第二，她們在意胸型勝過寶寶（但其實撐大媽咪胸部的是孕期，而非哺乳）。第三，她們不曉得母乳對寶寶多重要。

我也從法國人那兒聽來一些解釋。有人說餵母乳在法國仍給人一種「鄉下人」的感覺，因為從前法國人都把嬰兒托給鄉下的奶媽照顧；也有人說法國醫院被生產配方奶的公司買通，產科病房都有奶粉公司送的試喝奶粉，因此就會替這些商人做宣傳。我一位記者朋友克麗絲汀的老公奧利佛還有一套理論，說哺乳會讓女性乳房的神秘美感盡失，淪為功能導向、動物性的器官，因此一如法國爸爸在太太分娩時會避免站到「事發的那一端」，他們也不想看到女人的乳房用在與性無關的用途上。

法國當然也有少數支持哺餵母乳的人，但整體來說，這裡缺乏讓婦女長期哺乳的同儕壓力。我有位英國朋友艾莉森在巴黎當英文老師，她說她寶寶一歲一個月時，她告訴醫生自己仍在餵母奶，醫生竟然問她：「妳先生都沒說話嗎？妳的心理醫師也沒說什麼嗎？」此外，法國的《孩子》（Enfant）雜誌也寫道：「哺餵母乳超過三個月，在旁人眼裡看來非常奇怪。」

在托嬰中心工作的雅蕾姍妲育有兩個女兒，她告訴我，她這輩子連一口母奶也沒餵過。她說這話時臉上並沒有愧疚的神情，她說當年她先生（一位消防員）希望能分擔照顧女兒的工作，她很高興，而瓶餵才能讓先生幫忙餵奶，所以她就讓寶寶吃配方奶了。雅蕾姍姐還說，現在她兩個女兒都健康得很。

她補充說明：「讓孩子的爸晚上瓶餵，對他來說是很好的練習機會，對我來說，我可以睡久一點，去外面吃飯時也可以喝酒，所以餵配方奶對媽媽而言其實不錯啊！」

法國小兒科醫師皮耶·畢敦長年推廣母乳，但他說許多法國婦女不餵母乳，是因為她們覺得奶不夠。畢敦醫師說，這是因為法國的婦產醫院多半希望媽媽拉長每次餵奶的間距，但如果分娩後幾天內不趕緊刺激泌乳，媽媽的奶量就會不夠，而因為法國媽媽在生產後的頭幾天餵奶頻率太低，最後自然得仰賴配方奶。畢敦說：「譬如寶寶到第三天量體重少了兩百公克，很多醫生就會說：『啊，妳奶不夠，小朋友餓到了，改餵配方奶吧！』實情就是如此，很扯。」

畢敦醫師時常到法國各地醫院演講，宣導餵母乳的科學知識和各種好處，但他說：「社會文化的影響力比科學知識強多了。我去巡迴的那些醫院，有四分之三的醫護人員都認為母奶並不比配方奶健康，他們都覺得沒差，餵配方奶也很好，也或許他們是刻意這樣告訴媽媽們，以免她們產生罪惡感。」

然而事實上，儘管法國孩子咕嚕嚕喝下許多配方奶，但他們幾乎在每一項健康指標上都贏過美國孩子。根據聯合國兒童基金會的資料，在整體健康及安全方面（調查項目包含嬰幼兒死亡率、兩歲以下免疫預防率、十九歲以下兒童及青少年意外死傷人數等），法國孩子得到的分數比已開發國家的平均值高出百分之六，而美國孩子的得分則比平均值低

儘管法國孩子咕嚕嚕喝下許多配方奶，
但他們幾乎在每一項健康指標上都贏過美國孩子。

了百分之十八。

法國家長找不到理由說服自己「喝配方奶很可怕」或「餵母奶很神聖」，在法國人的觀念中，母乳對於非洲貧窮人家的寶寶或許是很關鍵的養分，但對於法國中產階級、生活條件良好的法國寶寶則不是那麼必需。我一位育有兩名幼兒的記者朋友克麗絲汀說：「我們身邊很多寶寶都喝配方奶，他們都很健康啊！而且我們自己也是喝配方奶長大的。」

對於這點，我沒辦法這麼泰然處之，老實說，我生完小豆後，在婦產醫院跟法國母乳諮詢師一聊簡直嚇到了，因此之後都堅持二十四小時母嬰同房，導致只要小豆一哭我就被吵醒，產後幾乎沒什麼休息。

那時我覺得如此犧牲自己、含辛茹苦似乎是為人母應盡的天職，但幾天後，我就發現整個產科病房裡大概只有我讓自己這樣受苦受難，其他法國媽媽都讓寶寶在嬰兒室過夜，就連幾個餵母奶的母親也不例外。法國媽媽認為自己至少有權睡幾個鐘頭。

最後我累得受不了，只得把小豆送去嬰兒室，但心裡還覺得對自己太好了。沒想到我一試成主顧，小豆也沒出什麼差錯，而且先前聽到的根本是謠言，事實上，嬰兒室的護士和育兒師都很樂意在小豆需要吃奶時把她推來病房，餵完再把她推回去。

或許法國人永遠不可能帶頭倡導母乳，但法國卻有「婦幼保護處」（Protection maternelle et infantile），這是個公家醫療單位，公立托嬰中心也隸屬其管轄範圍。巴黎許多地方都設有婦幼處辦公室，可以免費替六歲以下幼兒做例行檢查及疫苗注射，服務對象甚至包括非法移民的孩子。一般法國中產家庭很少使用婦幼保護處的服務，因為他們去看私立小兒科的自費額很低，大部分費用都由政府醫療保險支付了（法國政府是主要的承保單位，而法國醫生多是私立執業）。

我本來不太想去公立診所，因為怕那裡的人太冷漠，或環境設備不乾淨等，但後來有個關鍵讓我屈服了：去那裡一切統統免費。這附近的婦幼保護處離我家只要十分鐘腳程，而且病患還可固定看同一位醫生，候診間一塵不染，裡頭還有偌大的室內遊戲場，此外，媽媽出院後，婦幼保護處會派育兒師到府替母嬰做檢查，甚至如果媽媽患了產後憂鬱症，保護處也有專任心理醫生可供諮詢——是的，這一切統統免費，連帳單也沒有，簡直跟一口母乳一樣珍貴。

其實我可沒拿母乳開玩笑。美國小兒科學會建議媽媽餵母乳至少餵到寶寶十二個月大，我就乖乖餵了幾乎整整一年。小豆一歲生日那天，我餵了她最後一次，算是告別作。有時我的確滿喜歡餵母乳的感覺，但大多數時候我總覺得困擾，因為不管我在做什麼事，總是隔不久就得衝回家親餵，而且越到後期越煩，因為後期時常得藉助電動擠乳器同志的幫忙。這過程我幾乎是硬撐過來的，讓我撐的力量就是書報雜誌上宣導的母乳好處，再來就是想跟遊戲團體裡那位媽媽一較高下的決心。

餵母乳在美國有很大的同儕壓力，這確實對國民健康有好處，因為我們的孩子得以喝到珍貴的母奶，然而美國媽媽們也因此被弄得有些歇斯底里。法國女人也可以隱約感覺到那種焦慮和愧疚感，但至少她們抵擋得不錯。

畢敦醫師說他多年來倡導母乳的心得是，跟法國媽媽說什麼餵母乳對孩子的智商和分泌型IgA很好等健康訴求並不奏效，最能擄獲法國女人的說法是「媽媽和寶寶都會享受餵母奶的感覺」。畢敦說：「我們知道要打動法國媽媽，永遠只能訴諸『愉悅』的論點。」

法國媽媽都讓寶寶在嬰兒室過夜，就連幾個餵母奶的母親也不例外。法國媽媽認為自己至少有權睡幾個鐘頭。

許多法國媽媽也想盡量餵母乳餵得久一點，但並不是因為道德壓力，也不是因為她們想在兩歲小人的慶生派對上炫耀。或許喝配方奶的確對嬰兒比較不好，但這無疑讓法國女人在當媽媽的頭幾個月減輕不少負擔。

法國媽媽對母乳的態度淡定，但對於恢復身材可一點也不淡定。例如我常去一家咖啡店寫稿，裡頭某位女店員身材纖細，看來就像個二十出頭的時髦女孩，後來得知她竟然已有個六歲大的兒子，我驚訝得下巴都快掉下來。

後來我告訴她美國人有一個流行詞叫「辣媽」（MILF，即Mom I'd Like to Fuck——已為人母，但我會想跟她上床的女人）。這位服務生聽了覺得很有趣，因為法文中並沒有相對應的說法。對法國人而言，女人並不會因為生兒育女就不再性感，我也好幾次聽過法國男人說，當媽媽的女人有一種「完熟」（plénitude）的風韻，特別吸引人。

當然也有些美國媽媽產後迅速減去孕期增加的體重，但我們仍常見到許多「楷模」鼓勵媽媽們朝反方向努力。例如我曾在《美國寶寶》（American Baby）雜誌上看到一個跨頁廣告，裡頭有張照片是三個身材豐腴的女人身穿寬鬆洋裝，臉上帶著尷尬的笑，臀部的地方則用寶寶擋著，一旁宣傳抽繩棉褲的文案則理直氣壯寫著：「生孩子會改變妳的身形，為人母會改變妳的人生。」

在某些美國媽媽的觀念中，為了生兒育女，付出身材做為代價是站得住腳的，這是一種犧牲小我的偉大情操。我認識一位康乃狄克州的朋友在運動產業擔任行銷顧問，她有一個六個月大的寶寶，她說她帶小孩參加家附近的一個遊戲團體，有位法國女人也來參加，她坐下沒多久就開口問在場的媽媽（請想像她用帶著迷人法國腔的英文說話）：「那妳們減肥都還順利嗎？」朋友說當下所有美國媽媽一片沉默——這可不是她們平常會聊的話題。當然，如果可以眨個眼睛就減掉十公斤，誰不想呢？但實際的狀況是她們產後都沒瘦下來。對美國媽媽來說，她們應該盡心盡力照顧寶寶，把時間拿來減肥似乎太自私，甚至連聊減肥的話題也不應該。

但在巴黎，詢問剛生產不久的媽媽減肥是否順利一點也不禁忌。法國人認為孕婦不該胖太多，產後也該盡快恢復正常身材。這位行銷顧問的妹妹是我在法國認識的朋友，名叫南西，現在跟她的法國男友一起住在巴黎，有個寶貝兒子。這對長得很像的姊妹花活脫像在進行一種社會實驗，因為她們一個住美國、一個住法國，姊姊的另一半是老美，妹妹的另一半則是老法，因此兩人面對的社會壓力恰恰相反。巴黎妹妹南西說，她生產後不過兩、三個月，她的法國男友便開始要求她別再穿運動褲，要她盡快把腰上那圈「備胎」消掉，還說要帶她去買新衣服當作獎勵。

南西說她很驚訝，而且感覺自己被冒犯了，她跟她的美國姊姊一樣，都覺得自己目前應該在一個安全的「媽媽區」裡，可以暫時不顧自己的外表、專心照顧寶寶才對，但她法國男友的想法卻不同，他仍把她當成一個完整的女人，認為她應該繼續散發從前的美感，因此現在發現南西竟然自願放棄美的特質，他心裡也一樣感到驚訝和不舒服。

三個月對法國人而言似乎是個神奇的關鍵點：我認識的法國女人無論老少，都說她們產後三個月就恢復原本的「線條」。法國記者朋友歐黛莉甚至在一次相約喝咖啡時告訴我，她兩次懷孕都是一生完立刻恢復原本的身材——其中有一次還是懷雙胞胎。這位法國

美國人有一個詞叫「辣媽」，法文中沒有相對應的說法。
對法國人而言，女人不會因生兒育女就不再性感。

女人歐黛莉如是說：「當然囉，這很正常吧！妳不是這樣嗎？」（那時我的身材被咖啡店的桌子擋住了……）

既然我是個老外，又沒嫁給法國人，因此我根本沒在管什麼三個月的黃金法則，老實說，好像小豆六個月大時，我才第一次聽到法國人的這個想法吧！那時我的身體仍堅定守護著小腹和臀部的肉，看起來好像我身上還有寶寶或胎盤似的。

如果我老公是法國人，我肯定會瘦得多，因為苗條和肥胖一樣，都有傳染的力量。如果妳身邊的每位媽媽都相信她們一定會減掉多餘的體重，妳也比較可能用心減肥（當然，如果妳像法國女人，懷孕期間胖得不多，那減起來又更容易囉）。

法國女人產後瘦身的方法似乎不難，只是更嚴格遵守她們原本奉行的大方向而已。

我有位苗條優雅的法國朋友維吉妮已是三個孩子的媽，有次我們約吃午餐，正當我狼吞虎嚥吃著一大碗柬埔寨湯麵（巴黎有超多這種便宜美味的異國料理餐館，都是法國過去佔據或殖民過的國家所留下的文化遺跡），維吉妮向我解釋她的減重訣竅：「我就是特別留意而已。」她說她從不節食，就只是「特別留意」而已。

我一邊唏哩呼嚕吃麵，一邊問：「具體來說是什麼意思？」

維吉妮用堅定的語氣說：「就是不吃麵包。」（要知道，這可是我們的主食，就像白飯一樣。）

「不吃麵包？」我不敢相信。

「沒錯。」她答得平靜而斬釘截鐵。

維吉妮並不是完全不吃麵包，她的意思是週一到週五不吃，到了週末或偶爾週間外出用餐時，她依然想吃什麼就吃什麼。

我又問：「妳說『想吃什麼就吃什麼』，但其實多少會控制一下對吧？」

維吉妮依舊答得斬釘截鐵：「沒有，我週末真的想吃什麼就吃什麼。」

這跟蜜芮兒・朱里安諾在《法國女人不會胖》書中所講的原則很像（不過她建議一週只「放假」一天，且即便是這一天也該適可而止），看到眼前有活生生的成功案例真是激勵人心啊！

從維吉妮所謂的「留意」就能看得出來，法國女人的直覺做法其實很科學，因為科學家已經發現，減重且不復胖的最佳策略就是仔細監督自己，例如記錄飲食、每天量體重等。

科學研究也指出，如果我們不要完全禁止自己吃某些食物，而是告訴自己之後再吃（例如週末再破戒），那麼減肥的意志力就會更堅強。

此外，我也很喜歡法國人這種「留意」的減肥觀念，感覺不帶預設立場又務實，不像美國人老愛叫減重的人要「自制」（因此沒遵守規則的人就是「作弊」、「沒自制力」），感覺充滿批判立場。法國人減肥破戒時，就只是一時沒留意，不小心吃了塊蛋糕，如此便能原諒自己，下一餐再繼續留意飲食就行了。

維吉妮說這種飲食方法是巴黎女人都懂的公開秘密。她用手比了一下自己的苗條身材說：「妳看到的所有瘦子，吃東西都很留意。」維吉妮說，每當她感覺自己胖了，她就會更留意飲食（後來法國記者朋友克麗絲汀用簡單一句話總結她們維持身材的方法：總之巴黎女人都吃不多）。

法國人減肥破戒時，就只是一時沒留意，如此便能原諒自己，下一餐再繼續留意飲食就行了。

那次我和維吉妮共進午餐，她把我整個人從頭到腳掃視一番後，顯然認為我並沒有好好「留意」。

「妳都喝咖啡歐蕾對不對？」她問。咖啡歐蕾就是一整杯熱牛奶加一份濃縮咖啡，少了卡布奇諾的那層奶泡。

「對，可是我都用脫脂牛奶啊！」我心虛辯解；我在家裡確實都這麼喝。但維吉妮說，脫脂牛奶也一樣不好消化，她都喝稀釋咖啡，法文叫café allongé，就是濃縮咖啡加熱開水稀釋（她說喝美式咖啡或茶也行）。我把維吉妮的建議像聖旨一樣快筆抄下來：

多喝水！多爬樓梯！多散步！

嚴格來說，我並不是個胖子，我跟我的美國朋友南西一樣，只是比較「有媽媽的樣子」而已，總之小豆坐在我腿上時絕不用擔心會被我的坐骨刺到。儘管如此，我是真心想瘦下來，我還立誓在懷第二胎之前，我一定要寫完當時手上的書，並把體重減到理想的公斤數。（美國的度量衡不用公制，因此我在法國住了這麼多年，現在看到氣象報導說氣溫攝氏幾度時，我還是不曉得該不該穿毛衣，別人說他們身高幾公分時，我也還是沒概念，但我倒是很快就弄懂我的理想體重應該要幾公斤才能塞得進牛仔褲。）

當然，法國媽媽特別的地方不只在於她們很瘦，也並非每位法國媽媽都纖細苗條；我也認識一些美國媽媽產後三個月就穿回懷孕前的牛仔褲。但不管在公園或在哪，我就是能一眼看出哪些媽媽是美國人，除了體型，更重要的其實是肢體語言。美國媽媽都跟我一樣，不是正彎腰待在孩子跟前，就是忙著在草皮上擺玩具，眼神還順便逡巡地面，檢查有沒有什麼小東西會讓寶寶誤食噎到，反正她們臉上就寫著「我是媽媽」幾個字。

反觀法國媽媽，她們似乎就回到生孩子前的身分了。最明顯的第一點就是，法國媽媽不會跟孩子形影不離，例如我從沒看過遊戲區有哪位法國媽媽會跟小孩一起爬攀爬架、玩溜滑梯或坐盪鞦韆，但上述情景在美國都很常見，美國人到了法國也還是會來這一招。而我所見到的法國家長們，除非是寶寶正在學走路，否則他們幾乎都好端端坐在遊戲場周圍或沙坑旁，跟（除了我以外的）其他大人悠閒談天。

除此之外，在有小孩的美國家庭，家中每個房間都會被玩具攻陷，我曾經去過一對美國夫妻家作客，他倆甚至把客廳的書統統清空，書架上全擺滿小朋友的玩具和一套套遊戲。

法國家長之中，也有少數會把孩子的玩具擺在客廳裡，但絕大多數都不會這樣。法國孩子也有不少玩具，但法國人不會讓孩子的東西淹沒家裡的公共區域，或至少到了晚上一定會收起來。法國家長認為這樣分割比較健康，孩子上床後，大人本來就應該把思緒暫時從孩子身上移開。我的芳鄰莎米雅白天是她兩歲女兒的慈母，但她說只要女兒晚上一睡覺，「我就不想再看到小孩子的玩具了……我女兒的世界就是在她的房間裡。」

法國家長心中界線嚴明的還不只有空間，他們還認為就算是再好的媽媽都不該時時忙著照顧小朋友，即使偶爾沒滿足到孩子的需求，也不需心生愧疚。

美國的育兒書中也會記得添一筆，稍微提醒媽媽要有自己的生活，但我仍常聽到美國的全職媽媽說她們從來不請保姆，因為照顧小孩是她們應盡的天職。

但在巴黎，即便是沒工作的媽媽也認為讓小孩去上半天托嬰中心理所當然，因為這樣她們才能保有一些獨處時間，那些時間她們可以去上瑜伽、染頭髮，無需因此感到罪惡。因此，即使是最受孩子折磨的全職媽媽，也不會像我們出現在公園時那樣疲憊不堪，一身亂糟糟，彷彿剛從野外求生回來似的。

法國女人不只允許自己偶爾不在孩子身邊，甚至有時還會把心思完全從孩子身上抽離。看好萊塢電影時，觀眾會立刻知道片中某個女性角色有沒有孩子，甚至往往孩子就是劇情的主軸。但我有時偷閒去看法國愛情片時，卻發現女主角有沒有孩子常跟劇情無關，例如有部法國片叫《悔恨》（Les Regrets），劇情描述一位小鎮女教師的前男友因為母親生病而返回家鄉，便和她舊情復燃。這部片稍微提過女主角有個女兒，但女兒只出場一下下而已，整部片的主軸是愛情，還有不少火辣辣的床戲。這位女主角不是壞媽媽，只是媽媽的身分跟整個故事無關，法國人也就沒拍出來。

法國社會的主流觀念是生兒育女很重要，但不該妨礙到生活中其他層面，套一句我的巴黎女性朋友們喜歡的說法：母親不該淪為孩子的奴隸。我生小豆時，法國一家電視台正好有個叫「母性」（Les Maternelles）的談話節目，這節目會請專家和家長討論育兒的各種問題，而這節目播完後，緊接著就播「我們不只是爸媽」，節目內容包含職場、性事、嗜好及感情生活。

當然還是有某些中產階級法國女人為了育兒放棄一切，也一定有少數美國媽媽仍能保有自己的生活，但總之法國和美國這兩個社會所認定的理想太不同了。有次我看到一本法國的童裝雜誌《MilK》，裡頭一個以法國女演員傑哈汀·佩哈絲（Géraldine Pailhas）為主角的時裝特輯令我留下很深的印象。佩哈絲現年三十九歲，有兩個孩子，而她在這系列時裝特輯中扮演了各種不同類型的媽媽：在其中一張照片裡，她一邊推嬰兒車，一邊抽著菸，眼神迷濛望向遠方；另一張照片裡，她戴上金色假髮，讀著一本法國設計師聖羅蘭的傳記；還有一張是她推著復古嬰兒車，身穿黑色晚禮服，腳蹬一雙滿覆羽毛的超高跟鞋。

這篇特輯的文案形容佩哈絲是一位理想的法國母親：「她活脫是女性自主的典範，樂在母職，熱切追求新的人生經驗，完美處理每一次『緊急事件』，時時關照子女，卻不受『完美母親』的迷思所囿。佩哈絲在受訪時告訴我們：『天底下沒有完美的媽媽。』」

看了這段敘述及佩哈絲的姿態，我不禁想起公園裡那些不理我的法國媽媽。我平常見到的法國媽媽當然很少穿著Christian Louboutin紅底高跟鞋走台步，但她們確實都像佩哈絲一樣，顯示自己除了是慈母之外，也會關注孩子以外的其他事物，把握機會享受自由，絲毫不帶罪惡感。

當然，佩哈絲想必生完就瞬間恢復產前身材，但那些照片捕捉了她的內心世界，而我在巴黎的托嬰中心和公園裡見到的法國媽媽，也都有著類似的特質，這些特質正召喚出一個女人的外在及內在魅力。佩哈絲看起來並非那種不真實的超級無敵辣媽，而是一位風情萬種、愜意優雅的母親，我想她一定跟她的孩子一樣自在快樂。

我問了一位朋友雪倫。她出身比利時的法語區，是一位作家經紀人，先生是個英俊的老法，他們夫妻倆帶著兩個孩子住遍世界各地。雪倫立刻提到另一個重要的觀點，而我也在佩哈絲的照片中及許多巴黎媽媽身上觀察到了。

「對美國女人來說，母親的角色是跟其他角色區隔開來的，是絕對的。如果她們戴上媽媽的面具，就會一併穿上媽媽的衣服，如果她們轉換成一個誘人的女人，她們就百分之百的誘人，而孩子永遠只能看到她們當『媽媽』的那一面。」

而在法國人（以及比利時人）的理想中，「母親」和「女人」的角色應該自然融合在一起，在任何時間、任何地點，妳都是一位母親，但妳同時也是一個女人。

Chapter 8
天底下
沒有完美的媽媽

告訴妳一件妳可能不知道的事：每天待在電腦前十二小時、在壓力超大的狀況下狂嗑M&M巧克力，這樣是不可能減肥成功的。

不過，我就是這樣寫完了第一本書。書出版後，光是看到這部心血結晶出現在亞馬遜網路書店上，我就感覺自己心中的那個「女人」甦醒了。新書巡迴宣傳的時候也是，我拋夫棄子飛到紐約，對所有願意聽我說話的讀者介紹這本書，還會到書店用愛心形狀的眼睛盯著自己的書（後來被一位書店店員抓包了，他走過來問：「請問妳是這本書的作者嗎？」）。

而我真正脫胎換骨則在這本書出法文版之後。我在巴黎住了這麼多年，一直呈現半遺世獨立的狀態，但這會兒卻成為這些法國人討論的話題了。這本書偏向報導文學，探討不同文化面對外遇的態度（我老本行是金融報導，研究這種主題算是我的極限，而且在法國研究這主題感覺也挺特別的）。我的老美同胞把這本書視為探討道德議題的嚴肅作品，而老法讀者卻覺得這本書應該十分詼諧幽默。

書在法國出版後，有個叫做《重點大報》（Le Grand Journal）的談話節目邀請我上電視聊這本書，形式是現場直播，訪談以法文進行。這節目在週一到週五晚間七點五分播出，我以前就有點印象，而根據我的法文出版商（一位身材瘦小、五十來歲的法國女士，她旗下的作家陣容十分堅強）說，這是法國的老牌子節目了。《重點大報》走的路線介於美國的《今夜秀》（The Tonight Show）和《與媒體見面》（Meet the Press）之間，主持人米歇爾·德尼索是一位享有盛名的記者，他會和其他幾位來賓一起質問受訪者，他們問的問題十分機智，但往往尖銳得令人有些難以招架，總之整個節目的感覺就像一場法國上流晚宴，只不過在電視上現場直播。

得到這個宣傳機會，我的出版商非常興奮，但我的法文能力讓她非常緊張，因此她找來一位商場朋友，替我上了好幾個小時的課，用法文模擬到時候可能出現的訪談問題。這位大哥似乎也很緊張，一直提醒我法文的affaire和英文的affair不同，並沒有「外遇」的意涵，我應該用的是aventure或liaison這兩個字。

到了錄影當晚，我感覺徹底浸潤在法文中，已經蓄勢待發了。我灌下三杯義式濃縮咖啡，進化妝室弄了妝髮，接著不知不覺，我已經站到兩道偌大的布幕後方。米歇爾．德尼索說了我的名字，布幕大開，我便以一種美國小姐的姿態走下光可鑑人的白色台階，來到一張大桌前，德尼索和其他三位座談者都坐在那兒等我。

我只顧著聽懂問題，根本沒空緊張，而且幸好他們問的問題我幾乎都練習過了，像是我為什麼會想寫那本書？法國跟美國的情況有什麼不同？後來其中一位座談人問我，我在寫這本書的過程中，自己有沒有出軌？我故意賣弄風情眨眨眼，然後回答：我是一個記者，當然一直都非常professionnelle（專業）囉！這句話把現場的主持人和來賓逗得很樂。

德尼索見好就收，準備要收尾了，他講了幾句話，似乎是總結吧，因為那時我開始有些恍神；事後我弟在網路上看了這段節目的影片，他也說那時我看起來顯然就是鬆了口氣的模樣。

接著我突然又聽到有人叫我的名字——德尼索不肯善罷干休，又問了我一個問題！我好像聽到他講到聖經人物摩西，還有什麼部落格的……摩西有部落格？我弟說鏡頭轉回我身上時，我看起來驚慌失措。我根本不曉得主持人問了什麼問題。

下一秒我意會過來了，德尼索說的不是blog（部落格），他說的是blague，是法文裡

「笑話」的意思。他請我講書裡的一個笑話，那個笑話說的是摩西從山上走下來後，對眾人說：「我有一個好消息和一個壞消息要告訴大家，好消息是我跟上帝殺價，現在只剩下『十誡』了，但壞消息是仍然有『不可姦淫』這條。」

這問題我沒練習到，而且當下我根本有點忘了笑話的細節，更別提用法文講了。媽呀，法文的「山」要怎麼說？「十誡」又要怎麼說？最後我只講了一句：「還是有『不可姦淫』這條喔！」幸好全場的氣氛依然高昂，大家還是笑了，德尼索也很有技巧，立刻開始訪問下一位來賓。

雖然有這麼一個突發狀況，我還是很高興能重回工作軌道，這工作讓我和法國社會接軌。怎麼說呢，因為這些帥氣的法國媽媽產後不但不餵母乳，又把身心靈休養得很好，而且還喜歡重回職場呢！在法國，擁有大學以上學歷的婦女很少在生子後退出職場，就連暫時的也很罕見。每當我告訴美國人我有小孩，他們常會問：「那妳現在還在工作嗎？」但換成法國人，他們只會問：「妳做什麼工作？」

在美國，我認識很多放下工作、專心帶小孩的媽媽，但在法國，我認識的全職媽媽就那麼一個。有天上午，我暫時拋下手邊工作，帶小豆去公園玩，我突然可以在腦海中描繪出自己當全職媽媽的情景。那是家附近的一座公園，落成於十九世紀，先前是聖殿騎士團宮殿的遺址（紐約的中央公園，你輸了吧）。聽起來或許很有《達文西密碼》的調調，但實際上給人的感覺十分資產階級，在那裡挖到舊奶嘴的機率大概比挖到中世紀遺跡的機率高，公園裡有個小湖、一座鍛鐵涼亭，還有一個放學後總是摩肩擦踵的遊戲場。

那天早上我和小豆在涼亭裡，突然間我聽到有人在說美式英語，不由得一驚，原來是一位帶著兩個幼兒的美國媽媽。我倆很快就開始聊起彼此自己的事，她說她以前是專門負責檢查論文等著作內容是否正確的查核人員，但現在辭了工作，陪先生展開為期一年的巴黎假期，夫妻倆說好先生專心研究，太太則好好感受巴黎的美，並負責照顧兩個寶貝。

如今這巴黎假期邁入第九個月，她看起來卻完全不像在享受花都風情——她看起來就是一個成天帶著兩個幼兒在家裡和公園之間趕場的媽媽。她說話不是很順，經常說錯，她跟我說抱歉，因為她平常很少有機會跟大人說話。她說她知道這裡有些英語系國家媽媽成立的遊戲團體，但她不希望拿珍貴的法國時光來跟一堆老美相處（我只能安慰自己她無心針對我）。她的法文很流利，因此她原本以為可以結交到法國媽媽，跟法國人混在一塊兒。

她不禁問：「法國媽媽都到哪去啦？」

答案是：法國媽媽都工作去了。法國女人生完孩子後多半重回工作崗位，一部分原因是因為她們得以回去。這是因為法國有高品質的公立托嬰中心，私立托嬰服務也有補助可領，還有其他多種托嬰選擇，因此法國媽媽沒有後顧之憂，可以放心回職場。這也難怪法國女人都在三個月內恢復身材，因為她們生完三個月後也差不多要回公司見人囉！

法國媽媽繼續工作的另一個原因則是因為她們確實想工作。根據二〇一〇年皮尤研究中心執行的一項調查，有高達百分之九十一的法國成人認為雙薪夫妻的婚姻滿意度最高（在美國和英國則只有百分之七十一的受訪者如此回答）。

在我認識的大學畢業法國女性之中，有一些人會「週休三日」，也就是週三孩子不上托兒所或小學沒課時，她們會留在家裡帶孩子，但我的法國朋友都沒認識幾個全職媽媽。律師朋友愛思黛說：「有，我認識一個，但她快離婚了。」愛思黛把這位媽媽的案例當成警世錄來講，她說那位媽媽原本是業務員，生小孩後就把工作辭了，在家裡專心帶小孩，但因為經濟不獨立，得跟先生伸手要錢，漸漸就不敢向先生表達太多意見。

「她有什麼感覺和不滿都壓抑在心裡，後來夫妻之間的誤解就越來越深。」愛思黛說。她也表示，確實有些時候媽媽沒辦法重回職場，例如在生了第三個孩子之後，但不管怎樣也該訂個期限，例如等最小的孩子滿兩歲後，媽媽就該回到工作崗位。

而幾位法國職業婦女都告訴我，即便只是離職個幾年，風險也不小。友人丹妮兒說：「如果哪一天妳老公失業了，你們要怎麼辦？」一位育有三兒的工程師朋友艾蓮則說，如果可以選擇，她確實希望可以不要工作，讓老公養家就好，但她不會這麼做。她解釋：「因為老公哪天也可能消失不見啊！」

法國女人選擇持續工作不只因為經濟因素，也有社會地位的考量。在法國，或至少在巴黎，全職媽媽的社會地位並不高，在這裡，你彷彿可以想像一位家庭主婦在晚宴上繃著臉枯坐，因為沒人主動跟她交談。丹妮兒告訴我：「我有兩個朋友沒工作待在家裡，我感覺大家對她們都興趣缺缺。」丹妮兒五十出頭，有個十幾歲的女兒，她說：「不工作的話，等到孩子長大成人，妳對社會還有什麼貢獻呢？」

此外，法國女人認為把所有時間都用來照顧孩子會危害生活品質，她們也很大方表明自己這種態度。法國媒體勇於直言，常冷眼描述全職媽媽的困境，例如我在法國曾讀到一篇文章寫到，若女人生兒育女後「未從事職業活動，主要的優點是能陪伴孩子成長，但當全職母親帶來諸多不便，其中最顯著的便是與世隔絕和孤單感」。

巴黎的中產階級媽媽大多有工作，因此這裡除了週末之外，在平常日舉辦的遊戲團體、說故事活動和親子課程等並不多，週間的活動多半由英語系國家的家長主導。我家附近的遊戲團體中只有一個小朋友是純法國人，而且他都是保姆帶來的。小男孩的媽媽是律師，她讓兒子參加我們的遊戲團體顯然是因為想讓他多接觸英文（但我沒聽他開口說過英文）。這位媽媽從頭到尾只現身過一次，就是輪到她當主持人的那次；她從辦公室風塵僕僕趕來，身穿套裝，腳蹬高跟鞋，她看到我們這些英語系國家的媽媽穿著運動鞋、帶著裝滿尿布的媽媽包，那神情簡直像看到珍禽異獸。

美式教養和各種美式育兒配備（嬰兒學習圖卡、密集訓練的托兒所等）現在已經落伍，早已出現反動（甚至還有反動的反動呢），因此有次我在紐約市的遊戲場見到一個場景，簡直嚇得目瞪口呆。那公園裡有道高高的鐵門隔出一個幼兒專屬遊戲區，裡頭有一座矮滑梯和幾隻動物搖馬。這區專為幼兒設計，小朋友可以在裡頭爬來爬去，跌倒也不會受傷。遊戲區四周椅子上坐著幾位保姆，她們頗有法國人的架式，都一邊看著小朋友玩，一邊輕鬆閒聊。

接著，一個看起來是中上階級模樣的白人媽媽帶著小孩出現了。她跟著那小朋友在迷你的遊樂設備四處穿梭，同時自言自語個沒完：「迦勒，你想玩小青蛙嗎？你想盪鞦韆嗎？」

這位小迦勒毫不理會，他顯然只想四處亂跑而已，但這位媽媽始終緊跟著他，替兒子的每個動作下口白。我還一度聽到她說了一句：「迦勒，你在走路耶！」

我原本以為只是這位迦勒媽媽特別狂熱吧，沒想到接著又有另一位中上階層的媽媽推著嬰兒車走進來，寶寶一頭金髮，穿著黑色T恤。這位媽媽也開始像電影旁白一樣，描述

法國女人認為把所有時間都用來照顧孩子會危害生活品質，她們也很大方表明自己這種態度。

她兒子的每個動作，接著小男孩悠悠走到門邊，看著外面的草皮，這位母親顯然覺得這樣太靜態了，無法刺激寶貝的身心發展，便衝過去把兒子頭下腳上抱起來。

她嚷道：「你頭下腳上耶！」不一會兒，她又掀起上衣餵兒子喝奶，小朋友一邊吸奶，她一邊吱吱喳喳地說：「我們來公園玩囉！我們來公園玩囉！」

類似的場景不停出現在其他媽媽和小朋友身上，大約一小時後，我已經可以預測哪個媽媽會進行這種「口白人生」的活動了——這種傾向通常跟她們皮包的價格呈正相關。而我最驚訝的是，這些媽媽並不以自己的口白為恥，她們的獨白並不是輕聲細語，都是大聲廣播出來的。

後來我跟那位在紐約執業的法國小兒科醫生米歇爾．柯恩提到這一幕，他馬上就知道我說的是什麼。他說這些媽媽跟寶寶大聲說話，無非想誇耀自己是稱職的家長。美國中上階級父母太常上演這類口白人生，因此柯恩的育兒書裡甚至有一個談〈刺激身心發展〉的章節，請家長別再時時刻刻黏著孩子。「幼兒本該時而嬉戲大笑，時而平和安靜，順其自然才好，父母不需時時對孩子說話、唱歌，無需一直逗他們。」

無論你是否認同，像上述那樣無時無刻關注孩子的育兒方法不僅使母職更加辛勞，就連旁人看了都累，而且還會延續到遊戲以外的場域。知名媽媽部落客葛蘭竹就曾在「牙牙學語」網站上寫道，她認識一位擁有生物學碩士學歷的媽媽花了一整個禮拜教小孩拿湯匙。

當然，那位生物學家一定也覺得自己的行徑很瘋狂。我們美國媽媽都知道如此投入的教養得付出高昂代價，但想想那些問皮亞傑「美國問題」的父母（「請問如何加快小朋友身心發展的速度？」），就知道我們這些美國家長認為孩子身心發展的狀況取決於父母的每個選擇，以及我們是否夠努力和孩子互動，這樣一來，好像不來個密集的湯匙訓練或口白人生，就是對孩子有害似的，而周遭父母都這麼做，更增添了美國家長的同儕壓力。

對於今日的中產階級美國媽媽來說，和孩子密集互動的標準似乎更高了。社會學家安妮特·拉魯（Annette Lareau）觀察美國中產階級的黑人及白人家長，發現這些父母大都施行所謂的「精心教養」（concerted cultivation，或譯「協同教養」），而口白遊戲法和密集湯匙訓練法正是這種育兒哲學的體現。

拉魯解釋：「這些父母儼然把教養孩子當成一個工作專案，為了儘可能培養孩子的才藝和技能，家長策劃各種活動，密集訓練孩子的論證和語言能力，並且嚴加監測孩子在學校經歷的大小事。」

舉我自己為例，我決定在法國定居便稱得上是一種嚴重的「精心教養」，專案目標就是培養出說雙語、國際化又懂得吃好起司的孩子。儘管如此，至少我在法國可以看到其他教養典型，而且這裡不會出現所謂的「資優幼稚園」。在美國，家長似乎認為精心教養是唯一正確的教養方式，這種趨勢如日中天，例如我曾聽一位全職朋友抱怨，說她女兒的老師不但希望家長去看孩子的足球賽，甚至連平常練球時也得參與。

依麗莎白是一位住在紐約布魯克林的法國媽媽，她說她很訝異美國家長願意為孩子的球賽投注如此多的心力，她寫道，有次她替兒子辦十歲慶生會，但她一連改了好幾次日期，就是為了避免和兒子美國朋友的球賽撞期，因為每位媽媽都說自己的孩子是球隊上「很重要的一員」，不參賽的話，「他們那隊可能就會輸！」

美國家長的好勝心打從孩子嬰兒時期就開始了。我聽過一位紐約媽媽原本在顧問業工作，生子後便離職成為全職媽媽，她替一歲大的兒子請了法文、西班牙文和中文家教，小朋友兩歲時，她停了法文課，但又增加美術、音樂、游泳和幼兒數學課，此外，她還花了很多時間在替兒子申請貴族托兒所，一共申請了二、三十家。

這些故事可不只是少數紐約父母的極端案例。有次我去邁阿密時，和一位美國媽媽戴妮爾共進午餐，她是一位非常理智的女性，大概是我心目中離極端狂熱最遙遠的理性派，她頭腦冷靜、為人誠摯熱情，且身處一個流行珠寶的奢華城市，卻毅然決然當個不崇尚物欲的人。戴妮爾兒時在義大利待過，精通三種語言，而且有一種泰然自在的氣質，此外，她有商管碩士（ＭＢＡ）學歷，履歷上洋洋灑灑都是高階行銷主管的經歷。

戴妮爾非常排斥過度狂熱的教養方式，例如她家附近就有一位媽媽讓四歲大的兒子同時學網球、足球、法文和鋼琴，這實在令戴妮爾咋舌，而且她說，雖然這位媽媽是太極端了，但她的做法確實讓所有家長都緊張起來。

她說：「妳真的會開始想，那個小朋友已經學這麼多了，我家小孩要怎麼跟他比？我常得冷靜下來對自己說：這根本不是重點，我們根本不希望孩子跟那種小朋友比。」

儘管如此，戴妮爾有四名子女（她最後一胎生了雙胞胎），她的生活依然逐漸被馬不停蹄的緊湊行程塞滿。每週的行程表是這樣的：七歲女兒茱莉安娜每週二和週四下午要去踢足球、週三去教會聖體班，隔週的週四有女童軍活動（排在足球課之後），每週五還要參加遊戲聚會，最後晚上回家還得做上兩個鐘頭的回家作業。

戴妮爾說：「光是她昨天晚上的功課就包括寫一個民間故事、寫一篇短文，題目是馬丁・路德・金恩對美國的貢獻，還要準備西班牙文小考。」

最近茱莉安娜又說她還想去上陶藝課。戴妮爾說：「我覺得有點虧欠她，因為她學校沒有美術課，所以我就說：『好吧，那就去上陶藝課吧！』她只剩禮拜一有空。」就這樣，茱莉安娜從週一到週五都排滿了。而別忘了，戴妮爾還有其他三個小孩。

「我唸MBA學的營運管理技巧，現在剛好用來確保我準時送每個小孩到他們應該出現的地方。」戴妮爾說。

她知道她大可取消孩子所有的課後活動，保留足球課就好（因為教練就是她老公），可是那樣小朋友在家裡要做什麼呢？她說附近根本沒有其他小朋友可以一起玩，因為鄰居家的小孩也忙著參加各式各樣的課餘活動。

這一切的結果就是戴妮爾到現在還沒辦法重回職場。「之前我還以為家裡小朋友上小學後，我就可以恢復全職工作……」她說完這話，道歉說自己趕時間，隨即衝去開車了。

法國媽媽的生活比較愜意，這點當然跟法國政府的托兒補助措施有關，但我回法國後，卻發現法國女人本身也因應有道，她們懂得減輕自己的負擔。我帶小豆參加法國遊戲團體的做法是：帶小豆去朋友家，之後我就該閃人了（英語系國家的家長則認為父母應該全程待著）。這些法國家長並不是無禮，而是實際，他們認為我應該也有其他事要忙。我只偶爾在接小豆回家時留下喝杯咖啡。

小朋友的慶生會也一樣。美國和英國小朋友的媽媽會希望我留下來和其他媽媽閒聊，這一待往往得耗上幾個小時。雖然大家都沒說，但我想我們這些大人之所以留下來，一部

法國女人因應有道，
她們懂得減輕自己的負擔。

分是要確保自己的孩子玩得安全、開心。

反觀法國孩子的慶生會，通常小朋友滿三歲後，這類活動都是「孩子留、父母走」。法國人認為應該相信孩子有獨立的能力，家長只需在活動結束後回來喝杯香檳、和其他父母交際一下就行了。每次小豆的朋友邀請她參加慶生會時，我跟西蒙都興奮無比——這等於是免費保姆加雞尾酒派對！

對於忙著帶孩子參加各種活動的媽媽，法國人稱呼她們為計程車媽媽（maman-taxi），而這可不是什麼稱讚。我認識一位巴黎建築師娜妲麗說，她每週六上午都請保姆來接送三個小孩去參加各種活動，她自己則跟老公上館子吃午餐。她說：「我人在孩子身邊的時候會給他們百分之百，但我休息的時候，就是徹底休息。」

我的減肥恩師維吉妮早上經常和兒子小學同學的幾位媽媽聚會，有一次我也去參加，並跟這些法國媽媽提到「孩子課外活動」的話題，沒想到氣氛頓時激昂起來。維吉妮坐直身子，代表在場所有法國媽媽對我說：「妳不能一直替孩子安排活動，有時候也要讓他們待在家無所事事，要留點時間讓小朋友玩啊！」

維吉妮和她的法國朋友們並不是懶惰鬼，她們都有大學學歷和輝煌的工作經歷，同時也是慈愛的母親，她們家裡有許多書，小朋友也上各式各樣的課程，例如擊劍、吉他、網球、鋼琴、摔角等等，但通常他們每學期只上一種課。

那天咖啡店的聚會有一位長得美麗豐腴的媽媽（她跟我一樣正在努力「留意」自己的飲食），她說她後來不再讓小朋友去上網球課或其他課程，因為她覺得這些課後活動「帶來太多限制」。

我問：「給誰帶來太多限制？」

她回答：「給我啊！」

她解釋：「帶小朋友去上課，我還要等一個小時再回去接他們下課，如果是學樂器，晚上還要督促他們練習……對我來說太花時間了，而且對小朋友來說也沒必要，他們已經有很多功課了，也可以在家裡玩，家裡還有很多遊戲，而且我有兩個小孩，他們怎麼會無聊，都可以一起玩啊！再說我跟老公每週末都帶他們出去玩。」

我注意到法國家長正因為有這些看似不重要的決定和想法，生活便能比我們美國家長輕鬆許多。法國媽媽得到一點空閒時間時，就會用來抽離、放鬆，而且還以此為傲。我曾在法國的美髮沙龍看到法文版《Elle》雜誌裡的一篇文章，我把那篇文章撕下帶回家收藏，因為裡頭寫到一位母親說她最愛帶兩個兒子去玩艾菲爾鐵塔附近的一座舊旋轉木馬。

「歐斯卡和雷昂忙著在旋轉木馬上抓木頭圈圈，我則徹底放鬆三十分鐘。等他們玩的時候，我通常會把手機關上，身心放空……旋轉木馬就像豪華的機器保姆！」那座旋轉木馬我也很熟，經常帶小豆去，但我通常都在小豆轉過來時猛朝她揮手，就這樣揮完半小時。

許多法國媽媽都採用同一套育兒哲學。法國人這種「放手」的教養原則並非巧合，而是從法蘭絲瓦茲·朵爾托一路沿襲下來的，可以說她就是法國式教養的祖師奶奶，因為正是她大力倡導父母應該讓幼兒在安全的環境中獨處，讓孩子自己瞎晃、獨自面對這個世界。

朵爾托語錄《兒童的發展階段》（The Major Stages of Childhood）中有一段是這麼寫的：「母親何必事事替孩子處理妥貼呢？孩子其實願意自己處理事情，他們願意花一整

做父母的不能一直替孩子安排活動，有時候也要讓他們待在家無所事事，要留點時間讓小朋友玩啊！

個早上的時間自己穿衣穿鞋，把衣服穿反了也歡喜，腳讓褲子纏住了也樂，他們喜歡自己玩耍，在自己的小天地裡探險。什麼，這樣母親沒辦法帶小朋友上市場？那可好，那不更好嗎！」

法國國慶那天，我帶小豆到附近公園的草地，那裡有許多父母帶著幼兒去玩。我並沒有上演「小豆的口白人生」，但我知道我應該也不會有時間看雜誌；我帶了一本三週前的雜誌給自己看，但替小豆準備的書和玩具則拎了一大袋，結果那天我大部分時間都在陪她玩玩具，還有唸故事給她聽。

我們旁邊的毯子坐著一位瘦削的紅髮法國媽媽，她在跟身旁的友人聊天，一歲大的女兒則自己玩著。小女孩根本沒有什麼玩具，因為那位媽媽似乎只帶了一顆球來，準備讓女孩玩一整個下午。她們三人吃了午餐，小女孩玩了一下草、四處滾來滾去，然後觀察周遭的人事物，而她母親則盡情和朋友進行了一場大人的對話。

我們曬的是一樣的太陽，坐的是一樣的草皮，不過我進行的是美國野餐，而這位媽媽進行的則是法國野餐。我顯然跟那些紐約媽媽差不多，正在努力刺激小豆往下個階段發展，而且心甘情願犧牲自己的美好下午。至於那位法國媽媽，她看起來其實是中上階級模樣，卻很願意放手讓女兒自己「覺醒」，而小女孩顯然也很能自得其樂。

上述這些原因都讓我更了解周遭的法國媽媽為何能保有一種神秘的沉穩感，但謎題沒完全解開，我感覺拼圖還缺少最關鍵的一塊。而現在我懂了，我認為法國媽媽最大的法寶，應該是她們處理歉疚感的態度。

如今美國媽媽花在育兒上的時間比一九六五年多很多，因此壓縮到做家事、放鬆休息及睡眠的時間，但美國家長卻自認應該花更多時間在孩子身上。

結果自然就是美國家長對孩子感到萬分愧疚。這點我去拜訪愛蜜麗時就見識到了。愛蜜麗是一個住在亞特蘭大的美國人，和先生育有一個一歲半的女兒。那次我和愛蜜麗聊了兩、三個鐘頭，她提到女兒在餵奶時間外吵著喝奶她就屈服，或者她沒時間讀超過兩本故事書給女兒聽，然後她就下評語說「我是個壞媽媽」，過程中總共說了五、六次，連自己訓練女兒規律睡眠、因此有時晚上會放女兒自己哭這點，她也認為自己這樣真是個不稱職的媽媽。

我也聽其他美國媽媽說過「我是壞媽媽」，簡直快變成大家無意義的語助詞了。愛蜜麗一直把「我是個壞媽媽」掛在嘴邊，雖然聽起來是負面的形容，但我發現這句話卻給她一種安慰的感覺。

對美國媽媽來說，愧疚感是一種情緒上的賦稅，我們去工作、沒買有機蔬菜、或把小孩交給電視保姆以便自己可以上網或煮晚飯時，都會感到歉疚，而這種愧疚感讓我們「虧欠孩子」時覺得好過些，因為這讓我們知道自己並非自私，而且已經為失職付出了愧疚感做為「稅金」。

在這方面，法國人又跟我們不同了。當然，法國媽媽有時也會有愧疚的衝動，我們美國媽媽會感覺蠟燭兩頭燒、無法把每件事做到最好，法國媽媽當然也不遑多讓，因為她們除了育兒還得工作呢。法國女人也像我們一樣，時常認為自己不是稱職的員工和母親。

然而差別在於，法國媽媽不會用這種歉疚感來突顯自己是「悲劇英雄」，而且恰恰相反，她們認為這種心態既不健康也不好受，應該儘可能消除。例如我那位作家經紀人雪倫

法國媽媽不會用歉疚感來突顯自己是「悲劇英雄」，她們認為這種心態既不健康也不好受，應該儘可能消除。

就說：「罪惡感是一個陷阱。」雪倫說，她每次和朋友約出來喝個小酒時，一群法國女人總彼此安慰：「天底下沒有完美的媽媽……我們都會這樣互相勉勵。」

法國媽媽要達成的標準其實很高，她們外表上得維持魅力，事業上得維持成就，每天還得親手準備晚餐給家人吃，但她們的負擔已經夠重了，因此盡量不讓自己有愧疚感。我那位法國記者朋友丹妮兒曾經和別人合著一本書，書名就叫做《完美媽媽就是妳》（La mère parfaite, c'est vous）。

丹妮兒回想起自己在女兒五個月就把她送到托嬰中心的事。「不能在她身邊，我覺得心如刀割，但我知道如果為了照顧她得拋下工作，我也會心如刀割。」丹妮兒逼自己克服並放下那些罪惡感。她告訴自己：「就算有罪惡感，生活還是要過下去。」她也對我說：「總之，天底下沒有完美的媽媽。」

法國媽媽還有一項克服歉疚感的關鍵，那就是她們真心相信媽媽和孩子成天黏在一起有害無益，媽媽太關心、太焦慮，不但會讓孩子覺得窒息，還可能發展出一種可怕的連體關係（relation fusionnelle），亦即造成媽媽和小朋友的需求混在一起，難以分割。唯有媽媽保留適度空間，避免時時干預，孩子（包含嬰幼兒）的內在才能發展得更健全。

丹妮兒說：「如果妳的人生重心就是孩子，這對他們其實不好。如果媽媽把所有希望都投注在孩子身上，他們會成什麼樣子呢？我想精神分析學者應該都同意這個看法吧。」

這種母子間的適當距離有時也會矯枉過正。舉法國司法部長哈奇妲．達蒂（Rachida Dati）為例，她生下女兒柔哈的五天後就重返崗位，法國媒體一片譁然，法文版《她》雜誌調查民眾對於這事件的看法，結果有百分之四十二的受訪者都認為達蒂「事業心太重」（相較之下，法國人對於達蒂四十三歲未婚懷孕且孩子父不詳這件事則幾乎沒什麼意見）。

我們美國人說的「在工作和生活之間取得平衡」，往往是描述一種蠟燭兩頭燒的現象，意思是我們希望儘可能保持工作跟生活都別被燒得太慘。

法國人也談「平衡」（法文稱為l'équilibre），但概念並不一樣。對他們來說，平衡的意思是別讓生活中的任何一部分壓縮到其他事，養兒育女也不例外。法國人的平衡就像均衡膳食的概念一樣，蛋白質、碳水化合物、蔬果和甜食等都得均衡攝取，因此「事業心太重」的達蒂跟全心照顧孩子的全職媽媽其實犯了同樣的毛病：她們的生活都不均衡，過於偏重某一個層面。

當然，對某些法國媽媽而言，「平衡」也只是個難以企及的目標，但至少這是個讓人安心的理想。我問過巴黎朋友愛思黛，她是位全職律師，我請她評量自己是否是個稱職的母親，她回了個簡單且不帶緊繃情緒的答案，我感到很震撼。她說：「我通常不會去想自己做得夠不夠多，因為我真的覺得我做得夠多了。」

伊內絲．法桑琪（Inès de la Fressange）不是一介平凡的法國女子。一九八〇年代時，她曾是凡迪（Fendi）老佛爺卡爾．拉格斐（Karl Lagerfeld）的靈感泉源，也是香奈兒的模特兒，隨後她更接續碧姬．芭杜和凱薩琳．丹妮芙，成為法蘭西共和國象徵「瑪麗安娜」（Marianne）的新一代形象代表，面容出現在全法國的郵票和鎮公所的半身雕像上。她答應成為形象代表後便與拉格斐分道揚鑣，據稱是因為拉格斐說他不想「做衣服給雕像穿」。

法桑琪如今五十出頭，仍是一副黑髮美人模樣，大眼睛烏溜溜的，神色慵懶嬌媚，一

我通常不會去想自己做得夠不夠多，
因為我真的覺得我做得夠多了。

雙腿長得彷彿要從咖啡店的桌底鑽出來似的。如今她擁有自己的同名時尚品牌，而且偶爾仍上伸展台走秀。二〇〇九年，《費加洛》雜誌讀者將她票選為「巴黎女人最佳典範」。

而法桑琪也是一位母親。她有兩個腿跟她一樣長、殺底片功力跟她不相上下的女兒，分別是二十來歲的維蕾特和十幾歲的寧恩，兩人都已展開時尚及模特兒生涯。法桑琪從前對自己的迷人魅力經常嗤之以鼻，總說自己像「一根黑抹抹的蘆筍」。她也曾說自己並不是個完美母親：「我老是忘記早上要上瑜伽課，而且每次都一邊開車才一邊上唇蜜和睫毛膏。但重點是，別因為自己不夠完美，就一直滿懷愧疚。」

對，法桑琪不是個普通的法國女人，但她的確體現了法國人對於「達致平衡」的理想。她曾在接受《巴黎競賽報》（Paris Match）訪談時提到一件事：她先生過世後三年，她帶兩個女兒到法國境內阿爾卑斯山的一處滑雪勝地度假，結果邂逅了一位男士——那人碰巧是法國一家知名雜誌社的大老闆，還持有法國榮譽軍團勳章（法桑琪能當上拉格斐的繆思女神，真不是沒有道理的啊）。

對方苦追法桑琪好幾個月，但她遲遲未回應，因她還沒準備好再次戀愛。她告訴《競賽報》記者：「但最後是我主動打給他的，我說：『好吧！我身懷母職，工作忙碌，但我同時也是一個女人。』至於我女兒，我想有一個沐浴在愛河中的媽媽，對她們也是好事吧！」

Chapter 9
便便香腸

小豆三歲時開始把一個法文詞彙成天掛在嘴邊，那詞我沒聽過，起先我聽成caca buddha，caca是法國小朋友會說的詞，意思是「便便」，buddha則是英文中的「佛陀」，因此我覺得佛教朋友聽到這個詞應該不太高興吧。過了一陣子，我才明白小豆說的其實是caca boudin。boudin在法文裡是「香腸」的意思，所以我女兒整天四處嚷嚷的詞竟然是——便便香腸。

這便便香腸跟所有好用的髒話一樣，用途十分廣泛，小豆跟朋友在家裡開心狂奔時會興高采烈地大喊這個詞，但想表達「隨便」、「不要管我」、「不干你的事」等意思的時候也都會講，總之是個回嘴的萬用語來著。以下是一個對話情境：

豆媽：妳今天在學校做了什麼呀？
小豆：便便香腸。（不耐煩貌）
豆媽：要不要再吃一點花椰菜？
小豆：便便香腸！（配上歇斯底里的大笑）

我跟西蒙不曉得該怎麼看待這個詞。便便香腸在法文中很難聽嗎？或是很可愛呢？我們該覺得生氣還是好笑？我們不了解法國社會的文化情境，也沒在法國度過童年，因此無從判斷。為求保險起見，我們就叫小豆別再說了，而小豆也做了一點妥協——她還是照說不誤，但說完後會補上一句：「不可以說便便香腸，便便香腸很難聽。」

小豆法文精進，確實也有一些好事。我們回美國過聖誕節時，我媽的朋友一直叫小豆用巴黎腔說她那位法國理髮師的名字「尚皮耶」（尚皮耶替小豆剪了時髦有型的短髮，阿姨們也一直低聲讚嘆「噢，好法國啊！」）。此外，小豆在學校學了幾十首法文歌，大人隨時點歌她都很樂意唱。最後，我最驚豔的一點就是，我們第一次送她禮物時，她拆開後直覺說了法國人愛用的驚嘆詞：「Oh la la!」

但後來我們逐漸意識到，孩子說雙語不只是學到一些在聚會上逗人開心的把戲，也不只是多會一種語言而已。小豆的法文越來越好之後，她帶回家的不只是陌生的法文詞彙，還有許多新的概念和規範。說法文並不只是多使用一種語言，她也逐漸被培養成一個法國人，而我不確定自己是否能接受這點。我甚至不曉得「法國人」應該是什麼樣子。

法國文化進入我家的管道主要是學校。小豆開始上école maternelle了，也就是法國的公立托兒所。托兒所一週上課四天，週三及週末放假。法國托兒所並非義務教育，小朋友也可以只上半天課，但法國幾乎所有三歲小朋友都會上全天的托兒所，和大家擁有共同的上課經驗。因此，école maternelle是一個讓幼兒蛻變成真正法國人的地方。

法國公立托兒所有崇高的理想，可說是法國人的國民計畫，宗旨是將全法國的三歲孩子從唯我論的幼兒拉拔成文明、有同理心的法國公民。例如我在法國教育部發給家長的一本手冊上讀到，托兒所將教導幼童「了解團體生活的多采多姿及限制，感受被他人歡迎及肯定的喜悅，並且學習與同儕培養友好的人際關係。」

托兒所老師夏樂蒂已有三十年的老資歷（她很可愛，至今依然要求小朋友叫她maîtresse，這個字可意指「老師」，但直譯的話是「小姐」的意思）。她告訴我，小朋

幾乎所有三歲的法國小朋友都會上全天的托兒所，
這是一個讓幼兒蛻變成真正法國人的地方。

友入學第一年時多半還很自我中心，她解釋：「剛開始小朋友還不懂老師得照顧所有同學。」學生漸漸才了解老師對全班說話時，是說給每一個人聽的。上課時，小朋友多半可以選擇自己喜歡的活動，三到四人為一組，每一組分配一張桌子或一塊教室區域。

在我看來，法國公立托兒所彷彿是矮人族專屬的美術學校，小豆上托兒所的第一年，教室牆壁很快就貼滿所有同學的畫作。法國托兒所的另一個宗旨則是讓小朋友學會「感知、想像及創造」。此外，這些小學員也學會法式舉手方法——舉手時同時伸出食指。

我本來對托兒所有點疑慮，畢竟托嬰中心就像一個大型的幼兒遊戲間，但托兒所就很有學校的感覺了，每個班的學生人數不少，而且我聽到風聲說，法國托兒所的老師似乎不大熱中跟家長溝通，有位美國媽媽告訴我，她剛開始常向老師詢問女兒的狀況，後來老師終於說：「我沒主動說什麼的話，那就代表妳女兒一切正常。」後來她就不敢再多問了。小豆上托兒所的第一年，她的老師是一位看起來很悶悶不樂的女士，那一整年她只給小豆下過一句評論：「她很沉穩。」（小豆很喜歡這位老師，也很喜歡班上同學。）

此外，雖然托兒所成天讓小朋友畫畫，但他們十分強調「按照規定」這件事。小豆第一年上課時，我經常看到她全班同學都畫一模一樣的東西，看了真覺得心頭一驚，有天早上我看到教室裡貼了二十五張畫，裡面有二十五個一模一樣的黃色牙籤人，牙籤人都有相同的綠色眼睛。身為一個沒有截稿期限（有時還需要兩個截稿期限）就沒辦法完成稿子的人，我當然了解「規定」的重要，但看到這些小朋友畫出同一個模子印出來的圖畫，還是會覺得不大舒服（但小豆第二年的創作就自由多了）。

另一件事則是我好一陣子之後才意識到的。小豆教室的牆上貼滿圖畫，但卻沒有半張字母表；我去參加親師座談會時，法國家長也完全沒提起教小朋友閱讀的事，會上大家倒熱烈討論托兒所該不該讓小朋友拿萵苣餵教室裡的一大缸蝸牛（是小蝸牛，不是食用的那種）。

後來我才發現，原來法國托兒所根本不教小朋友認字，而他們托兒所一般上到六歲，只會教字母、發音和每個人自己名字的寫法。我聽說有些小朋友會自己學認字，但我不知道是誰，因為法國家長根本不會自己吹噓。法國教育的課程規劃中，兒童到了七歲上小學一年級時才開始學習認字。

法國人對於教導小朋友閱讀的態度十分閒散，讓我這信仰「越早越好」的老美非常不習慣。但小豆同學的父母之中，就連最力爭上游的家長對於教小孩識字這件事也絲毫不急。一位也是記者的家長瑪莉詠就告訴我：「我不希望小孩現在就把時間用來學習認字。」她和先生都說，孩子現階段最要緊的應該是學習人際往來、組織思緒和流利表達意見的能力。

瑪莉詠很幸運，因為法國托兒所雖然不教識字，但的確會訓練小朋友好好說話，實際上，法國公立托兒所的教育目標正是讓各種文化背景的小朋友在此磨練他們的法文口語表達能力。法國政府發行一本給托兒所家長看的小冊子，裡頭就寫到托兒所致力讓孩子說的法文「豐富多變、有組織且能讓他人理解」（總之就是要比我的法文好很多的意思）。夏樂蒂老師告訴我，外國移民的小朋友九月入學時往往只會說很簡單的法文，或是根本不會說，但到三月時，這些孩子的法文就算不到流利，也已經很像樣了。

法國人的邏輯是只要孩子表達清晰，思緒自然也會清楚。法國托兒所的教育目標除了強化學童說法文的文法正確度，政府宣導手冊也寫道「法國孩子應學會觀察、問問題，同

法國托兒所雖然不教識字，但是會訓練小朋友好好說話。
法國人的邏輯是只要孩子表達清晰，思緒自然也會清楚。

時養成符合邏輯的問話方式，並且學習採納他人觀點、習慣邏輯思考，培養理性論證的習慣，此外，學童應培養算數、分類、排序及描述事物的能力……」我在晚間電視節目上看到那些高談闊論的法國人，顯然都從托兒所時期就開始訓練分析能力了。

我很感謝法國公立托兒所。我想起我的美國朋友們，就算沒買嬰兒識字DVD，也都搶著把孩子送進私立托兒所，而美國私立托兒所一年的學費可能就高達一萬兩千美元，還只能上半天課。我認識一位住在紐澤西的媽媽，她每天得開五十分鐘的車送雙胞胎女兒去上托兒所，回家後沖個澡、把家裡的髒衣服扔進洗衣機，就又差不多該出門接小孩下課了。在美國，被托兒費用壓得喘不過氣來的不只闊綽人家，有份研究調查育有兩名幼兒的美國夫婦需要多少錢才能維持家中經濟穩定，調查結果指出這些家庭最大的開銷正是托兒費用。

法國公立托兒所並非毫無缺點。托兒所的老師實際上算是終身職，因此無論好老師、壞老師都可以做上一輩子。法國公立托兒所長期資金短缺，且偶爾也會名額不足。除此之外，小豆班上共有二十五個小朋友，聽起來很多，但這還沒超過人數上限呢（每班除了老師之外，還有一位助理，專門負責發放用品、帶小朋友上廁所、處理小朋友吵架等雜事）。

但優點倒也不少。第一，讓小豆上法國公立托兒所，我需要定期支付的只有午餐費（小朋友的午餐費也採分級收費，根據父母的收入計價，每天從〇．一三到五歐元不等）。第二，托兒所離我家走路只要七分鐘。此外，法國托兒所最大的優點是造福職業婦女，因為一週上課四天，從上午八點二十分開到下午四點二十分，而且再付一小筆費用就可以讓孩子上托兒所附設的「休閒中心」，可以照顧學生到下班時間，週三也全天開放。托兒所放暑假及國定假日時，休閒中心多半照常開放，老師會帶小朋友去公園或博物館等等。

我家的美國女兒之所以能成為半個小法國人，法國公立托兒所顯然使了不少力，甚至連我也變得更「法國」了。托兒所的家長和托嬰中心的不太一樣，他們馬上就對小豆產生興趣，連帶我也沾了小豆的光，托兒所的家長似乎覺得小豆和他們的孩子將在求學路上一路相伴，因此我們家也成了大夥兒的一分子（在托嬰中心時，家長似乎覺得反正小朋友畢業後就各分東西，因此也不需要往來）。小豆班上有幾位同學的媽媽有小貝比，還在休育嬰假，因此我接小豆下課後常帶她到馬路對面的公園，小豆跟同學玩，而我就坐下來跟這些媽媽聊天，漸漸地，我們成了經常往來的朋友，常到彼此家裡參加小朋友的慶生會、吃午後點心，甚至還會共進晚餐。

法國公立托兒所除了讓我們一家子更融入法國生活，也讓我們意識到法國家庭遵循的社會規範竟如此不同。有一次我們到朋友愛思黛家吃晚飯，他們有個女兒跟小豆年紀一樣大，飯後愛思黛不大開心，因為她女兒不肯出房間跟我們道別。最後愛思黛走進女兒房間，硬是把小女孩拖了出來。

這個四歲女娃溫馴地說了聲「Au revoir」（再見），愛思黛終於恢復平靜。

我當然也逼小豆說過「請」和「謝謝」這類魔法詞，但原來法國人的魔法詞共有四個，分別是s'il vous plaît（請、麻煩您）、merci（謝謝）、bonjour（日安、你好）以及au revoir（再見）。對法國人而言，說「請」和「謝謝」很必要，但會說這兩句還不夠，**日安和再見也一樣重要，尤其是日安**。在這之後，我才明白要成為道地的法國人，學會

法國父母有四個魔法詞：「請、麻煩您」，「謝謝」，「日安、你好」，以及「再見」。

說日安有多麼重要。

育有三名子女的法國記者歐黛莉・古達告訴我：「對我來說，我最強調我小孩一定要說謝謝、日安和女士日安這些話。從我的小孩一歲起，妳一定很難想像，這些話我每天都對他們說個十幾二十次。」

不少法國父母認為孩子只會說日安還不夠。有位媽媽告訴我：「我希望他們說的時候要有自信，因為這是跟人建立關係的第一步。」前面提過一位身段苗條的全職媽媽維吉妮，她十分強調孩子的禮節，要求孩子得說完整的先生日安、女士日安。

愛思黛對於說日安這件事非常堅持，甚至孩子拒說她就處罰。「如果我女兒一直不講，我就會罰她待在房間，不准跟客人一起吃飯，」愛思黛解釋，「所以她一定會說，雖然有時可能不是發自內心，但她至少可以養成習慣，我希望啦。」

伯努瓦是一位大學教授，同時也是兩個孩子的爸，他曾告訴我一次家庭危機的經驗。那次他帶兩個孩子回爸媽家住，而三歲大的女兒有起床氣，每天早上都不跟爺爺說日安，非得等到吃完早餐才肯叫。在一番威脅下，女兒最後妥協的做法是在坐上餐桌前說句爺爺不日安。伯努瓦說：「我爸說這樣可以啦，至少我女兒承認了爺爺的存在。」

當然，除了小朋友，法國的大人也該說日安彼此問候。我猜巴黎咖啡館或商家店員之所以經常對觀光客兇巴巴，很可能是因為有些觀光客沒說日安打招呼。在法國，無論是搭計程車、向餐廳服務生點菜、或買褲子時跟店員問尺寸之前，我們都應該先用法文說一聲bonjour，之後再轉換成英文也不要緊。說日安代表你意識到對方是一個跟你有互動的「人」，而不只是理應服務你的機器。現在我每天遇到人都會用禮貌堅定的語氣說日安（雖然帶著一點怪腔怪調），而我發現對方的態度都會明顯友善起來，實在神奇。一句日安，代表我們即將展開一段文明的互動。

在美國，大家不會認為四歲小朋友去別人家時需要向大人打招呼，幼兒似乎可以躲在大人的保護傘下，讓父母去問好就行了，而在美國的環境中，這種情況我應該覺得不痛不癢，因為我不需要一個孩子的認可，因為我們不認為幼兒是一個完整的「人」，對我們來說，兒童似乎是另一種生物。我們會一直聽到家長誇他們的小孩多好多聰明，但小孩本人或許從頭到尾都不會跟我們說上半句話。

我回美國參加家庭聚餐時，很訝異我那些親戚的子女（或繼子女）都不會主動跟我講話，我要主動跟他們聊天才行。這些孩子的年紀從五歲到十四歲不等，但我問問題時，有些孩子只能擠出一、兩個字的簡短答覆，甚至連十幾歲的大孩子都無法用自信的態度跟不熟的大人講話。

法國人之所以這麼強調日安，一部分原因是因為法國孩子並沒有美國孩子那種「隱形」的權利。對法國人來說，小朋友會打招呼，才代表他們是個懂得互動的「人」。大人去別人家拜訪時應該主動問好，小朋友自然也是。教授爸爸伯努特解釋：「打招呼代表你把對方當人看，如果小朋友不問好，大人會覺得自己不受尊重。」

法國人對於招呼問好的堅持可不只是社會習慣，而是全面的國民養成計畫。有一次我去參加小豆學校的親師座談會，老師說學校的教育目標之一就是讓小朋友記得大人的名字（小豆稱呼老師時都是直接叫名字，例如「夏樂蒂」），並且養成對大人說日安、再見及謝謝的習慣。法國政府發行的手冊提到，托兒所學童應展現「禮儀與禮節」，具體行

對法國人來說，小朋友會打招呼，才代表他們是個懂得互動的「人」。

為包括「每天上下學時向老師問好及道別、懂得回應他人問題、受人幫助時表達謝意、避免打斷別人發言等」。

法國孩子偶爾也會不太情願說日安，父母得催促一下（「快點跟阿姨說日安！」），而讓小孩問好的大人則會稍等一下，然後對小朋友的爸媽說「沒關係」，這似乎是一套固定的禮節了。

法國人教孩子說日安並不只是為了大人自己好，也是為了讓孩子了解，他們並不是唯一有情緒、有需求的人，別人也有。

愛思黛的女兒是獨生女，小女娃兒很可愛，很得人疼，但愛思黛必要時仍會像那天那樣，把女兒強拉出來向我道別。她說：「這樣小孩子才不會變得自私。不肯理人、不肯說日安跟再見的小朋友，就像活在自己的泡泡裡一樣，再加上我們父母本來就很疼孩子，這樣孩子什麼時候才能明白施比受更重要呢？」

小孩說謝謝和請的時候，是屈居下位、接受者的身分，因為這代表大人替他們做了某件事，或者他們希望請大人替他們做某件事。然而小朋友說日安和再見時，卻能暫時站上一個跟大人比較平等的位置，突顯出孩子也是自主自覺的「人」，而不是父母的附屬品。

我不禁想到，讓一個美國孩子不打招呼就進我家家門，很可能帶來後續的連鎖效應，導致她之後開始在我家沙發上亂跳、用餐時除了白麵條什麼也不吃，以及在我吃飯時咬我的腳；因為如果小朋友無需遵守最基本的第一道禮節，他們（和所有大人）就會認為小孩子也不必遵守其他禮節，可以躲在「小孩子不懂事」的保護傘下。而讓孩子對人說日安，就意味著讓所有人明白，小孩子也有能力注意禮節、舉止得當，因此這是孩子和成人之間良好互動的第一步。

法國家長也承認，招呼問候其實是屬於大人的行為。育有兩個九歲和七歲女兒的醫學倫理專家丹妮絲就說：「我知道要跟人打招呼不容易。」但她說，讓孩子明白大人很重視他們的問候，這其實可以鞏固孩子的自信。她解釋：「我覺得不說日安的小朋友不可能有自信。」

此外，孩子不向人問好，父母也會一起蒙羞，因為在法國，向人說日安是教養的一大象徵。若孩子不願意說這些禮貌的魔法詞，可能就會被人貼上mal élevé（沒教養）的標籤。

丹妮絲說，有次她小女兒找一個朋友來家裡玩，那男孩子在家裡大聲嚷嚷，又開玩笑叫丹妮絲「寶貝」。丹妮絲說：「後來我就告訴我老公，我們以後不會再讓這小孩子到家裡來，我不想讓我女兒跟沒教養的孩子混在一起。」

記者歐黛莉．古達寫了一本叫做《完全家庭指南》的書，此書試圖推翻一些既有的法國式教養傳統，但就連她也不敢質疑說日安的重要。她告訴我：「說真的，在法國，如果有小孩不說先生日安、女士日安，大家都不會喜歡他。比方如果妳去朋友家，他六歲大的小孩卻一直盯著電視，看都不看妳一眼，這種小孩就是『沒家教』，是不正常的。」

歐黛莉也說：「我們法國社會有非常多規範，不遵循規範的人，就會被社會成員排斥，就這麼簡單，所以不好好教孩子的話，等於減少孩子融入社會和認識人的機會。我在書裡也寫了，孩子了解這項社會規範，對他們好處多多。」

糟了。我是有印象法國孩子似乎常說日安，但以前我不曉得這句話的地位如此崇高，簡直跟在美國擁有一口美齒一樣重要。在法國，會說日安就代表有家教、願意遵循基本的社會規範。小豆那些三、四歲的朋友都已經被灌輸了好幾年的日安，但小豆卻沒

有，她現在腦中的魔法詞庫還只有「請」和「謝謝」而已，換言之，她目前的得分只有五十分——或許她已經被法國家長貼上「沒教養」的標籤了。

我試著走人類學路線，向小豆解釋說日安是法國人的習慣，她得尊重這項傳統。「我們住在法國，法國人覺得說日安很重要，所以我們也要說，知道嗎？」每回我們去參加她朋友的慶生會或去拜訪法國家庭時，我都會在電梯裡提醒她。

「等一下門開了妳要說什麼？」我緊張地問她。

「便便香腸。」她回我。

通常我們真正進門時，小豆一句話也不會說，因此我就會在大家面前重複一項儀式：叫她說日安。這至少代表我在意這個社會規範，說不定還能讓小豆習慣成自然。

後來有一天，我帶小豆走去學校時，她突然自己轉過來對我說：「就算我覺得不好意思，我還是要說日安。」或許這是托兒所老師教的，但總之她真的這麼說，我也很高興她懂了。然而我不禁擔心女兒把法國人的原則內化過頭了，畢竟假裝走法國風是一回事，而真的變成法國人卻是另一回事。

雖然我的心態有點矛盾，不太希望把小豆真的養成一個法國人，但她學會說雙語這點我倒是很欣喜。我和西蒙只跟她說英文，而她在學校只說法文。有時我想到這個從我肚裡蹦出來的孩子竟然可以不費吹灰之力地說出carottes rapées（胡蘿蔔絲）和confiture sur le beurre（麵包塗果醬跟奶油）這些發音困難的法國字，心裡還是覺得好神奇。

以前我以為小朋友學語言是自然而然會的，但現在我知道，這其實是一個反覆摸索的漫長歷程。有不只一個人告訴我，小豆說法文其實還是帶著一點美國腔；此外，雖然小豆從出生以來一直住在巴黎，但因為我們的功勞，她顯然還是煥發出一種美國味。有個禮拜三上午我帶她去上音樂課（平常都是保姆帶她去），那天我才發現，原來音樂老師對其他學生說法文，但跟小豆溝通時卻用洋涇濱英語。後來我又發現小豆的舞蹈老師請全班小女生躺在地板上時，用法文說：「comme une crêpe.」（躺得像可麗餅一樣平）接著她卻特別轉過去對小豆說：「comme un pancake.」（躺得像鬆餅一樣平）

起初連我也聽得出來小豆的法文說得不對，而且她時常自己發明古怪的組合，例如法文中的pour等於英文的for，但她在說法文時依然會在法文句子裡用for。此外她的法文都是在學校學的，因此字彙量有限，要討論汽車或晚餐等其他主題就不夠用了。有天她突然沒來由地問我：「Avion就是飛機嗎？」（沒錯）因此我看得出她有時也會感到困惑，她正在一點一滴學習。

但有時我也不曉得小豆會說出奇怪的話，到底是因為雙語環境，還是因為她只是個三、四歲的小小孩。例如有一次我們搭地鐵，她突然湊過來對我說：「妳身上有嘔黛莉的味道。」原來這是把「嘔吐物」和「歐黛莉」合在一起的說法。

過了一分鐘，小豆又湊過來挨著我。

「那我現在身上有什麼味道？」我問。

「有大學的味道。」她說。這什麼啊……

我們在家裡也開始用法文取代一些英文詞彙。例如我們現在講「躲貓貓」時，會說法文的coucou；玩著給小豆搔癢時，也不再說「咕唧咕唧」，而是學老法說guili-guili；我

以前我以為小朋友學語言是自然而然會的，但現在我知道，這其實是一個反覆摸索的漫長歷程。

們不說「捉迷藏」，而說法文的cache-cache；說「垃圾桶」時，我們用法文的poubelle；而奶嘴就是tétine；還有講到「放屁」的時候，我們說的是法文的prouts。

小豆進托兒所的第一年春天，法國朋友告訴我，小豆的法文已經沒有美國腔。她說起話來像個真正的巴黎人了。小豆對法文變得很有自信，有一次我竟然聽到她跟朋友開玩笑時，故意用帶著誇張美國腔的法文講話（我懷疑她在模仿我）。此外她也常把法國腔或美國腔混著講。還有一次，她開玩笑說「巧克力」的法文就是「修克力」（模仿法國人講英文的腔調）。下面是另一個例子：

豆媽：d'accord（當然）的英文怎麼說？

小豆：（用美國南方人的腔調）那還用問！就是Dah-kord啊（她故意學美國人講法文，把r發成捲舌音，還故意把法文中不發音的d唸出來）！

我爸覺得有個「法國孫」真不錯，還要小豆用法文叫他grand-père，但小豆不理他，她知道他不是法國人，所以還是都用英文喊他grandpa。

晚上我常陪小豆看繪本，我注意到當她發現某些法文字跟英文字指的是同一樣東西時（例如前面「飛機」的例子），她就會感到又興奮又安心。另外，我們讀到瑪德琳系列裡那句知名的「不對勁！」（Something is not right!）時，小豆自然而然就把這句話翻譯成法文口語：「Quelque chose ne va pas!」

雖然西蒙說話是英國腔，但小豆的英文大致上聽起來像美式英語，不曉得這是我還是「芝麻街」的功勞。我們在巴黎認識的英語系國家小朋友都有各自的腔調，小豆有個朋友的爸爸是紐西蘭人，媽媽則有一半愛爾蘭血統，那位小朋友講起話來卻是十足的英國腔。

另外有位小男孩的媽媽是巴黎人，爸爸是加州人，小男孩說話簡直像一九七〇年代美國電視節目中的法國大廚。至於另一個住在街角的小傢伙，爸爸講波斯語，媽媽則是澳洲人，小朋友說起話來卻超像「芝麻街」裡的角色。

小豆說英文時，偶爾會把字的重音放錯（例如把「沙拉」說成「傻辣」），或者說成法文句型（例如說「我，我不要打針，我」）。有時她還會把法文直譯成奇怪的英文，或會把「later」講成「after」（因為法文中的après可以代表這兩個字）。

有些事小豆則根本不曉得英文母語人士會怎麼表達。小豆看了很多迪士尼公主DVD，有時就會直接挪用裡面的詞彙，非常妙，所以例如她想知道某件衣服穿在她身上好不好看時，她就會問：「我是世界上最美麗的人嗎？」儘管如此，我知道這些都是小問題，只要她回美國參加個過夜夏令營就可以解決了。

另一個融入我們日常用語的法文詞彙則是bêtise，這個字的意思是「小小的笨事」。每當小豆突然不乖，例如吃飯時突然站起來、未經允許就拿糖果吃、或把豌豆往地上扔時，我們就會說「這是笨事」。笨事指的是小小的搗蛋，雖然調皮，但還不算嚴重。如果小朋友一直做很多次笨事，可能就會被懲罰，但偶爾來個一次或許無傷大雅。

我和西蒙會用這個法文字，是因為這字很難翻成英文。在英文裡，我們不會對小朋友說「你這是在做一件小小的笨事」，因為我們不把標籤貼在那個行為上，我們會直接貼在孩子身上——我們會對小朋友說他調皮、他表現不佳、他「不乖」。

這些英文說法其實沒辦法表現事情的輕重緩急。當然，在英文裡，我也明白亂拍桌子和亂打人的嚴重程度不同，但在法文裡，我可以把孩子失當的言行當成小錯、小笨事，這

孩子難免會做錯事、挑戰父母的權威，但我們不必每次見狀就發飆或崩潰，因為有時他只是在做「小小的笨事」罷了。

讓我管教孩子時更能好好應對。小豆難免會做錯事、挑戰我的權威，但我不必每次見狀就發飆或崩潰，因為有時她只是在做bêtise——不過是小小的笨事罷了。這個字讓我教養孩子時更泰然冷靜。

我的法文字彙不只從小豆那兒學來，也有許多是在童書上看到的。我們家的法文童書越來越多，有的是慶生會得到的禮物，有的是一時手滑購入，也有一些是參加鄰居舊物拍賣會的戰績。通常我只敢在附近沒有法國人的時候讀故事給小豆聽，因為連我自己也知道我說法文帶著美國腔，而且一唸到難字就會打結。我唸法文故事時總把注意力放在發音上，導致通常得讀上三次才看懂故事情節。

我很快就發現，法文和英文的兒歌、童書不只是語言不同，就連故事情節和道德教誨也都有天壤之別。美國童書通常會有一個問題，接著是努力解決問題的過程，最後問題解決，故事完美收場。例如假設有支小湯匙希望自己能變成刀子或叉子，那最後他就會發現身為湯匙的好，又或者是有位小男孩不喜歡別的小孩到他的紙箱裡玩，故事就會安排他自己也無法到紙箱裡玩，最後他就明白他應該邀大家一起到他的紙箱裡玩了。總之美國童書裡的角色都會學到一課，然後生活就變得更好。

美國樂觀的不只有童書。我發現只要我唱美國兒歌給小豆聽，我聽起來簡直樂觀得快發瘋了（「如果你很高興你就拍拍手……」），還有我們看的百老匯音樂劇《小安妮》（Annie）也是，演員是那麼樂觀地唱著〈明天太陽還是會升起〉。在英語文化中，似乎所有問題都有解決方案，美好的生活就在不遠處。

而我唸給小豆聽的法文書，一開始的劇情架構其實差不多，同樣都會出現一個問題，故事中的角色也會努力克服難關，然而不同的是，他們的成功往往只能持續一陣子，通常結局都是主人翁又遭遇相同的問題，此外法文故事也少有「蛻變」的情節，角色很少學到一課、自此脫胎換骨。

舉小豆很喜歡的一本法文童書為例，故事主人翁是兩個漂亮的小女孩，她們是表姊妹，也是一對好朋友，紅髮小女孩名叫艾莉特，棕髮小女孩則是愛麗斯，艾莉特老是把愛麗斯使喚來使喚去的。有一天愛麗斯再也受不了，決定不再跟艾莉特一起玩，接著書裡描繪兩人長長的僵局，她倆都好孤單，最後艾莉特終於來到愛麗斯家，說自己一定會改掉壞習慣，懇求愛麗斯原諒她，愛麗斯便跟她和好了。但翻到下一頁，只見兩位小女孩在玩醫生遊戲，而艾莉特正拿著針筒準備戳愛麗斯，所以一切都跟從前一樣，故事就這樣沒了。

並非所有法文童書都這樣，但確實很多都走類似路線，讀者看完後的心得是結局不一定要完美才是好結局。當然，這是大家對歐洲人的成見，但從小豆的法文童書確實看得出他們想表達的寓意——現實生活一言難盡、錯綜複雜，世上不是只有好人和壞人，我們每個人心中其實都有好人和壞人的部分。艾莉特對人頤指氣使，但她也是個有趣的女孩子，愛麗斯是受害的弱者，但她似乎是自找的，而且還繼續讓對方欺負她。

可以想像艾莉特和愛麗斯應該會繼續這種不健康的循環，因為呢，唉！女孩子之間的友情不就是這樣嗎？——但願我四歲時就學到這點，不必等到三十好幾才恍然大悟。作家戴布拉．奧利薇耶（Debra Ollivier）曾在《好一個法國女人》（What French Women Know）這本書裡寫道，美國女孩會拔著花瓣說「他愛我、他不愛我」，但法國女孩心中

讀者看完法國童書後的心得往往是：
不一定要完美才是「好」的結局。

對於情意的分類則更細緻，她們會一邊拔，一邊問：「他有點愛我、他很愛我、他對我有火辣辣的愛、他愛我愛得發狂、他一點都不愛我……」

除此之外，法文童書中的角色有時會有矛盾的特質。例如小豆很喜歡《完美公主》那系列書，在其中一個故事裡，主角柔伊拆開一件禮物，然後說她不喜歡那個禮物，但書翻到下一頁，柔伊卻又成了真正的「完美公主」，她歡欣雀躍，對送禮的人說「謝謝」。

假使這本書有美國版，我們一定會看到柔伊最後克服了所有壞習慣，脫胎換骨成為永遠的完美公主。然而法文童書比較貼近真實人生：柔伊仍持續與自己作戰，有時是好寶寶，有時又變回調皮蛋。這本書的確鼓勵小朋友養成完美公主的好習慣（書末還附了一張獎勵良好行為的獎狀），但同時故事情節也明白指出，孩子生來就有做「小笨事」的衝動。

最後，法國人寫給四歲小兒的故事裡還有不少裸露鏡頭和愛情元素。例如小豆有本書描述一個小男孩意外光著身子跑到學校去，還有另一本書寫到一個小男孩不小心尿溼褲子，有個小女孩便把自己的褲子借給他穿，同時把自己的大花手帕圍成一條裙子，而且兩個小人兒還彼此喜歡呢！在法國，無論是童書或是我認識的許多法國家長，似乎都真心看待小小孩的小小戀情。

我認識了幾位從小在法國長大的美國人。當我問他們覺得自己是美國或法國人時，幾乎所有人都回答「視情況而定」——他們在法國時覺得自己像美國人，回美國又覺得自己像法國人。

小豆似乎也朝類似的方向發展。有些美國人的特質我傳承得很好，例如哭喊和睡眠狀況差……但傳承其他美國文化就沒這麼輕鬆了。我開始會在家裡鎖定一些美國節日來慶祝，但主要依那些節日需要烹飪的程度而定，例如萬聖節當然一定要過，但要吃大餐的感恩節就免了，至於美國國慶跟法國國慶差沒幾天，所以我會覺得我們基本上算是兩者一起慶祝。至於「美國食物」，其實我也不曉得究竟有沒有明確定義，但不知怎地，我非常堅持小豆一定要喜歡吃起司鮪魚三明治，哈。

要讓小豆覺得自己是美國人已經不容易了，我還希望她認同自己的猶太身分。雖然我在托兒所入學調查時替她填了「不吃豬肉」，但這點努力顯然不夠鞏固她的宗教認同。小豆一直想搞懂這個「反聖誕節」的古怪標籤究竟代表什麼，還有怎樣才能擺脫這些規範。

十二月初，小豆對我和西蒙宣布：「我不想當猶太人，我要當英國人。」

我還不太想對小豆提起「上帝」，我怕她一旦知道世上有個全知全能、無所不在的神（因此應該也在她的房間裡），包準會嚇壞（她現在已經很怕巫婆和狼了）。因此我想用另一個策略。春天時，我準備了一桌很有氣氛的猶太逾越節盛宴，但第一次祝禱進行到一半時，小豆就吵著要離開餐桌，坐在長桌另一端的西蒙則露出「我就告訴妳吧」的表情。我們只好唏哩呼嚕地喝完猶太丸子湯，然後打開電視看荷蘭足球。

光明節則是一大成功，不曉得跟小豆那時又大了半歲，或蠟燭和禮物很吸引人有沒有關係，但她之所以愛上這個節日，主要應該是因為我們在客廳裡圍成一圈跳霍拉舞，又唱又跳的，最後轉得頭暈目眩一起倒下來，把她逗得可樂了。

然而即便我們這樣跳了八晚，還精心挑了八樣禮物送給小豆，她對猶太人的身分仍抱持保留態度。

無論是法文童書或是法國父母，
似乎都真心看待小小孩的小小戀情。

後來她告訴我：「光明節過完了，我們已經不是猶太人了。」她在托兒所會聽到老師、同學提到聖誕老人，回家便一直問聖誕老人會不會來我們家。到了聖誕夜，西蒙堅持要在壁爐前擺鞋子，然後放點禮物在鞋裡，他辯稱這跟聖誕節無關，算是一項荷蘭的文化傳統（荷蘭人會在十二月十五日時把鞋子擺出來）。雖然鞋裡只擺了廉價的溜溜球和塑膠剪刀，但小豆醒來看到鞋子後仍然欣喜若狂。

她開心地說：「聖誕老人通常不會送禮物給猶太小朋友，可是今年他來我們家了！」後來那陣子我去接她下課時，我倆常常出現類似以下的對話：

豆媽：「妳今天在學校做了什麼事呀？」

小豆：「我吃了豬肉！」

雖然我們是外國人，但身為英文母語人士其實挺好，畢竟英文在法國正當紅，四十歲以下的巴黎人大都有一定的英文能力。小豆的老師請我和一位加拿大爸爸每週撥一個上午的時間，到小豆班上讀英文書給小朋友聽。小豆有好幾位朋友都在外頭上英文課，而他們的父母也常說小豆可以處在雙語環境中真幸運。

但身為外國人的孩子也有缺點。西蒙常跟我提到，他小時候在荷蘭時，每當他父母在別人面前說荷蘭語，他總覺得很難為情，而小豆托兒所辦歲末音樂會時，我便想起他說的這番話，因為園方請家長上台一起唱幾首歌，其他家長大多知道歌詞，只有我從頭到尾亂哼過去，心裡只盼望小豆沒注意到。

我希望小豆認同自己的美國身分，但她同時也快速成為一個小法國人，我知道自己必須有所妥協。我漸漸習慣小豆用法文講「灰姑娘」和「白雪公主」，就連她說到班上有個男同學很喜歡蜘蛛人Speederman（應該是Spider-Man，她卻像法國人一樣把i發成長音，把r發成法文的喉音），我也大笑出聲，不怎麼放在心上。不過當小豆說七矮人唱的歌是「嘿嗬——」（法文配音的唱法），這就逾越界線了。有些事情還是很神聖的，七個小矮人唱的「嗨嗬——」就是其中一件。

幸運的是，英語文化中還是有不少讓人琅琅上口的東西。

一天早上，我陪小豆走去學校，當我們走到家附近那幾條典雅的中世紀街道時，小豆突然開口唱起「明天太陽還是會升起……」。我們便這樣一路唱著這首歌到學校。我知道小豆心中仍有一部分是我的樂觀美國小寶貝。

關於「便便香腸」這個神秘字眼，我終於決定要請教一些法國大人，結果這些法國人聽到我把便便香腸看得這麼嚴重，都被逗得很樂。原來這個詞的確不好聽，不過是幼兒專屬的髒話，法國小小孩大多是開始學用馬桶的時期跟同伴學來的。

說便便香腸是一件不太乖的「小笨事」沒錯，但法國家長都知道這正是這個詞的魅力所在，小朋友也需要一個發洩的管道來表達他們對這個世界的不屑以及想「犯規」的心情。跟我聊過的法國大人都認為，孩子的世界中已經有很多規矩和限制，因此他們也需要一點自由，說便便香腸可以給小朋友一點權力和自主的感覺。我向小豆托嬰中心的老師安瑪希問起這個幼兒髒話時，她臉上漾起愛憐的笑意。她解釋：「這是我們文化的一部分

法國父母不會完全禁止孩子說便便香腸，
他們會教導孩子宣洩負面情緒的理想做法。

啊！我們小時候也會說。」

但便便香腸並不是小朋友想說就可以說的。法國教養指南《你的孩子》便建議家長規定小朋友只能在廁所裡說這類不好聽的話，此外我也聽法國家長說過，他們不准孩子在餐桌上說髒話。法國父母不會完全禁止孩子說便便香腸，他們會教導孩子宣洩負面情緒的理想做法。

有次我帶小豆去拜訪一戶住在布列塔尼的法國友人，結果小豆和他們家的小女孩蕾歐妮一起對她奶奶吐舌頭。奶奶立刻叫兩個女娃坐下，然後對她們訓話一番。

她說：「妳們自己一個人在房間裡的時候可以這樣，自己在浴室的時候也可以……不管妳們想要赤腳走來走去、吐舌頭、假裝用手指別人，或是罵便便香腸都沒關係，只要旁邊沒有別人都行。可是在學校就不行，在吃飯的時候也不行，在爸爸媽媽面前不准，在外面的時候也不准。C'est la vie（這就是人生），妳們要學會看場合。」

我和西蒙了解便便香腸的意涵後，便決定解除禁令。我們告訴小豆，這個詞她可以說，只要不要太常說就行了。我和西蒙滿喜歡這背後的教養哲學，甚至後來偶爾我們自己也會講。一個兒童專屬的髒話——多特別、多法國啊！

不過最後，我發現便便香腸的社會意涵十分複雜，我們大概永遠無法弄懂了。因為某個禮拜天下午，我們邀小豆的托兒所同學來家裡玩，後來她爸爸來接她時，正好聽見小豆在走廊上邊跑邊喊：「便便香腸！」這位銀行高級主管用警戒的眼神看了我一眼。我相信他回家後一定跟太太提起這件事，因為這位小朋友再也沒來過我們家了。哎呀！

Chapter 10
雙喜臨門

我的第一本書寫完了。而且在早餐前那最瘦的十五分鐘，我距離理想體重只差不到一百公克。我終於可以懷第二胎了。

但我的肚皮卻遲遲沒有消息。

我身邊所有人都在懷孕，所有朋友彷彿啟動最後一波生產熱潮，都在年近四十時懷孕生子。我懷小豆時就像叫披薩外送一樣，想吃嗎？三十分鐘立刻送達！我們試一次就有了。

但這回我叫的披薩卻遲遲不來。時間一個月一個月過去，小豆跟她理論上應該有（實際上不知道會不會有）的弟弟妹妹年紀已經差距越來越大。我覺得自己已經沒有慢慢來的本錢，因為如果不趕緊懷第二胎，之後想懷第三胎就太老，沒辦法懷了。

醫生說我的生理週期變得太長，等到排出的卵子有受精機會時已經不夠新鮮，因此她開了排卵藥「Clomid」，這種藥能誘發卵巢排出更多卵子，提高健康卵子的出現率。而在這期間，一直有更多朋友來電報告好消息：她們都懷孕了！我真替這些朋友開心，真的。

八個月後，有人介紹我去找一位專治不孕症的針灸師。這位針灸師有一頭烏黑長髮，店面位於巴黎一處比較亂的商業區（世界上多數大城市都有一個中國城，巴黎卻有五、六個之多）。這位針灸師檢查了我的舌頭，又在我手臂上扎了幾根針，然後問我月經週期多長。

聽完後她說「這樣太長了」，卵子都不新鮮了。然後她便開了一種藥水給我喝，那藥水喝起來就像樹皮的味道，但我乖乖按時服用。然而肚皮依舊無消無息。

西蒙說其實只有一個小孩也很好。出於對他的尊重，這想法我大約認同了四秒鐘。我就是感覺有一種原始的欲望驅使著我，這跟什麼生物本能無關，倒像是一種對碳水化合物的渴望——我就是要吃披薩！於是我又回去看醫生。我告訴醫生：我準備好要加碼了，有什麼法寶都搬出來吧！

法國的國民保險會替四十三歲以下女性給付最多六次的試管嬰兒胚胎植入，但我的醫生認為我們不需要立刻下狠招。她教我自行用針筒在大腿施打一種提早排卵的藥物，這樣就能確保卵子的新鮮度。我必須在生理週期的第十四天打針，然後原始的部分就來了：打完針之後，我必須立刻跟西蒙發生性行為。

結果我下一個週期第十四天正好是西蒙去阿姆斯特丹出差的時候。我可不想再等一個月，因此我找來一位保姆照顧小豆，然後就安排跟西蒙在布魯塞爾會合，那裡差不多是阿姆斯特丹和巴黎的中間點。我們計畫來個悠閒晚餐，再到旅館進行溫存計畫，無論成功與否，至少我們都能偷個閒，然後隔天一早，西蒙就可以回荷蘭繼續工作。

到了第十四天，荷蘭西部竟狂風暴雨，導致鐵路服務中斷，當天晚上六點左右，我抵達布魯塞爾車站，卻接到西蒙來電說他搭的火車在鹿特丹暫停行駛，而且不知道那裡還有什麼火車會出發，所以他當晚或許沒辦法到布魯塞爾了。他說他會再打給我。這時天空彷彿跟誰串通好，竟也嘩啦啦下起大雨。

我把要注射的針劑放在冰桶裡帶在身上，裡頭的保冷劑只能撐幾個小時而已，要是我被困在熱呼呼的車廂裡怎麼辦？我便衝到車站便利商店買了一包冷凍豌豆，塞進冰桶裡。

西蒙又打來，說鹿特丹站有一班火車正要開往安特衛普，問我能不能到安特衛普跟他碰面？我一看車站大螢幕上的班次表，發現幾分鐘後就有一班車要開往布魯塞爾了。這情景真是又像《神鬼認證》又像《慾望城市》，我抓起裹在青豆裡的針劑，直直衝向月台。

我站在雨中，正準備搭上開往安特衛普的車，這時西蒙再次打來。他大喊：「不要上車！」原來他搭到往布魯塞爾的車了。

我搭計程車來到我們下榻的旅館。這旅館暖和舒適，還布置了一棵很大的聖誕樹，費盡千辛萬苦終於來到此地，我該心滿意足了，但服務人員替我安排的房間實在沒什麼愛的氛圍，我便請他給我們另一間房。他帶我到一個有著斜斜天花板的頂樓房間。嗯，在這裡「做人」氣氛應該還不錯。

西蒙還沒到，我先泡了澡，換上浴袍，然後拿出針筒給自己打了一針，十分鎮靜——看來我也許挺適合當毒蟲。但我更希望自己能成為兩個孩子的稱職母親。

幾週後，我到倫敦出差，在當地藥局買了一根驗孕棒，然後到一家熟食店買了個貝果，其實只是為了要借用他們又黑又髒的地下室廁所來驗孕（好啦，貝果我也吃了）。一驗之下喜出望外，因為結果竟是陽性的。我一邊拖著行李箱趕去開會，一邊打電話向西蒙報告好消息，他立刻開始替孩子取小名：這小孩是在布魯塞爾懷的，要不要叫「小菜心」？（因為球芽甘藍的英文叫Brussels sprout，直譯就是「布魯塞爾菜心」。）

一個月後，西蒙陪我去照超音波。我躺在檢查台上，眼睛直盯著螢幕。見到寶寶感覺真好，我看著那小小的心跳，小小的頭和腳。但接著我瞄到旁邊還有另一個黑點。

我問醫生：「這個是什麼？」醫生把儀器挪了挪，螢幕上赫然出現另一個小小的身體，另一個小小的心跳、小小的頭和腳。

醫生說：「妳懷了雙胞胎。」

這是我今生最美妙的時刻。我感覺就像收到一份超級大禮：雙份披薩！而且對於一個年近四十的女人來說，生雙胞胎實在是一件很有效率的事。

但我轉過去看西蒙，這才發現我今生最美妙的時刻，可能是他今生最悲慘的時刻，因為他的神情竟顯得驚恐萬分，這一次，我突然覺得不願知道西蒙在想什麼。想到可以生雙胞胎，我簡直飄飄然，但西蒙卻嚇得魂都飛了。

他說：「我再也別想去咖啡店了。」他已經可以預見未來絲毫不得閒的歲歲年年。

醫生熱心建議：「你可以買一台義式咖啡機放在家裡啊！」

法國朋友和鄰居們得知這消息都大大恭喜我們一番，至於我為什麼懷雙胞胎，他們則完全沒有過問。然而我那些英語系國家的朋友就比較直接了。

例如一位遊戲團體的媽媽知道這件事之後便問：「這在妳計畫之中嗎？」我不願多說細節，就只回她：「沒有啊。」可是她卻鍥而不捨地追問：「喔，那這在妳醫生的計畫之中嗎？」

我忙得團團轉，根本沒空在意這些事。因為我和西蒙討論過，我們需要的不是一台好一點的咖啡機，而是一間大一點的公寓（目前住的地方只有兩房，而且房間都不大）。不久後我們得知肚裡的兩個寶寶都是男生，找大房子的事顯得更加迫切。

我四處奔波，看房子不下數十次，但有的採光不好，有的太貴，有的又有陰森的長廊，長廊盡頭通往小得可憐的廚房（顯然十九世紀時這房子的主人不想聞到廚房裡僕人備餐的食物味道，那太不風雅了）。房屋仲介老是說之後要帶我去看的房非常「沉穩」。看來沉穩似乎是法國孩子和法國公寓共同具備的珍貴特質。

我整天忙著看房，因此沒空擔心懷孕的大小事。我想法國人的觀念已經融入我的思想中了，因此不再擔心肚裡胚胎的眉毛是否長齊之類的事（雖說真要擔心的話，我肚裡確實有滿多道眉毛可以關心的）。我確實想過寶寶會不會產生跟雙胞胎相關的問題，例如早產，不過大部分的事都交給法國的醫療體系去操心了，因為懷雙胞胎要接受的產檢和超音波檢查比一般孕婦次數更多。每次產檢時，那位英俊的放射科醫師就會分別指著螢幕裡的「大寶」和「小寶」給我看，然後他就會重複同一個冷笑話：你們之後也不一定要給寶寶取這兩個名字啦！我總是勉強擠出一絲笑。

這次懷孕，最緊張的是西蒙，不過他不是替寶寶緊張，而是替自己緊張，每次到餐廳享用起司盤都彷彿是最後的晚餐似的。我則陶醉在眾人的關注之中，因為法國雖然提供婦女免費的試管嬰兒胚胎植入，但雙胞胎在這裡依然算稀奇（聽說法國醫生做試管嬰兒時，通常只會植入一、兩個胚胎）。我懷孕六週就看得出有孕在身，到了六個月時，肚子看起來已經像足月，甚至連一些孕婦裝穿起來都嫌太緊，不久後，就連小朋友都看得出我的肚裡裝了不只一個寶寶。

我也研究了相關術語。法文不把雙胞胎叫做同卵和異卵，而叫真的（vrais）或假的（faux）雙胞胎。因此我成天對人說：我懷的是一對假的雙胞胎男孩。

我根本不需要擔心肚裡的假雙胞胎會早產，因為到了第九個月，我肚裡已經有兩個體型正常的胎兒，兩個都逼近小豆當年的體重。去咖啡館時，店裡客人總對我指指點點。而且我已經沒辦法爬樓梯了。

我對西蒙說：「要買房子的話，你去找一間吧！」不到一週後，他真的找到了。那間公寓即使用巴黎的標準看也非常老，還正對著一條三人寬的人行道，房子本身也需要大幅整修，但我們還是買了。我生產前一天還跟建築師碰面討論房子裝潢事宜。

我生小豆時是在一家私立醫院，麻雀雖小、五臟俱全，一切無可挑剔，嬰兒室一天二十四小時開放，乾淨毛巾無限供應，房間供餐服務的菜單還包括牛排和鵝肝醬，而且我幾乎不需動手換尿布。

這次生雙胞胎，我決定換一家公立婦幼醫院，而我已經聽說這家醫院比較沒有那麼「尊爵不凡」。法國公立醫院開的藥很好，但聽說醫護人員的服務態度就比較陽春。醫院事先列了一張產婦自備物清單給我，裡頭甚至包括尿布。除此之外，他們也不開放分娩流程、浴缸或打局部麻醉之類的客製化，當然更不會送什麼新生兒時尚小帽帽了。法國人說公立醫院像是生產的「輸送帶」，效率高，但比較冷冰冰。

我選擇的是阿蒙托索醫院，因為這家醫院從我們家搭計程車只要十分鐘，而且有齊全的人員設備處理分娩雙胞胎可能產生的併發症（後來我才知道，阿蒙托索的母醫院正是法蘭絲瓦茲．朵爾托從前每週看診的醫院）。關於客製化，反正我本來就不想來什麼水中分娩，至於其他細節，我想我到時候再發揮紐約客大無畏的精神自己客製化就行了。我還跟西蒙說，我們已經開始享受規模經濟的好處了：付　次費用就可以生兩個寶寶！

生產當天，醫院甚至不准我不打無痛分娩，此外醫生還直接讓我躺在無菌手術室裡生，以便緊急的時候馬上施行剖腹手術。我平躺在手術室裡，兩腿被困在宛若一九五〇年代的古早鐵架上動彈不得，床邊圍著一圈戴著防塵帽和口罩的人。我想請人幫我在背後墊幾個枕頭，這樣生產時我自己才看得到，但叫了好幾次都沒人理我，最後他們才算讓步，

法文不把雙胞胎叫做同卵和異卵，而叫「真的」或「假的」雙胞胎。

塞了件摺疊起來的被單給我，但這樣只讓我更不舒適罷了。

一進入產程活躍期，我的法文立刻人間蒸發，完全聽不懂醫生在說什麼，而且我只會講英文了。我想我一定不是第一個案例，因為有一位助產士立刻當起口譯員替我和醫生翻譯，但不知道她是在節譯或是英文不夠好，總之她從頭到尾幾乎只說了「用力」和「不要用力」。

第一個寶寶終於呱呱墮地，助產士把孩子抱給我。我感動得無法自已——終於見到大寶了！我們才正開始彼此熟悉，這時助產士卻拍拍我的肩膀。

「對不起，可是妳還有另一個寶寶要生。」她邊說邊把大寶抱到別處。我這才意識到，雙胞胎將改變我的生活。

九分鐘後，小寶也蹦出來了，我稍微跟他打過照面，兩個兒子便被醫護人員抱走。幾分鐘後，產房裡的人就全離開了，包括西蒙、寶寶和幾乎所有醫生、護士，只剩我一個人躺在產台上，腰部以下全無知覺，兩腿仍高掛在鐵架上張得開開的。我眼前的不鏽鋼檯面上放著兩團深紅色的胎盤，每個都有人頭般大小。此外，不知是誰決定要拉開布簾（也就是我產房的牆），因此所有路過的人都能觀賞我剛生完雙胞胎的胯部。

房裡只剩下一位剛剛幫我打麻醉的護士，她一個人被留在這裡，顯得不太開心，但她決定用閒聊的方式來隱藏自己的不快，於是她開始問：妳從哪來的呀？妳喜歡巴黎嗎？

我問：「我的小孩呢？我什麼時候可以看他們？」（我的法文回來了）護士說她不知道，我請她出去問問，她說這違反規定。

就這樣，二十分鐘過去了，還是沒人回來搭理我們，而我或許是因為荷爾蒙的緣故，覺得這一切都還能接受，不過那位護士最後終於拿透氣膠帶，在我膝蓋間黏了一小塊遮羞布。但在那之後她再也不想閒聊了。她只說：「我討厭我的工作。」

最後終於有人來把我推到恢復室。西蒙和寶寶都在房裡，我們拍了幾張照片，之後我第一次嘗試同時給兩個寶寶餵奶，不過這也是最後一次。

一位勤務員把我們母子三人推到產後病房，我們在這病房住了幾天。大概不會有人說這地方像精品旅館，真要勉強比喻，或許像廉價旅社吧！這裡協助的人力少得可憐，托嬰室每天大概只有凌晨一點到四點之間開放，此外因為我這是第二胎，醫護人員可能覺得我多少有經驗，因此幾乎沒理我。餐點都放在塑膠托盤裡送來，菜色就跟你想像中的醫院餐點一模一樣，令人又好氣又好笑，包括軟趴趴的薯條、雞塊以及巧克力牛奶，而且我吃了兩、三天才恍然大悟，原來其他媽媽根本不吃這些東西——走廊上有一架共用冰箱，大家都買了食物放在那裡。

西蒙待在家裡照顧小豆，所以大部分時間都是我自己照顧兩個兒子，這兩個磨人精常常一哭就是好幾個小時。我餵奶時通常把另一個寶寶夾在腿間，算是營造擁抱的感覺。耳邊永遠有哭聲，眼前永遠有小嬰兒，我不禁覺得我好像生了不只兩個寶寶。後來有次兒子哭也哭了，奶也喝了，我終於把兩寶都哄睡，西蒙才正好回來。他說：「這裡感覺好祥和喔！」此外我的肚皮儼然像一團肉色果凍，我盡量不去想這件事。

一片混亂之中，我們還得花點心思替兩個兒子取名（巴黎市只給新生兒父母三天時間，通常到了第二天，就會有官員氣沖沖地抱著表格直闖病房）。西蒙只要求小孩名字裡要有個納爾遜，因為前南非總統納爾遜·曼德拉是他心中的英雄，除此之外他對名字沒什

耳邊永遠有哭聲，眼前永遠有小嬰兒，
我不禁覺得我好像生了不只兩個寶寶。

麼意見，他在意的是小名。他希望兩個兒子的小名一個叫「鋼佐」（芝麻街裡的一隻勾鼻怪鳥），一個叫「總裁」。至於我，我特別喜歡那種母音連在一起的名字，所以考慮替兩個兒子都取名叫拉烏爾（Raoul）。

最後我們終於決定給兒子取名叫喬爾和里歐（結果我們都叫喬爾「喬喬」，至於里歐則叫他什麼小名都不回應）。這兩寶是我看過最異卵的雙胞胎了，喬喬跟我長得很像，但他的金髮顏色比我更淺，里歐看起來則像個迷你版的地中海男人，長得非常性格，要不是他們長得一樣大，而且總是待在一塊兒，我想誰也猜不出他們有血緣關係。而且之後我就發現，如果有人還問：「他們是同卵雙胞胎嗎？」那就代表那人對小嬰兒根本一點興趣也沒有。

捱過度日如年的四天後，我們終於可以出院了，但回家帶這兩個小的並沒有輕鬆多少。兩個小人每天傍晚都要連續哭上好幾個鐘頭，夜裡則一直醒來，我和西蒙睡前總各自選一個嬰兒，晚上誰的小孩哭了誰就負責起來哄，我們都設法選到「比較乖」的那一個，不過哪個比較乖總是變來變去。而且總之我們還沒搬到新家，所以兩大兩小都睡在同一個房間裡，不管是哪隻哭了，所有人都會一起被吵醒。

我還是感覺家裡有不只兩個嬰兒。以前我從沒想過要讓雙胞胎穿一樣的衣服，但現在我突然有了這種衝動，因為我好想製造一點秩序感，就算只是視覺上也好，這跟一些管很嚴的學校要求學生穿制服的道理是一樣的。

更神奇的是，我竟然還有時間想些神經質的事。我開始覺得我們把兩個兒子的名字取反了，很想去鎮公所把兩個名字調換過來。我僅有的一點閒暇時間都在考慮這件事。

接著還有割包皮這件小事。法國家長很少替寶寶割包皮，通常只有猶太人和伊斯蘭教徒會這麼做，而且這時正是巴黎的燦爛八月，連猶太割禮師都在放假。我們耐心等待一位別人推薦的割禮師度假歸來（他是猶太割禮師，也是小兒科醫生，非常令人放心）。

可惜割包皮不像生產，並沒有兩人同行一人免費，連團購價都沒有。割禮開始之前，我告訴割禮師我覺得兩個兒子的名字取反了，之後想把他們的名字調過來。他並未以割禮師的身分提供什麼精神性的建議，倒是以法國人的身分告訴我換名字要經歷一堆錯綜複雜的官僚程序，非常累人。不知怎地，聽完這番解釋，加上割禮的聖化，我感覺心中的疑慮煙消雲散，從那時起我便不再想寶寶名字的事了。

感謝上天，老媽從邁阿密飛過來陪我，我們母女和西蒙三人每天大部分的時間都坐在客廳裡抱寶寶。一天，有位女士按了我家門鈴，她說她是附近婦幼保護處的心理醫生，負責探訪這區的雙胞胎媽媽，我覺得這是很圓滑的說法，她其實應該是想看看我有沒有精神崩潰。幾天後，婦幼保護處又派了一位助產士來，我替喬喬換尿布時她也在一旁看，她說喬喬的便便非常「完美」。

我就把這個觀點視為法國政府的看法囉！

我們在兩個兒子身上成功施行了一些我們學到的法國式教養原則。我們逐漸讓他們適應法國人的用餐時程，一天餵四次奶，從他們兩、三個月大開始，除了下午點心，我從不在其他時間讓他們吃東西。

我們在兩個兒子身上成功施行了法國式教養原則，逐漸讓他們適應法國人的用餐時程，一天餵四次奶。

可惜我們沒辦法嘗試「法式停頓」。雙胞胎兒子沒有自己的房間，加上我們還有另一個幼兒，因此寶寶哭的時候，我們根本沒辦法置之不理。

所以我們再度過著地獄般的生活。我和西蒙過了幾乎沒睡的一個月，簡直快變成行尸走肉，我們只好又回去找那位菲律賓保姆，以及她介紹的眾多堂表姊妹和朋友，最後一共請了四位小姐來幫忙，她們輪流排班，幾乎排滿二十四小時。這樣真是花錢如流血，但至少我們可以稍微睡多一點。我開始覺得生雙胞胎和多胞胎的媽媽根本就是處境艱困的少數族群，就像西藏人一樣。

兩個兒子都不太願意讓我親餵，因此我每天花很多時間在臥室裡跟電動擠乳器搏感情。過了一陣子，小豆學會當我擠奶時坐在旁邊，這樣就可以跟我獨處，她還學會組裝奶瓶和擠乳器的容器，頗有組裝來福槍的架式。除此之外，她還會模仿電動擠乳器「噗唧、噗唧」的聲音，學得唯妙唯肖。

我每天大部分時間看起來就像一隻傻掉的動物。我不是在送奶下樓，就是把小豆送下樓讓其他人照顧以便回房稍微補眠。家裡有好多保姆，我覺得自己不像女主角，倒像來跑龍套的，我深信兒子一定不曉得在這麼多位小姐之中，我才是他們真正的媽媽。我想我看起來一定恍神極了，因為後來甚至有位朋友忍不住抓住我的肩膀、直視著我問道：「妳沒事吧？」她這麼做並不容易，因為她個頭比我嬌小很多。

我回答：「我還好，可是我的錢快燒完了。」此外，我一直唱〈平安夜〉給寶寶聽，與其說是哄睡，其實更像是在命令他們快點睡著，我成天唱個不停，導致有位保姆還問我是不是改信天主教了。

新家裝潢也如火如荼地進行中。我找了沒擠奶的空檔衝過去看施工進度，順便跟管委會主委見面，他年約六十多歲，是位經濟學家。我問他，我們之後能不能把雙人嬰兒車留在一樓，他卻不肯答應。

「之前的屋主是很好的鄰居。」他說。

「怎麼個好法？」我問。

「他們很注重別人的權益。」他回答。

新家本身也一團糟。先前設計師的提案我是某天晚上看的，當時兩寶正因為腹絞痛哭個不停，結果我這會兒實地探查才發現，我當初一定沒把提案讀仔細，因為這房子原本兩百年悠久歷史的門和牆壁現在全被拆了，但我其實根本不想拆。現在設計師全幫我換新了，但材質看起來不怎麼牢靠。房子裝修完畢，我們搬進去後，我才發現這棟十九世紀的巴黎老公寓被我弄得像是一棟邁阿密的大廈公寓（不過還多了老鼠）。之前我看著巴黎四處常見的古老大門和繁複紋飾，一直不太能領略巴黎的美，但現在我終於懂了，卻已經親手摧毀其中一小部分，而且還花上一大筆錢。

這事直到現在我仍懊悔不已，有次我還跟西蒙說：「你知道法國香頌天后愛迪．琵雅芙有一首歌叫做〈Je ne regrette rien〉（我毫不遺憾）嗎？我想說的是，Je ne regrette tout.（我滿是遺憾）」

偶爾我們的生活也會從燒錢和累人暫時轉為純粹的超現實風格。兩寶稍大以後，有天晚上我一位單身的女性朋友來訪，那時正逢就寢時間，她看著我兩個兒子穿著連腳睡衣，自己安安靜靜地下了椅子，動作彷彿是在跳達達風的舞蹈。他們再大一點之後，還會把牙刷像護身符似的高高舉著，安安靜靜地在家裡走來走去。西蒙總看著他們，然後模仿紀錄片口白的語氣說：「對這兩名男童而言，在他們的文化中，牙刷是一種神奇的地位象徵。」

但我們的新生活基本上充斥著強烈的情緒。西蒙常在疲憊絕望之餘無精打采地走來走去，然後用賭氣的話酸我，例如他會說：「可能我再過十八年就可以去外面喝杯咖啡了吧！」他還說他每次進家門前聽見屋裡傳來的哭嚎聲，心裡總是恐懼萬分。我們家現在有三個不到三歲的小小孩，即便在我們生產力驚人的朋友之間，這也算是數一數二的壯烈。

在看似永無止盡的哭聲和抱怨聲之中，其實仍有少數光明的時刻。例如有天下午，里歐竟然持續五分鐘沒哭，開開心心安安靜靜的，那個片刻令我士氣大振。此外，里歐第一次睡滿七個鐘頭那晚，西蒙忍不住在家裡雀躍跑跳，大唱搖滾歌手法蘭克．薩帕的歌〈奶奶和啤酒〉（Titties and Beer）。

儘管如此，我心裡仍舊有著生下雙胞胎那時的感覺：我的注意力被永遠分散了。朋友艾蓮同樣生了一個孩子加一對雙胞胎，我問她還會想生嗎？她答道：「不會吧！我覺得我已經到達我能力的極限了。」我完全懂她的意思，但我擔心我是已經超出了能力的極限。就連我那多年來吵著要抱孫的老媽，在我生下雙胞胎後也叫我別再生了。

有一天，小豆從托兒所回來後對我說，我是一個maman crotte de nez。我想她算是為我的新生活下了個結論吧，因為我把這幾個法文字輸入Google翻譯，發現她喊的是「鼻屎媽媽」。看看我現在的生活，我認為這是個相當傳神的形容。

Chapter 11
我喜歡
你買的棍子麵包

朋友說生雙胞胎的夫婦離婚機率較高，我不曉得這是否有統計數據佐證，但現在我知道，這種說法確實有它的道理。

生下雙胞胎兒子後那幾個月，我和西蒙成天拌嘴。記得某次吵架他用了個形容詞，說我簡直「rebarbative」，這個英文字我不懂，還去查了字典，結果字典定義如下：「意指毫無魅力、令人討厭。例句：這是一棟看起來rebarbative的新式建築。」我氣沖沖地回去找西蒙理論。

「你說我沒魅力？」我問。即便我們目前的狀態不是很理想，但這樣罵我還是太過分了。

「好啦，妳只是令人討厭而已。」西蒙回答。

我為了維持風度，還在家裡到處貼紙條，提醒自己「勿對西蒙大小聲」，浴室鏡子上也貼了一張，所以連保姆也看得到。我和西蒙被疲憊蒙住了眼，沒意識到我們吵架的原因就是因為我們都太累。我不再關心他腦袋裡在想什麼——雖然也許依舊是荷蘭足球。

西蒙偶爾偷得片刻閒的時候，就會窩在床上看雜誌，如果我膽敢打擾他，他就會說：「不管妳想說什麼，都不會比我現在讀的這篇《紐約客》的文章有趣。」

有天我突然頓悟，便對西蒙說：「其實我們根本就是天生一對啊！你這人愛生氣，我這人讓人生氣。」

我們顯然散發出一種嚇人的氣氛，因為後來有一對還沒生小孩的夫妻朋友從芝加哥來找我們玩，他們待了四天後，就說他們決定不生小孩了。還有一次我們全家一起「歡度」週末，到了星期天晚上，小豆宣布她以後也不要生小孩。她說：「我覺得小孩子太麻煩了。」

倒是有件事為我們夫妻倆的關係增添了一點樂觀的前景，那就是兩個兒子都申請到法國公立托嬰中心的名額（就連我媽聽到都鬆了口氣）。雙胞胎在法國還很少見，因此我們的申請獲得優先通過，而且委員會顯然知道我們的處境堪憐，把兩寶分配到我們新家附近的托嬰中心，過兩條馬路就到，而那家托嬰中心很小，我原本聽說連一個名額也沒有。

托嬰中心給我們的未來添了一點希望，但我們仍得努力維持家庭的和樂，更棘手的是還得維持婚姻的幸福，在托嬰之前仍得熬上幾個月（我們決定要自己帶雙胞胎到一歲大為止）。

有時我真的不太確定我和西蒙能不能撐到那時候。如今美國中產階級父母將「精心教養」奉為主流育兒之道，而研究指出美國人的婚姻滿意度逐年下降，此外，美國母親普遍認為做家事比帶孩子輕鬆，不能說這些現象跟「精心教養」的風氣全然無關。觀察美國社會科學領域的各項研究，幾乎已經可以斷言現在美國沒小孩的人比有小孩的人快樂，研究指出，為人父母的美國人憂鬱比例較高，且隨著孩子陸續出生，不快樂的程度更為嚴重（或者在西蒙的例子裡，一在超音波看到即將出世的孩子們，不快樂程度就立即飆升了）。

或許我們需要約會一下。在我住法國的這段期間，「約會」似乎已成為北美夫妻的萬靈丹。痛恨你的另一半嗎？約會一下吧！氣得想把小孩掐死嗎？出去吃個晚餐吧！就連歐巴馬總統伉儷也常共度浪漫約會夜，甚至還有社會科學領域的學者研究這個主題。例如學者薇拉．戴克（Vera Dyck）和凱瑞．戴利（Kerry Daly）在一份研究加拿大中產階級的論文中指出，若夫妻能在閒暇時兩人獨處，「不僅能增進夫妻感情、有助個人重拾年輕活力，甚至對於子女教養也有正面效果。」然而這份研究發現，已婚人士往往就是沒時間。作者在結論中寫道：「研究對象中，許多人表示他們感覺到社會文化所施加的壓力，認為

「約會」已成為北美夫妻的萬靈丹。痛恨你的另一半嗎？氣得想把小孩掐死嗎？約會一下吧！

應該優先滿足兒女的需要，伴侶則被排在後位。」一位男性受訪者也表示，他平常跟妻子說話時幾乎「每分鐘」都會被孩子打斷。

這當然是採行「精心教養」的後果。這種教養方式奪走父母所有休閒時間，將「刺激兒女發展」定為家庭的第一要務，讓人不得喘息。我到美國和英國時，周遭處處是活生生的例子。我有位表妹是個護士，先生是警察，他們生了四個孩子，我表妹的家人就住附近，可以幫她顧孩子，但她和先生每個禮拜忙著送小孩去學校、學體操、參加田徑賽、上教堂，偶爾得閒時，兩人根本一點也不想出門約會，因為他們都累壞了。還有一位來自英國曼徹斯特的老師告訴我，她去補度蜜月時要帶寶寶去。她媽自告奮勇要幫她照顧小孩，但她解釋：「把他丟下，我會覺得有罪惡感。」

我聊過的每位英語系國家媽媽都會不約而同地舉例，說她們認識的人當中，就有一位媽媽從來不肯把孩子托給別人照顧。這些傳說並非子虛烏有，因為我自己也經常遇見這種媽媽。例如有次我去喝喜酒，旁邊坐著一位來自科羅拉多州的全職媽媽，她就告訴我，雖然她請了全職保姆，但她從不會讓保姆跟三個孩子獨處（她先生沒參加婚宴，因為他在家裡顧小孩）。

我還認識另一位來自密西根的藝術家，她說她兒子滿一歲之前，她從未請過保姆。她的理由是：「他那麼小一隻，他是我第一個小孩，我好緊張，一想到要把他交給別人照顧……」

我還認識一些美國父母因為採用了非常特別的膳食和教養方式，導致別人（包括祖父母）根本無法依照落落長的注意事項替他們照顧孩子。例如有一位住在維吉尼亞州的老先生就說，他有一次推嬰兒車經過突起物時，沒有按照女兒說的方式推，女兒立刻臉色一沉，因為她讀過一篇文章，說經過路面突起處時，把寶寶倒著拉過去，腦部受損的機率會比較低。

我和西蒙顯然不反對請保姆這件事，畢竟我們已經請了半個菲律賓的人來幫忙了。但生了兩寶之後，我確實很少出門超過幾個鐘頭，我請保姆的目的其實跟前面那位科羅拉多州的媽媽差不多——我只是請她們來幫忙換尿布、洗衣服，而我本人根本不會離開多遠。

這套方法的優點是讓我們同時耗盡銀行存款和夫妻感情。我每天都覺得自己很「rebarbative」——毫無魅力、令人討厭。有天我意識到自己已經瀕臨發瘋邊緣，因為某位保姆應該到來的前十五分鐘，我的手機響了，有人傳簡訊給我，那時我心裡一陣驚慌，生怕是保姆說她會晚到，但結果是我訂閱的一項新聞簡訊服務，簡訊內容是南美洲發生地震，死傷慘重，而有那麼一瞬間，我竟然感覺鬆了口氣。

當然，如果寶寶三個月大就開始睡過夜，孩子懂得自己玩，家長又不用忙著送孩子參加各種活動，那夫妻關係想必能經營得更好。除此之外，法國家長也沒有巨大的財務壓力，不必煩惱托兒費用、醫療保險費和孩子的大學學費。

然而短期而言，我認為真正讓法國夫妻相處融洽的助力，其實是他們對於浪漫有著截然不同的觀點，即便家有稚兒也不例外。我隱約察覺到這件事是在婦產科醫生開一種處方給我之後。那處方是十次的「會陰復健」課程（rééducation périnéale），我生小豆和兩寶之後都上過這種課。

第一次復健之前，我只隱約知道自己身上有個部位叫會陰，但上了課之後，我才確切

真正讓法國夫妻相處融洽的助力，是他們對於浪漫有著截然不同的觀點，即便家有稚兒也不例外。

明白會陰就是一個類似吊床的結構，位於骨盆底部，女人孕期及生產期間都會撐開，而會陰撐開會導致產道鬆弛，造成媽媽咳嗽或打噴嚏時的漏尿現象。

在美國，有些醫生會建議媽媽練習凱格爾運動訓練會陰，但大多數醫生根本不會提到這件事。對美國婦女而言，「有點鬆、有點漏」似乎是當媽媽必然的結果，大家也很少提起。

但法國人卻不允許這類問題出現。法國友人告訴我，法國婦產科醫生決定會陰復健的堂數之前，確認的方式是問：「請問您先生最近滿意嗎？」

我想我先生只要能靠近我的會陰就心滿意足了，因為生兩寶後的這一年，我那塊區域並不算完全休耕，但只能說也完全沒有濫墾濫伐的危機。有好一段時期，西蒙靠近我胸部時簡直就像火災警報，因為我的乳房會立刻開始噴奶。而且再怎麼說，睡覺才是我們的第一要務；雖然三個小孩後來都大致可以「過他們的夜」，但不知為何，我還是不曾連續睡上六、七個小時。

我對會陰復健實在好奇，決定親身試試。我的第一個復健師是位體態纖瘦的西班牙女性，名叫莫妮卡，她的復健診所位於巴黎的瑪黑區。第一堂復健時，她先和我聊了四十五分鐘，共問了幾十個關於如廁習慣和性生活的問題。

接著我便脫掉下半身的衣物躺上檢查台，檢查台上鋪的紙張縐縐的。莫妮卡戴上手術手套，開始引導我做復健運動，這種運動很難形容，我只能說像是一種有人輔助的胯下版仰臥起坐。復健動作以十五下為一組（「用力——放鬆——」），有點像是腰部以下的皮拉提斯練習。

之後的課程中，我們進入下一階段練習，莫妮卡拿出一根細長的白色棒子。這東西滿像情趣用品店會賣的商品，但其實是一種電刺激設備，用來輔助我的小小仰臥起坐。就這樣，到了第十堂課，我們已經進展到一種類似電玩的訓練，我的腹股溝接上幾個測量肌肉收縮程度的感測器，在練習中我得不停收縮胯下肌肉，讓電腦螢幕上的記號維持在一條動態的橘線上。

會陰復健的過程看起來極其親密，但其實很公事公辦，感覺十分奇怪。上復健課時，我和莫妮卡交談都以正式的「您」互稱；但練習時她都請我閉上眼，以便專注感覺她的手正碰觸哪塊肌肉。

除了會陰復健，醫生還開了一種「腹部恢復」的課程給我。她注意到我生下雙胞胎一年多後，腰腹部仍有一圈突起。這圈肉有一些是脂肪，有一些是鬆垮，剩下的則不知道是什麼神秘物質，老實說，我自己也搞不懂。後來有天我在巴黎搭地鐵，一位年邁的老太太站起來把位子讓給我坐，她以為我有孕在身——就是這件事讓我下定決心採取行動。

並不是所有法國女人產後都會上這些復健課，但確實有一定比例，為什麼不呢？畢竟這些復健大多數費用都由法國國民保險支付，連那根小白棒也不例外，此外，若婦女產後肚皮鬆垂已達恥骨以下，或導致性生活困難，法國政府甚至也支付緊腹手術的部分費用。

當然，這些復健課程只是法國媽咪們產後的起跑點。當法國女人的肚皮和骨盆底都恢復緊緻後，她們會做什麼事呢？

確實有某些法國媽媽把生活重心完全轉到孩子身上，但法國文化和英美文化大不同，他們的社會並不鼓勵這種態度。在法國人的觀念中，為了育兒放棄性生活，不僅不健康，更是失衡的做法。法國人當然知道生兒育女後生活會變得不一樣，特別是孩子剛出生的時

法國婦產科醫生決定會陰復健的堂數之前，確認的方式是問：「請問您先生最近滿意嗎？」

候，法國夫妻都認為那是一段比較緊繃的時期，為人父母得把全副心力都投注在新生兒身上。但隨著孩子長大，父母便應該重新找回夫妻間的平衡關係。

德州大學研究美國和法國媽媽的社會學家瑪莉安·蘇柔解釋：「法國人的基本認知是人類生來就有慾望，慾望不可能消失太久，如果一個人長期無欲無求，那代表他有憂鬱傾向，應該接受治療。」

我遇過的法國媽媽談起夫妻關係（le couple），態度都與我認識的美國父母大相逕庭。前面提過那位要我飲食「特別留意」的全職媽媽維吉妮就說：「對我來說，夫妻關係比小孩更重要。」

維吉妮是一個有原則、睿智且對孩子關愛至極的母親，此外，她還是我認識的年輕巴黎人當中唯一一位虔誠的天主教徒，然而她卻一點也不覺得因為自己是三個孩子的媽，就能容忍讓感情生活漸趨平淡。

「夫妻關係是最重要的，這是我們人生當中唯一自主的選擇，要生怎樣的小孩不是我們自己可以選的，但結婚的對象卻是。所以我們的人生要跟老公一起開創，夫妻關係好，對我們也好，特別是孩子離家之後，我們更需要跟先生相處融洽，所以對我來說，夫妻關係永遠放在最前面。」

並非所有法國夫妻都認同維吉妮心中的先後順序，但總的來說，法國夫妻生孩子後會思考的並不是他們要不要恢復浪漫的兩人生活，而是何時恢復。法國社會心理學者榮·埃普斯坦（Jean Epstein）說：「沒有任何意識型態能決定夫妻生子後何時開始找回彼此。只要環境允許、雙方也都感覺自己準備好了，就可以把寶寶放回他應該在的地方，也就是在夫妻關係之外。」

美國的專家確實偶爾也會提到父母應該保留一點兩人相處的時間。我朋友狄特琳離開巴黎時，留給我一本《Dr.Spock's育兒寶典》，這本書裡有一小節叫做「無意義的自我犧牲及杞人憂天」，有兩小段的篇幅。該節內容提到現在的年輕父母往往為了孩子「放棄所有自由及生子前的一切樂事，這並非出於需要，而是出於他們自己認定的原則。」即便現在的父母偶爾也會偷閒獨處，但「他們心裡會非常歉疚，無法放開享受當下。」作者呼籲家長應該安排夫妻獨處的時光，但「當然要先犧牲適當的時間精力把孩子照顧好」。

相較之下，法國專家可不認為夫妻相處是第二順位，他們的想法明確堅定，絲毫不含糊，而這或許是因為他們能以正面但坦然的態度看待寶寶對夫妻關係造成的衝擊。例如有篇法國文章就提到：「不少夫婦在孩子出生的幾個月後或幾年後仳離，這背後當然有理由，因為孩子會改變許多事情。」

在我讀過的法國育兒書當中，經營夫妻關係永遠是書中一大重點，在某些育兒網站上，談夫妻關係的文章甚至跟談懷孕的一樣多。法國小兒科醫生愛蓮．德利思奈德也寫道：「孩子不該佔據父母世界的每一塊地盤……為了使家庭生活更平衡，父母也應該保有個人空間。孩子其實很小的時候便能領悟，父母除了工作、家務、採買、育兒之外，也需要保留時間做其他事情。」

法國父母一旦從迎接新生兒的備戰狀態破繭而出，便會重新認真地經營夫妻關係。法國家庭常會在一天當中保留「大人時光」或「爸媽時光」，通常是在孩子晚上就寢之後，法國夫婦期待這段大人時光，而這也正是為何他們講完睡前故事、唱完晚安曲後，便嚴格

法國夫妻生孩子後會思考的並不是他們要不要恢復浪漫的兩人生活，而是何時恢復。

規定孩子乖乖睡覺，因為在法國人心中，大人時光並不是偶一為之、好不容易得來的特權，而是人類的基本需求。我的藝術史學者朋友茱蒂特有三個年幼的孩子，她說三個小朋友都是八點或八點半就上床睡覺。她解釋：「因為我也需要自己的世界。」

在法國家長看來，親子間適當的分離不只對父母有益，對孩子本身也很重要，因為孩子必須了解父母也得追求自己的快樂。《你的孩子》一書中就寫道：「如此孩子才能了解自己並非世界的中心，而這對他們的發展至關緊要。」

法國父母獨享的還不只有晚間時光。小豆開始讀托兒所後，學校動不動就有長達兩週的假期，我們覺得那些假像放不完似的。而在假期間，我想替小豆找朋友一起玩都不容易，因為小豆的朋友大都被送到鄉下或郊區的祖父母家了，父母則利用這段時間好好工作、旅遊，與伴侶做愛做的事，不管怎樣，就是暫時離開孩子獨處一下。

維吉妮說她和先生每年都會一起去度假十天，這件事毫無商量餘地，她會把三個年紀分別從四歲到十四歲大的孩子送到外公、外婆家住，那村莊距離巴黎約是兩個鐘頭的火車車程。維吉妮說她度假時從不覺得歉疚，她告訴我：「我們利用孩子不在身邊的這十天充飽了電，這能量其實對孩子也有好處。」她也提到，孩子有時也需要自己的空間，稍微遠離父母；每年度假後，全家人再度齊聚一堂，那感覺總是特別甜蜜。

我認識的法國父母都儘可能地把握機會享受大人時光。物理治療師卡洛琳告訴我，她三歲大的兒子週五下午從托兒所下課後便由外婆接回家，要在外婆家待到星期天，在這休息的週末，她跟老公要睡晚一點，然後去看場電影。

法國父母甚至連孩子在家時也可以擠出許多大人時光。四十二歲的芙羅虹絲有三個小孩，最大的六歲，最小的三歲，她說在她家，每到週末早晨，「除非我們先開門，否則小朋友不准自己進我們房間。」而神奇的是，她的孩子竟然真的會自己玩，乖乖等爸媽出來（我和西蒙深受她家鼓舞，決定依樣畫葫蘆，沒想到真的成功了，只不過我們每幾個禮拜要重新教小朋友一次）。

我跟法國同事解釋夫妻之間的「約會夜」時遇上一點麻煩。首先，美國人的約會（dating）指的是男女正式交往前的活動，但對法國人來說，一旦單獨跟彼此出去，幾乎就已經是正式的男女朋友了。法國人的「約會」（法文叫rendez-vous）帶有一種不確定感，而且比較像公務會談，感覺根本不浪漫。此外，法國人對於夫妻關係的期待也跟我們不同，美國人的「約會夜」似乎暗示著我們在這天得換下運動褲、套上高跟鞋，正經八百約會去，法國朋友們認為這很不自然，彷彿真實生活就是毫無熱情、疲憊至極，因此需要撥出一點時間來耍浪漫，聽起來跟約牙醫門診差不多。

美國電影《約會喔麥尬》（Date Night）在法國上映時，片名被翻譯成《瘋狂夜》。片中主角是一對有小孩的美國典型中產夫妻，美聯社的影評形容他們是「一對平凡夫妻，忙碌疲憊，但對生活還算滿意」。開場時，男女主角的孩子突然跳上他們的床，把他們嚇醒了，而這些場景簡直讓法國評論家寒毛直豎，例如《費加洛》雜誌裡的影評文章就形容這部片裡的孩子「令人髮指」。

雖然法國孩子不會一大早跳上父母的床，但跟美國女人相比，法國女人似乎有許多值得抱怨的事。觀察性別平等的各項主要指標，法國都落後美國，他們立法機關中的女性比

親子間適當的分離不只對父母有益，對孩子也很重要，因為孩子必須了解父母也得追求自己的快樂。

例較少，掌管大型企業的女性人數也偏低，男女間的薪資差距也比美國大。

法國的性別不平等在家中尤其嚴重。根據調查，法國女性花費在家務及育兒上的時間比男性高出百分之八十九，而美國女性花費在兩者的時間則分別比男性多百分之三十一及二十五。

儘管如此，我那些有小孩的美國（和英國）朋友對另一半不滿的程度，似乎都比法國朋友高上許多。

朋友恩雅曾寄給我一封電子郵件，她寫道：「我叫他做的事他都不肯好好做，我真的很氣，都是他讓我變成一個嘮叨的潑婦，而且我發飆之後就很難冷靜下來。」

我的美國朋友（甚至包括一些點頭之交）常在晚宴上把我拉到一旁，抱怨她們先生最近做了哪些令她們氣惱的事；而如果是約吃午餐就更不用說了，整頓飯都會在抱怨當中度過。她們總是氣沖沖地說，家裡如果沒有她們，絕對看不到任何乾淨的毛巾、活著的盆栽和成雙的襪子。

至於我家西蒙，他是一個沒有功勞但有苦勞的老公。例如某個禮拜六，我請他帶小豆到巴黎另一頭拍符合美國護照規格的大頭照，他毅然帶著小豆出門了，然而一如往常，事情總是急轉直下，稍晚他帶著照片回來，小豆被拍得活像個五歲的精神病患，而且髮型十分狂野。

兩個兒子出生後，西蒙那些生活白痴的行為顯得沒那麼迷人了。舉凡他總是莫名其妙弄斷每只錶的秒針、邊淋浴邊讀我們昂貴的英文雜誌等行為，對我來說都已經喪失了原本奇妙的可愛感。有時吃早餐時，我會因為他倒柳橙汁前老是忘記搖一搖而跟他吵得不可開交。

不知道為什麼，我們吵架的緣由多半跟食物有關（我還特別在廚房裡也貼了一張「勿對西蒙大小聲」）。例如他吃完他心愛的起司後，老是不封好就塞回冰箱，導致起司變得乾巴巴的。還有兒子大了點之後，有次西蒙一邊幫他們刷牙，一邊接電話，後來我去接手，這才發現里歐嘴裡竟然還有一條完整的杏桃果乾。我向西蒙抱怨，他說我訂下的規則「錯綜複雜」，他覺得很無力。

和英語系國家的女性朋友聚會時，我們總會向彼此宣洩對老公的不滿，只是或早或晚的事。有天晚上，我在巴黎和一群朋友聚餐，結果我們在一陣「我家也是」的驚嘆聲中發現，同桌的六個朋友當中，有三個人的老公會在小孩就寢時間躲進洗手間不出來。大夥怨聲載道，我還得提醒自己，這些女人並不是瀕臨離婚邊緣，個個都是婚姻幸福呢！

但我跟同是中產階級的法國女性聚會時，我們的對話卻不會出現這類抱怨。當我問起這件事，法國女人承認她們有時確實得督促老公多做點家事，大部分人都說有時她們覺得所有家務都是自己在做，先生卻在沙發上納涼，這時她們確實會覺得很氣老公。

但不知為何，法國夫妻這種偶然的失衡，卻不會造成美國夫妻之間的問題。美國有本暢銷散文選集叫《家裡的壞女人》（The Bitch in the House），其中一篇文章的作者寫道：「這是個糟糕的過程，哪些家務他做了，哪些他沒做，我都暗自地計算、加總及觀察。」而法國太太們卻不會這麼做。法國女人同時要扮演母親、妻子和員工的角色，她們當然也辛苦極了，但她們不會下意識地把自己的辛苦怪在老公頭上，或者至少不會像美國女人這般滿腔怒火。

或許法國女人只是不願吐露真話，但即便是一些和我很親近的法國媽媽，看起來也不

法國女人同時要扮演母親、妻子和員工的角色，但她們不會下意識地把自己的辛苦怪在老公頭上。

像是暗自怨懟的樣子，她們似乎並不覺得自己的生活多悲慘，她們的疲憊都在正常範圍內。我想盡辦法套話，卻沒辦法在她們身上嗅到半點憤怒。

這一部分是因為法國女人根本不期待男人做得跟她們一樣好。法國女人把男人當成另一種生物，這個物種生來不擅長預約保姆、買桌巾、預約小兒科門診等事情。《好一個法國女人》的作者戴布拉·奧利薇耶就說：「我認為法國女人比較能接受男女之間的差異，她們似乎明白男人就是沒辦法像女人一樣留心細節或了解事情有多迫切。」

我的法國朋友提到另一半的不足時，往往是用一笑置之的語氣，嘲笑男人少根筋的可愛，例如維吉妮就曾開玩笑說：「反正男人就是沒能力，我們女人生來就比較強嘛！」周圍的法國朋友也一陣笑。另一位媽媽說起丈夫做的蠢事時簡直開懷大笑，她說她老公替女兒吹頭髮時不知道得先把頭髮梳順，導致女兒「頂著一顆獅子王的頭」去上學。

這種態度造就了良性循環。法國女人不會喋喋不休地數落另一半的缺點和錯事，如此一來，男人就不會感到士氣低落，因此他們對妻子的感覺也比較好，時常稱讚太太微觀管理的能力了得，把家裡的大小事打理得很好。法國男人對女人的態度並非緊繃或嫌惡，而是讚譽有加，這讓兩性不平等的現象變得比較容易忍受。另一位巴黎媽媽卡蜜兒用自豪的口吻告訴在場朋友：「我老公說：『我沒辦法做得像妳一樣好。』」這一切並不符合美國的女性主義思想，但法國夫妻的確因此相處得更輕鬆。

我認識的法國女人並不追求百分之百的兩性平等，或許這個趨勢將來會改變，但至少此刻我認識的法國媽媽比較在意的，是找到一個可達到的平衡點。我的法國朋友羅倫絲從事管理顧問業，育有三個孩子，她先生上班時間很長，而她已經轉成兼職工作。她說他們以前經常整個週末都在因為分配家務而吵架，但最近她總是鼓勵先生週六早晨去上他想上的合氣道，因為他上完課回家後，心情顯得放鬆許多，羅倫絲心甘情願多花時間照顧孩子，換取一個心情愉悅平和的老公。

此外，法國媽媽似乎比較沒有控制狂的傾向，她們願意把標準放低一點，如此就能增加空閒時間並減少壓力。有一次我跟維吉妮提到我要帶小豆回美國一週，留西蒙在巴黎照顧兒子。維吉妮聽完後對我說：「反正到時候妳就告訴自己，我要回家了，到時候會有一整個禮拜的髒衣服要洗。」

法國女人之所以比美國女人平和，背後其實有一些結構性因素，因為她們每年比我們多放二十一天假。法國比較不時興女權主義論述，然而他們的社會制度卻更有利女性待在職場上，他們有給薪產假，費用由政府提供（美國政府則完全沒提供半毛錢），他們補助保姆費、公立托嬰中心學費，三歲以上幼兒都能就讀公立托兒所，且費用全免，除此之外，法國人生兒育女還可享有各式各樣的減稅優惠和津貼。這一切並不能確保兩性之間達到完全的平等，但確實讓法國女性得以兼顧事業與家庭。

如果妳願意放下執念，不再苦苦追求百分之百的男女平等，或許會欣然發現法國都會區的爸爸其實也分擔了許多育兒、烹飪及洗碗的工作。根據一項二〇〇六年的法國研究指出，法國男人與妻子平均分攤育兒工作的比率只有百分之十五，擔任子女主要照顧者的更只有百分之十一，但扛下大量協助工作的卻佔了百分之四十四。我發現在週六早晨，許多法國爸爸會推著嬰兒車上公園去，他們一身打扮邋遢得可愛，從公園回家前還不忘買幾袋食品雜貨。

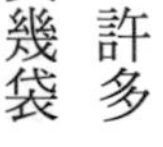

法國媽媽似乎比較沒有控制狂的傾向，她們願意把標準放低一點，如此就能增加空閒時間並減少壓力。

這類爸爸在家裡多半專攻家事和三餐。我也常聽法國朋友說她們老公會負責一些特定事項，例如協助孩子寫作業或負責晚飯後的清理工作。或許這種明確的職責劃分正是法國夫婦的秘訣所在，也或許法國男女對婚姻的態度比較認命。

羅虹絲・費哈麗（Laurence Ferrari）曾說過：「對另一半及婚姻，最棒的感覺就是感激對方始終不離不棄。」費哈麗是法國晚間新聞主播，是一位四十四歲的金髮美女，肚裡正懷著第二任老公的寶寶，已經懷孕六個月，上面那句話是她和言辭辛辣的法國哲學家巴思卡・卜律克內（Pascal Bruckner）接受一家法國雜誌專訪時所說的，那次兩人討論的主題是「愛情與婚姻：搭在一起，好嗎？」

費哈麗和卜律克內都稱得上是法國菁英，這些記者、政治人物、學者、企業人士等集結成一個上流社交圈，人脈和結婚對象往往都不脫離這個範圍，這些菁英分子的價值觀大概就是一般法國人觀點的濃縮精華版。

費哈麗說：「在今天的社會，婚姻不再帶有資產階級的高尚色彩，相反地，我認為願意結婚已經是一種勇者的行為。」

卜律克內則回應，婚姻是一種「革命般的冒險」。他說：「愛是一種無法征服的感覺，愛的悲劇在於它會改變，而我們無法主宰。」

費哈麗附議：「所以我才一直強調，為了愛而結婚是一種巨大的冒險。」

法國朋友艾蓮和威廉夫婦邀我和西蒙到他們的鄉間小屋度週末（而且還帶孩子去），這彷彿是一次觀察美國和法國夫妻相處之道的社會實驗。艾蓮和威廉有三個孩子，而且其中也有一對雙胞胎。艾蓮身材高瘦，有一張鵝蛋臉，湛藍的眼眸極有靈氣。她從小在法國香檳區的首府漢斯長大，她家的度假小屋就在旁邊靠近比利時邊境的亞爾丁。

一次世界大戰的許多戰役都發生在亞爾丁，該地境內有一條狹長的三不管地帶，一戰期間有長達四年的時間，法軍和德軍就在這三不管地帶的兩側掘戰壕，朝彼此發射大砲和機關槍。這兩方毗鄰而居，早已摸透彼此的輪班狀況和習性，就像真正的鄰居一樣，有時甚至還會寫字在牌子上舉給對方看。

度假小屋位於亞爾丁的一個小鎮，來到此地，你會感覺大戰的烽火似乎才結束不久，這裡的鎮民不說「第一次世界大戰」，他們說「一四到一八年間」。許多一戰期間被摧毀的屋舍建築至今仍未重建，使此地保有不少空曠的原野景致。

去拜訪的那個週末，我注意到一件事。艾蓮和威廉一整天把子女照顧得無微不至，但晚上孩子上床睡覺後，他們夫妻倆就會拿出酒和香菸、打開廣播，開始享受成人時光。他們想要profiter——良伴在此，何不暢快享受這溫暖夏夜？（在那次週末假期的午後，艾蓮展現了她profiter的高超功力，那時我們帶著孩子驅車上路，後來傍晚時分，她竟隨興在一處原野停車，從後車箱拿出野餐毯，然後端出蛋糕當大家的下午點心。那片刻如詩如畫，我感覺幸福得不能自已。）

他們夫妻的習慣是週末由威廉早起陪孩子。一天早上，他把孩子交給西蒙，自己出門買了新鮮的巧克力可頌和一條外皮酥脆的棍子麵包。過了一會兒，艾蓮終於姍姍下樓，身上還穿著睡衣，一頭秀髮蓬亂得嫵媚。她啪的一聲坐在餐桌前。

艾蓮一見到威廉買的麵包就立刻對他說：「J'adore cette baguette!（我好喜歡你買的

晚上孩子上床睡覺後，夫妻倆就會拿出酒和香菸、打開廣播，開始享受成人時光。

棍子麵包！）」

這是一句簡單的話，出自肺腑又甜蜜入心，但我想想，自己似乎從不曾對西蒙說過類似的話，我通常會說他買錯了，或是煩惱他會吃得一團髒，我又得去清理。通常我一早醒來時，面對西蒙並沒有辦法覺得甜蜜，他無法讓我露出喜孜孜的燦爛笑容，至少在一天剛開始的時候沒辦法。因此，像艾蓮那種女孩般純粹的喜悅——我好喜歡你買的棍子麵包，在我跟西蒙之間已不復存在。這多麼感傷。

我和西蒙從亞爾丁開車回家的路上，車窗外黃花遍野，不時還會經過一次世界大戰的紀念石碑。我把棍子麵包的小故事告訴西蒙，他回答：「我們倆需要多說點這樣的話。」西蒙說得沒錯，我們確實需要。

Chapter 12
嚐一口就好

大家看見雙胞胎最常問的問題，除了「怎麼懷的」之外，就是問「兩個小朋友個性有什麼差別」了。有些生雙胞胎的媽媽已經找到答案，例如我在邁阿密某公園跟一位媽媽聊起來，說起兩歲的雙胞胎女兒，她溫柔地低聲說：「噢，她們一個喜歡給，一個喜歡要，兩個人天生一對，相處得很好！」

但里歐和喬喬就不是這麼融洽了。我這對兒子很像一對老夫老妻，無法離開彼此，卻又成天吵個不停（也可能他們是從我跟西蒙身上學來的）。這兩個孩子的差異從他們開始學講話時就很明顯了。里歐（長得很性格的那一個）頭幾個月都只會說單數名詞，但某天晚餐時，他突然轉過來，用很像機器人的語調對我說：「I am eating.」（我正在吃東西。）

里歐精通現在進行式的句型並非巧合，因為他的生活就是一場現在進行式，他從早到晚做什麼事都是快速進行，例如走路，他從不用走的，而是用跑的；平常我聽腳步聲就可以判斷是誰來了。

而喬喬喜歡的文法形式則是所有格，例如「我的兔兔」、「我的媽咪」。喬喬走起路來慢得像個小老頭兒，因為他總是把重要家當統統帶在身上。他最喜歡的東西時常改變（有陣子他每晚都抱著一支小小的打蛋器睡覺），但總是有很多樣，所以後來他學會把所有東西放進兩個行李箱，走到哪個房間都拖著那兩箱家當，而里歐最喜歡偷拿喬喬的東西，然後一溜煙跑走。如果要我用一句話總結這兩寶的個性，我會說他們一個喜歡囤貨，一個喜歡打劫。

至於小豆，她最喜歡的文法形式依然是命令式，這點我們再也不能懷疑是學校老師害的了，她顯然生來就愛發號施令。她總是有各式各樣的訴求，通常都是為了自己，西蒙都叫她「工會領導人」，例如他會說：「工會領導人剛剛說晚餐想吃義大利麵。」

小豆還是獨生女的時候，要灌輸她法式習慣就已經夠難了，現在家裡的小孩一下子變成三個，大人卻只有兩個，要訂定一個法式框架更不容易。但現在教養這件事更顯刻不容緩，因為如果我們不趕緊控制住孩子，孩子就要控制我們了。

「飲食」是我們教養成功的一個領域。飲食當然是法國的榮耀，是法國人熱愛談論的話題。我在外面的商務中心租了一張辦公桌，那些法國同事吃午餐時有大半個小時都在聊他們前一天晚餐的內容。西蒙參加了一支法國足球隊，他也說每次打完比賽一夥人出去喝啤酒時，那些法國男人聊天的話題竟然不是女人，而是食物。

我們孩子沾染了濃濃的法國飲食習慣，這點我們回美國時便很清楚看得出來。我媽興高采烈地想介紹小豆一道美國經典料理——盒裝起司通心粉，但小豆嚐了幾口就不吃了，她說：「這根本不是起司。」（我想我見到她今生第一次冷言冷語了。）

我們是回美國度假的，因此經常外出用餐。比起法國餐廳，美國餐廳的優點是很適合帶孩子去，有許多我想也沒想過的便利設施，好比提供兒童餐椅、蠟筆，洗手間裡還有尿布台（巴黎的餐館偶爾也有這些設施，但三項齊備的少之又少）。

然而，我越來越怕美國餐廳常見的「兒童餐」。無論我們上哪種餐廳，吃海鮮、義大利菜或古巴料理，美國餐館的兒童餐點永遠大同小異，內容不外乎漢堡、雞柳條（現在菜單都寫得很好聽，改叫「嫩雞條」——chicken tenders）、起司披薩，也常有義大利麵。這些餐點幾乎不含蔬菜，除非你把薯條或洋芋片算進去，水果也是偶爾才有，此外，如果你點牛肉漢堡，服務生也不會問小朋友漢堡肉要幾分熟，或許有法律規定吧，總之所有漢堡排都煎得熟透，黯灰的色澤看起來非常不吸引人。

不只有餐廳把小孩視為味蕾未發育完全的動物。回美國時，我替小豆報名了幾天的網球訓練營，那是供應午餐的活動，結果工作人員替十位小朋友準備的「午餐」，竟是一袋白麵包和兩包早餐起司片。小豆是一個巴不得餐餐吃義大利麵或漢堡的孩子，但這種餐點內容就連她都嚇傻了。一位教練還興高采烈地宣布：「明天吃披薩喔！」

美國人的主流觀念似乎認為兒童就是天生挑嘴，如果大人膽敢讓他們嘗試烤起司三明治以外的食物，絕對是自討苦吃。當然，這種想法看起來似乎站得住腳，因為我見過不少美國小孩確實非常挑嘴，許多幼兒甚至只吃特定一種食物。我有位住在亞特蘭大的朋友，她有一個兒子只吃白飯、白義大利麵等白色食物，另一個兒子則只吃肉類。還有另一位朋友說，她在波士頓的外甥原本到了聖誕節左右該開始吃副食品，但他除了那種鋁箔紙包裝的聖誕老人巧克力之外什麼也不吃，結果小男孩的父母竟因此囤了好幾袋聖誕老人巧克力，生怕聖誕節後兒子會斷糧。

迎合挑嘴孩子的需求很累人。我認識一位住在長島的媽媽，她每天早上分別為四個孩子料理四種早點，還要準備第五份給先生吃。還有一位美國爸爸帶著全家來巴黎時，用虔敬的語氣對我說，他七歲兒子對食物的口感特別要求，例如他喜歡吃起司，也喜歡吃墨西哥玉米餅，但如果把這兩樣弄在一起煮，他是不吃的——這位父親望向兒子，然後壓低嗓音說：「因為這樣玉米餅會變得**太脆**。」

面對美國兒童的挑食習慣，我們的育兒權威沒有異議，甚至還舉白旗投降。《學步兒父母手冊》這本書便寫道：「如果小朋友只肯吃早餐穀片、牛奶和義大利麵或麵包和起司，只要他們的飲食中包含幾種精心挑選的蔬菜、水果，那麼就算讓他們連續挑食幾個月也無妨。父母這麼做並非溺愛，也不是反常，反而是值得敬佩的，因為事實上，要孩子只能吃規定的食物，而大人卻可以自由挑選桌上的各式菜色，這本來就是一件不公平的事。」

使我頭痛的還有零食。回美國時，只要和朋友及他們的孩子在一起，小袋小袋的蝴蝶餅和圈圈餅就會在非用餐期間一直冒出來。住在紐約的法國媽媽多明妮克說，她剛得知女兒的托兒所每隔一個小時就餵小朋友吃一次東西，就這樣持續一整天，她簡直嚇壞了，此外到遊戲場時，她也常看到美國家長不斷給小朋友零食吃，她驚訝萬分。多明妮克說：「幼兒一鬧脾氣，他們就拿食物安撫小孩，不管遇到什麼難題，那些家長都用食物來吸引小孩注意。」

在法國，我們看到的是截然不同的景象。我在巴黎最常採買食品的地方就是附近的超市，而三個孩子跟著我順應法國中產階級的飲食習慣，他們從來沒嚐過半點高果糖玉米糖漿或可以長期保存的麵包。我的孩子不吃濃縮果汁做的水果捲軟糖，只吃水果。他們已經習慣新鮮食物的味道，因此吃到加工食品只會覺得味道怪異。

如同我前面提過的，法國孩子通常一天只吃三餐和下午的一頓點心，我不曾在早晨十點的公園裡看到法國小朋友吃蝴蝶餅（或任何其他食物）。法國也有一些餐廳提供兒童餐點，通常是小餐館或披薩店，而這些兒童餐確實不一定是什麼高級料理，經常是牛排配薯條。（我朋友克麗絲汀說：「我在家裡從來不炸薯條，所以我小孩知道那是他們唯一可以吃到薯條的機會。」）

但在大部分法國餐廳，小孩子看的都是跟大人一樣的菜單。有一次我們去吃一家高級

在大部分法國餐廳，
小孩子看的都是跟大人一樣的菜單。

義大利餐廳，我替小豆點了番茄義大利麵，但那位法國女侍者非常溫柔地建議我替女兒點一些更特別的菜色，例如茄子義大利麵。

法國的麥當勞也生意昌隆，此外如果你非吃不可，在法國當然也買得到加工食品。然而法國政府長期向國民宣導「每日五蔬果」的重要，這已經成為全民琅琅上口的一句話（巴黎有家知名的午餐餐廳就叫「每日五蔬果」）。

儘管法國兒童偶爾也吃漢堡、薯條，但我在這裡從沒看過只吃單一種食物的孩子，也沒見過縱容兒女挑食的家長。我並不是說法國小朋友會吵著要多吃蔬菜，他們當然也有特別偏愛的食物，愛挑剔的法國三歲小孩也所在多有，但家長不會放縱這些孩子只吃特定口感、顏色或養分不均衡的食物。小朋友嚴重挑食的現象在英美家長眼中沒什麼大不了，在法國家長看來卻是危險的飲食失調，再不然也是嚴重至極的壞習慣。

這兩種觀點天差地別，造成的結果也天差地別。在法國，五到六歲兒童中過度肥胖的只佔百分之三．一，反觀美國，二到五歲幼兒中過度肥胖的比率卻高達百分之十．四，而且這樣的差距還隨著兒童年齡增長就越見顯著。我在美國時，即便到比較富裕的地區，放眼望去也到處都是過胖兒童，但我在法國遊戲場混了五年，這期間我只見過一位稱得上是肥胖的小朋友（而且我懷疑她是來法國玩的外國小孩）。

關於孩子的膳食，我又想重複問我已經問過的問題：法國家長究竟有什麼妙招？為何他們能將孩子培養成小小美食家？而為什麼法國孩子又不會過胖？我放眼望去，每個法國兒童都是成功案例，但背後的秘訣究竟是什麼？

我懷疑這一切可追溯到嬰兒時期。回想小豆六個月大左右，我準備開始讓她吃副食品，結果發現法國超市根本不販售米精，而我媽和所有英語系國家的朋友都說嬰兒吃副食品一定要從米精開始。為了餵米精，我特地跑到健康食品店買一種昂貴的德國有機品牌，那些米精還被店家擺在回收尿布下面的架子。

後來我才知道，原來法國家長餵寶寶吃的第一口副食品並非淡而無味的穀類，而是滋味豐富的蔬菜。法國寶寶嘗試的第一樣副食品通常是四季豆、菠菜、紅蘿蔔、櫛瓜、韭蔥的白色部分等，都是蒸過搗成泥狀。

美國寶寶當然也會吃蔬菜，甚至有些孩子開始嘗試副食品時就吃了。即便如此，在我們這些英美人士的心中，蔬菜就是一種滿載維生素、不得不吃的無趣食物，雖然我們巴不得孩子多吃點蔬菜，卻不期待他們一定會吃。我們坊間暢銷的食譜書常教家長一些魚目混珠的方法，將蔬菜混進肉丸、炸魚條、起司通心粉等菜餚裡，好讓孩子不自覺地吃下肚。我甚至曾目睹一對朋友夫婦趁孩子飯後忙著看電視、沒注意自己吞了什麼時，把蔬菜沾上優格，急忙塞進孩子嘴裡。那位媽媽說：「誰知道這招還可以用多久呢！」

法國家長看待蔬菜的態度和用心程度卻是另一種境界，他們會形容每種蔬菜的口感，還會描述孩子與芹菜或韭蔥展開今生第一次親密接觸的光景。那位讓我欣賞她上空照的法國媽媽莎米雅便曾暈陶陶地說：「我要讓我女兒嚐嚐紅蘿蔔本身是什麼風味，然後再讓她嚐嚐櫛瓜本身是什麼風味。」莎米雅跟其他與我聊過的法國家長一樣，他們將蔬菜、水果視為孩子美食教育的啟蒙基礎，是兒童體驗味覺之美的第一堂課。

我看過的美國育兒書確實也同意，某些食物是人類經過後天學習才能欣賞的風味；許

法國家長餵寶寶吃的第一口副食品
並非淡而無味的穀類，而是滋味豐富的蔬菜。

多書都主張，如果寶寶拒吃某種食物，父母應該等個幾天，然後再讓孩子嘗試看看。我和許多英語系國家的朋友都依樣畫葫蘆，但如果試了幾次孩子還是不喜歡，我們就會認定我們的寶寶就是不愛吃酪梨、地瓜或菠菜。

但對法國人來說，反覆讓寶寶品嘗味道是他們必達的使命。法國家長也知道孩子有自己偏愛的口感，但他們深信蔬菜都有與生俱來的豐富滋味，每一種都饒富趣味，而家長的職責就是帶領孩子領略所有的好滋味。一如法國父母堅持教導孩子好好睡覺、乖乖等待、記得說「日安」，他們也深信把正確的飲食之道教給孩子是家長應盡的職責。

帶領孩子認識各種食物當然大不易。法國政府發行了一本免費的嬰幼兒飲食手冊，裡頭也提到每個寶寶都是獨一無二的，「有的寶寶樂於探索新食物，有的寶寶則顯得興趣缺缺，需要花多一點時間讓他們嘗試各式各樣的口味」。但這本冊子鼓勵家長堅持不懈，持續帶領孩子體驗新食物，就算孩子拒吃某種食物超過三次也不應放棄。

法國家長習慣慢慢來。例如上述這本餵食手冊裡就建議：「讓孩子嚐一口就可以了，然後就換下一道菜。」作者還補充，如果孩子不肯吃某種食物，家長絕不能讓孩子吃另一種食物代替，此外孩子拒吃時，大人不能反應太激烈。作者說：「若您不過度反應，孩子終會改掉拒吃的行為。別亂了手腳，您仍可繼續餵孩子喝奶，確保營養來源。」

父母應培養孩子美食味蕾的觀點在法國人心中根深柢固，從洛朗絲．佩爾努（Laurence Pernoud）的知名育兒書《養育孩子》就能看出這種態度，而且她書中關於副食品的章節就叫〈一點一滴帶孩子嚐遍各種食物〉。佩爾努在書中寫道：「寶寶不肯吃朝鮮薊嗎？一樣的道理，請您耐心等待，幾天後再餵一次，可以嘗試把少許朝鮮薊混入其他蔬菜泥中——例如馬鈴薯泥。」

上述那本法國政府出版的幼兒飲食指南指出，家長可用各種不同的方式來料理同一種食材。「您可以嘗試蒸、烤、用烘焙紙包起來烹調、燒烤，無論保留原味、佐醬汁或加點調味料都行。」手冊作者寫道：「如此一來，孩子就能探索各種各樣的色彩、口感和香氣。」

手冊也建議家長採行一種「說話療法」，顯然走朵爾托的路線：「讓寶寶放心很重要，餵寶寶新食物前，請先跟他們聊一下這種食物。」這種關於食物的對話不該只有「好吃」、「不好吃」，手冊建議家長讓小朋友看看這些蔬菜料理，然後問他們：「你覺得這是脆脆的、咬下去會發出聲音的嗎？這個味道讓你想到什麼？你吃的時候嘴裡有什麼感覺？」手冊裡還建議家長跟孩子玩「味覺遊戲」，例如讓他們嚐嚐各種不同品種的蘋果，然後問小朋友哪種最甜、哪種最酸，或者也可以把小朋友的眼睛矇起來，然後讓小朋友嚐嚐菜餚，再讓他們猜那些是什麼食物。

我讀過的法國育兒書都呼籲家長在餐桌上一定要保持平和愉悅的態度，更重要的是，即使孩子拒吃某道菜，父母也應該持續努力。法國政府的餵食手冊也提到：「別硬逼孩子吃，但之後仍應繼續鼓勵他們吃，孩子逐漸熟悉那種食物，他們總有一天願意嚐一口，接著他們肯定能漸漸學會欣賞這種食物的風味。」

為了進一步洞悉法國孩子飲食習慣佳的原因，我特別參加了巴黎的「菜單委員會」——以前小豆托嬰中心每週一公布的夢幻菜單，就是在這裡上呈批准的，這些委員將決定未來兩個月全巴黎所有托嬰中心的午餐菜色。

我或許是有史以來第一個與會的外國人。開會地點位於塞納河畔一棟公家機關建築，在一間沒有窗戶的會議室裡，主持會議的人是巴黎公立托嬰中心營養主任桑德哈・梅赫勒，此外出席的還有梅赫勒的副手及六、七位托嬰中心的大廚。

這菜單委員會儼然是法國人對於兒童及飲食觀念的縮影，而他們給我上的第一門課就是：世上不該有所謂的「兒童餐」。開會時，先有一位營養師唸出預訂的菜單，包含未來兩個月每天中午要上的四道菜色，像是在把這些菜列入官方紀錄似的。她宣讀的菜色中完全不含炸薯條、雞塊、披薩，甚至連番茄醬都沒有。舉個例子，某週五的預訂菜單包含紫甘藍絲佐白乳酪、蒔蘿醬海鱈佐有機英式水煮洋芋，起司是克羅米耶起司（一種類似布里乳酪的軟質乳酪），甜點則是一顆有機焗蘋果。所有菜餚都依據小朋友的年紀分別切成小塊或搗成泥狀。

委員會讓我學到的第二堂課是變化的重要。會議中，他們把一道韭蔥湯撤下菜單，因為有人說前一週的菜色裡已經有韭蔥了。此外，梅赫勒原本計畫在十二月底安排一道番茄菜餚，但也因為番茄已經重複而臨時換掉，改成水煮甜菜沙拉。

梅赫勒很強調視覺效果和質地的多樣化，她說如果某天的菜餚顏色太過相近，就會有園長向她抱怨。梅赫勒也在會議中提醒托嬰中心大廚，若年紀較大的小朋友（二至三歲幼兒）已經吃了蔬菜泥當配菜，甜點就應該吃未打碎的完整水果，以免小朋友覺得一餐吃兩道打成泥的菜「太幼稚」。

議程中，有幾位大廚誇耀他們近期的傑出之作。一位黑鬈髮的大廚說：「我有一餐做沙丁魚慕斯，裡面加一點鮮奶油，小朋友愛死了，都拿來塗麵包。」

湯品則佳評如潮。一位大廚說：「小朋友都很喜歡喝湯，不管裡面加的是哪一種豆類或蔬菜都喜歡。」另一位大廚補充道：「那道椰奶韭蔥湯啊，孩子都好喜歡。」

後來有人提到法國四季豆捲（fagots de haricots verts），大家哄堂大笑。法國四季豆捲是托嬰中心前一年計畫要上的聖誕節佳餚，須先將四季豆汆燙，然後以煙燻豬肉片捲成一捆一捆，拿牙籤固定後，再燒烤至熟透，顯然這道菜費工的程度就連美感至上的托嬰中心大廚們也吃不消（但他們對於要把奇異果切成花的形狀卻沒什麼意見）。

菜單委員會還有另一個大原則：即使是小朋友不愛吃的食物，也要繼續讓他們嘗試。梅赫勒提醒大廚要循序漸進加入新食材，並且變換各式各樣的料理方式。舉例來說，她建議第一次讓小朋友吃莓果時先打成泥狀，因為小朋友熟悉這種質地，接下來就可以改讓他們嚐嚐切成小塊的莓果。

有位大廚問葡萄柚該如何處理，梅赫勒建議可先切薄片並撒點糖，小朋友可以接受之後再慢慢改成原味葡萄柚。菠菜也採相同策略。一位大廚抱怨：「我們小朋友根本不吃菠菜，最後統統倒進垃圾桶。」對此，梅赫勒建議她把菠菜跟米混著煮，這樣小朋友會覺得比較好吃，她說：「我們一年到頭持續煮菠菜，變換各種烹調方式，小朋友最後一定會喜歡。」梅赫勒說，只要有一個寶寶吃，其他寶寶一定也會跟著吃，「這是營養教育的原則。」

蔬菜是委員會最關切的一大重點，開會時，有位廚師說他們中心的小朋友只有在四季豆裹上厚厚一層法式鮮奶油或白醬時才肯吃。梅赫勒建議：「應該取得平衡，有時候加醬汁，有時候不加。」接著眾人又針對「大黃」這種植物討論了許久。

這會議已經在刺眼日光燈下開了兩小時，我開始累了，真想回家吃晚餐，但委員會卻

只要有一個寶寶吃，其他寶寶一定也會跟著吃，這是營養教育的原則。

根本還沒開始討論今年的聖誕午餐。

期待已久的議程終於到來。一位大廚提議聖誕大餐的前菜：「要不要上鵝肝醬？」另一位大廚則建議上鴨肉慕斯，本來我還以為這些老法在開玩笑吧，然而他們的表情認真得很。接著眾人開始辯論主菜要上鮭魚或鮪魚（他們心中首選是鮟鱇魚，但梅赫勒說這樣會超出預算）。

那起司呢？有人建議上羊奶酪佐香草，但梅赫勒否決了，她說孩子們秋季野餐時才吃過羊奶酪。最後委員會終於敲定聖誕菜單，菜色包含魚、花椰菜慕斯和兩種牛奶起司，甜點是肉桂蘋果蛋糕、胡蘿蔔優格蛋糕，還有一種加了梨和巧克力的經典聖誕烘餅（某位委員說：「有些傳統還是要有，家長一定都希望有烘餅。」）。至於當天下午的點心，梅赫勒擔心用「大量生產的巧克力」來製作慕斯太普通，佳節氣氛不夠，最後大家討論的決議是改成精緻版的列日巧克力慕斯聖代，以玻璃杯盛裝，並擠上打發的鮮奶油。

整場會議中，沒有任何人說哪道菜對於幼兒來說口味太重或太複雜，委員會定案的都不是什麼重口味的菜餚，雖然大量使用各種香草，但菜色中並不包含芥末、酸黃瓜或橄欖等食材。儘管如此，菜單中卻常能見到蘑菇、芹菜等各式各樣的蔬菜。重點並不是小朋友會喜歡每一種食物，而是他們可以一一嘗試。

去旁聽菜單委員會的會議不久後，一位朋友借給我美國飲食作家傑佛瑞．史坦嘉頓（Jeffrey Steingarten）的一本書，書名叫《嘴大吃四方》（The Man Who Ate Everything）。史坦嘉頓在書裡寫到，《Vogue》雜誌請他擔任美食評論家後，他感覺自己的個人偏好會使他對食物產生偏見。「我怕自己無法客觀，這樣就好比是一位憎恨黃色的藝術評論家。」因此他決定展開一項計畫，試試自己能不能愛上從前討厭的食物。

史坦嘉頓討厭的食物包含泡菜（韓國國菜）、劍魚、蒔蘿、蛤蜊、豬油，以及印度餐館賣的甜點──他認為那味道和口感簡直像面霜。他廣泛閱讀許多關於味覺的科學知識，最後下了一個結論：人不喜歡自己不熟悉的食物，純粹是因為不熟悉，因此如果可以常接觸這些食物，就能消弭心中的抗拒感。

史坦嘉頓做了個大無畏的決定，他決定每天都吃一種討厭的食物，而且不只要吃，還要吃最上等的。就這樣，他遠赴義大利北部吃了香蒜醬鯷魚末，到長島一家餐廳享用了精心料理的蛤蜊白醬天使麵，還花一整個下午自己炸豬油，甚至去了十家韓國餐館吃了十次泡菜。

就這樣，六個月過去了，史坦嘉頓依然討厭印度甜點（他說：「我大錯特錯，並非所有印度甜點的味道和口感都像面霜──有的其實像網球。」）。但至於其他從前討厭的食物，大部分他不但變得可接受，甚至還瘋狂迷戀上。吃到第十份泡菜時，他說：「泡菜已經變成我心目中的國菜。」史坦嘉頓的結論是「沒有什麼氣味或口感是我們生來就不能接受的，過去累積的印象也都能砍掉重練。」

史坦嘉頓的實驗等於替法國兒童飲食哲學下了總結：一試再試不要怕，吃久了總會喜歡。史坦嘉頓讀了許多關於味覺的科學知識才了解這點，但法國中產階級家長似乎憑直覺就知道應該這麼做。對法國人而言，向孩子重複介紹形形色色的蔬菜和其他各種食物並不是眾多教養方式之一，而是餵養孩子唯一的準則。我認識的這些尋常法國中產階級家長都

重點並不是小朋友會喜歡每一種食物，而是他們可以一一嘗試。

亟欲傳遞一個美食福音：世界上有各式各樣的好味道等人去探索，而我們必須教育孩子體驗味覺之美。

這並不只是一套空談的理想，並非只有規劃完善的公立托嬰中心做得到，而是日日在法國家庭的廚房和餐廳裡上演的，我去法妮家作客時便實地觀察到這樣的景象。法妮是一位出版商，是個美女，五官細緻，眼神深邃。她住在巴黎東區的一間挑高公寓，與先生文松有兩個孩子，分別是四歲的露西和三個月大的安托萬。

法妮每天晚上通常六點前到家，六點半準時備妥晚餐讓露西吃，小安托萬則躺在嬰兒搖椅上喝他的奶瓶，週一到週五時，法妮和文松都會等到孩子就寢再共進晚餐。

法妮說她煮的餐點都很簡單，像露西從前在托嬰中心吃的燉菊苣和碁蓬菜那類複雜菜色她很少做，但她認為每天的晚餐非常重要，是露西美食教育的一環。法妮不在意露西吃多吃少，但她堅持露西至少每道菜都要嚐一口。

法妮說：「我要求她每道菜都嚐一口。」許多法國媽媽告訴過我的飲食規則，我在法妮身上又得到一次印證。

這項品嘗規則有個附加條款，那就是法國家庭通常全家人都吃相同的晚餐，沒有可供選擇或替代的菜色。法妮告訴我：「我從來不會說『你們想吃什麼』，我的做法是『今天晚上就吃這些菜』。露西沒辦法吃完整道菜不要緊，但重點是大人吃什麼，她就吃什麼。」

美國家長看到這樣的做法，可能會認為這是一種上對下的姿態，是在欺負沒有權力的小朋友，但在法妮的觀點中，她其實是在賦予露西權力。「露西可以跟我們吃一樣的東西，她不用跟我們吃得一樣多，但我們吃什麼她也可以吃什麼，我覺得這樣她會感覺自己就跟大人一樣。」法妮告訴我，美國朋友看到露西在飯桌上的表現總是大為驚豔。「他們都會說：『妳女兒怎麼已經分得出卡蒙貝爾起司、格魯耶爾起司（Gruyère）和山羊奶起司的不同啊？』」

法妮也儘可能增添用餐的樂趣。年紀小小的露西已經會烤不少蛋糕，因為她幾乎每個週末都跟媽媽一起玩烘焙。而每天晚上法妮也會讓女兒一起準備晚餐，有時讓她負責處理一些食材，有時則請她幫忙擺餐桌。法妮說：「當然我們還是得從旁協助，但我們盡量讓整個過程有趣，而且這是我們每天的習慣。」

用餐時，法妮不會拉長了臉命令露西吃每一道菜，而是用聊天的方式討論食物。他們時常討論每一種起司的風味，而因為露西也幫忙準備晚餐，所以菜好不好吃她也有責任，這是一種雙向關係。法妮說，如果某道菜煮壞了，「我們就會一起笑。」

保持用餐氣氛愉快的一大關鍵就是速戰速決。法妮說，只要露西嚐過每一道菜，她就允許露西離開餐桌。

《你的孩子》一書中也提到，幼兒吃一頓飯的時間不應超過三十分鐘。法國孩子年紀較大之後，用餐時間便會逐漸拉長，等到他們就寢時間調整到較晚之後，週間跟父母共進晚餐的頻率也會增加。

對法國人來說，決定晚餐菜色是一門「平衡」的學問。觀察法妮這些法國媽媽，我發現她們似乎能在腦中勾勒出一天的「飲食節奏」。她們認為孩子應該在午餐那頓享用高蛋白質的菜餚，因此晚餐內容就以義大利麵等澱粉類為主，再搭配一些蔬菜。

或許法妮下班後是火速衝回家的，但晚餐上菜時，她就像托嬰中心老師一樣，總是好

保持用餐氣氛愉快的一大關鍵就是速戰速決。只要孩子嚐過每一道菜，就可以離開餐桌。

整以暇地一道道依序上菜。她會先讓露西吃蔬菜冷盤當開胃菜，例如油醋醬紅蘿蔔絲，接著就上主菜，通常是義大利麵或白飯配蔬菜，偶爾她會煮一點魚或肉，但大部分時間她希望露西在午餐攝取蛋白質即可。「晚餐我盡量少煮蛋豆魚肉類，因為我從小就被灌輸這樣的觀念，大人都說一天吃一頓蛋白質就夠了。我希望晚餐以蔬菜為主。」

有些法國家長告訴我，他們冬天常煮湯當晚餐，再配上棍子麵包或一點義大利麵，這樣一餐可以吃到許多穀類和蔬菜類，已經很有飽足感，許多法國父母還會把湯打成糊狀，這就是一頓晚餐。法國孩子早餐及下午點心時間有時會喝果汁，但午餐和晚餐一定只配水，通常都是室溫或微冷的水。

週末則是法國人的家庭聚餐時間，大部分我認識的法國家庭都會在週六、日各來一頓豐盛的家庭午餐，孩子也會幫忙烹調及擺設餐桌。前面提到那位擔任醫學倫理專家、育有兩女的丹妮絲就說：「我們每個週末都會一起烤甜點和煮飯。我替小朋友準備了食譜書，她們都有自己的獨門食譜。」

烹飪完畢後，全家人便一起享受盛宴。法國社會學家克洛德・費席勒（Claude Fischler）和愛斯黛兒・瑪松（Estelle Masson）便曾在《吃食》（Manger）一書中寫到，如果一個法國人在去吃午餐的路上先塞了一個三明治充飢，他並不會認為自己這樣是「吃過了」，因為在法國人心中，「用餐的意思是與其他人一起好好坐下，從容不迫、心無旁騖地享用一餐」。然而對美國人來說，「用餐似乎只是通往健康的途徑罷了」。

小豆五歲慶生會時，小朋友原本都在喧鬧玩耍，但我一宣布「吃蛋糕囉」，他們便魚貫走進餐廳，圍著餐桌安安靜靜坐下——所有孩子都立刻變得冷靜有智慧。小豆坐在主位上，把碟子、湯匙、餐巾一一遞給大家，我除了點蠟燭和端蛋糕，其餘沒什麼事需要幫忙的。對五歲的法國小孩來說，吃東西時在餐桌前好好坐下已經宛若反射動作，他們絕不會賴在沙發上吃，也不會一邊看電視、打電腦，一邊吃吃喝喝。

當然，在家裡建立起教養框架的好處多多，其中一項就是即便偶爾逾越，也不必擔心框架就此崩毀。丹妮絲告訴我，她每週會有一個晚上允許女兒（分別是九歲和七歲）邊看電視邊吃晚餐。

每到週末及三不五時就有的學校假期，法國父母會放任孩子晚點就寢，因為他們知道他們的教養框架夠穩定，隨時找得回來。法國雜誌上也可看到類似概念的文章，教導父母如何在假期結束前協助孩子恢復早睡早起的習慣。那次我們一家子去跟艾蓮及威廉度假時，有天到了下午一點半，威廉還沒把午餐要用的食材帶回來，我感到有些緊張。

然而艾蓮卻認為孩子可以調適，因為孩子也是人，就跟我們一樣，可以面對挫折感。艾蓮開了一包洋芋片，六個孩子便圍坐在餐桌前吃餅乾，吃完又乖乖走到外面玩耍，直到午餐備妥。這只是小事，小孩跟大人一樣都能面對。過一會兒，我們便在大樹下享用了一頓悠閒美好的午餐。

如果把過度教養比擬成一家航空公司，那麼紐約布魯克林的公園坡（Park Slope）住宅區絕對是這家航空公司的路線樞紐，因為所有教養趨勢和嬰幼兒產品似乎都會在此地發跡或重新走紅。「全紐約第一家嬰兒及餵母乳服飾精品店」就在公園坡開張，第一家每年學費一萬五千美元的私立托兒所也開在這裡，聽說這家托兒所的老師會「明言制止小朋友玩扮演超級英雄的遊戲」。除此之外，如果你住在公園坡，還可以花六百美金找一家知名的「寶寶警衛公司」，他們會派專人把你的雙併豪宅打造成「孩童安全」的生活空間（這家公司的創辦人說：「我生孩子之後，兒子接觸到外在世界，我心中的恐懼和焦慮便油然而生。」）。

然而，儘管公園坡狂熱的教養風氣早就打響名號，但我在當地遊戲場親眼見識到一個情景後仍然目瞪口呆。那是個晴朗的週日早晨，我注意到附近的一對父子，剛開始我只覺得他們的「口白遊戲」玩得十分起勁，那男孩看上去大約六歲年紀，而身穿昂貴牛仔褲、臉上留著一點週末鬍碴的時髦爸爸則一路陪著孩子爬到攀爬架最上面，此外我沒想到他還有雙語育兒法這招。他替玩耍的兒子配旁白時，有時講英文，有時講另一種語言——聽起來像是帶著美國腔的德文。

這位爸爸還會在兒子玩溜滑梯時跟在後面一起滑下來，兒子似乎也習慣了。後來他們轉移陣地到鞦韆那兒，這位爸爸仍然一面幫忙推，一面繼續他的雙語獨白。以上這些我在其他地方也看過類似的情景，但後來男孩的媽媽來了，她把一切帶上一個全新的境界。這位瘦得像竹竿似的棕髮女人也穿著一件昂貴的牛仔褲，手上則拿著一包在隔壁農產品市場買的生鮮食材。

「你的巴西利零食來囉！想不想吃巴西利零食啊？」女人一邊拿出一節綠色的草，一邊對兒子說。

拿香料植物巴西利當零嘴？我大概了解這對父母在打什麼算盤：他們不希望兒子變胖，希望孩子能有各式各樣的體驗。他們也許認為自己擁有原創思維，能帶給孩子獨一無二的生活經驗，德文和巴西利零嘴大概是他們這特別教育的一小環而已，而且我必須同意他們的看法，巴西利肯定不會讓他們的寶貝兒子（或世界上任何一個人）因此吃不下正餐。

但世界上沒人把巴西利當零嘴吃是有原因的，那是香料啊！單吃怎麼會美味？我感覺這對父母是想帶兒子遠離人類的集體智慧，推翻「美味」的基本科學原理，不難想像這需要花費多大的工夫。試想一下，哪天這小男孩發現世界上有「餅乾」這種東西，他會有什麼反應？

後來我把這「巴西利零嘴」的故事告訴一些美國家長，他們都不意外。這些美國父母承認巴西利並不是一種零食，但他們都很敬佩那對父母下的苦心，他們覺得孩子年紀小可塑性高，這樣嘗試一下又有何妨？在公園坡的溫室環境中，某些父母早就超越「如何加快孩子身心發展速度」的美國問題，進步到「如何凌駕人類基本感官經驗」了。

小豆兩歲左右，我帶她參加她人生中第一個萬聖節派對，就在那時，我突然意識到自己也犯了類似的錯。慶祝萬聖節在法國並不是十分普及的活動（我還曾經去過一個成人限定的萬聖節派對，所有女人都打扮成性感小女巫，男人則大都扮成吸血鬼德古拉伯爵），因此在巴黎，英語系國家的媽媽們每年都會佔領巴士底附近一家星巴克的頂樓，在裡頭擺許多攤位，讓小朋友體驗「不給糖就搗蛋」的樂趣。

小豆很快就理解這個活動的意涵就是所有人都會給她糖果，她開始大吃特吃。她並不只是吃幾顆而已，而是想把袋子裡的所有糖果都吞下肚。她就坐在那星巴克頂樓的房間角落，抓起七彩繽紛、黏答答的糖果，大把大把塞進嘴裡，我只得出手干涉，她才暫時停了下來。

法國孩子可以吃糖的機會是慶生會、學校活動等，或是平常父母偶爾也會讓他們小小享受一番。

那時我恍然大悟，原來我對待甜食的策略錯了。在那次萬聖節之前，小豆幾乎沒吃過糖，就我所知，她連一粒小熊軟糖也沒嚐過。所以我其實跟那對巴西利夫婦沒什麼兩樣，我們都在假裝世上不存在這些食物。

我也看過其他英語系國家父母打死不願意讓孩子吃糖的景象。有一次下午活動時，一位英國媽媽請我不要發餅乾給她女兒，雖然其他小朋友都在吃，但那位媽媽說：「我女兒沒必要知道有餅乾這種東西。」我還認識另一位媽媽（甚至還是個心理醫生），某個炎夏傍晚，我們的小朋友都在外頭玩耍，熱得滿臉通紅，而這位媽媽卻苦苦思量該不該讓一歲半的女兒吃根冰棒（但最後她妥協了）。我還看過一對總共擁有三個碩博士學位的夫妻緊急召開兩人會議，討論他們的四歲小朋友能不能吃棒棒糖。

但不管怎樣，世上就是有「糖」的存在，而法國父母深知這點。他們不會將所有糖類從孩子的日常飲食中趕盡殺絕，而是把糖放進教養框架之中。糖在法國孩子心中有其地位，是日常生活中常見的一部分，因此他們不會一看到糖果就狼吞虎嚥，彷彿重獲自由的囚犯一般。法國孩子可以吃糖的機會是慶生會、學校活動等，或是平常父母偶爾也會讓他們小小享受一番，在這些場合，法國孩子通常可以愛吃多少就吃多少。記得有回托嬰中心辦聖誕派對時，我告訴雙胞胎兒子他們不能吃太多糖果和巧克力蛋糕，但一位老師卻走過來表示異議，她說我應該讓孩子盡情享受派對，不受任何限制。我想起我那位纖瘦的法國朋友維吉妮，她週一到週五會非常留意飲食，但週末時則想吃什麼就吃什麼，因此或許這個道理也適用在孩子身上，他們平常必須遵守規範，但有機會也該「放假」一下。

但決定孩子何時放假的還是父母。有次我送小豆去參加愛比蓋兒的慶生會，她是住在我們這棟公寓裡的一位小女孩，我們進門時，其他客人都還沒到（那時我們還不曉得，在法國參加孩子慶生會時應該稍稍遲到一下）。愛比蓋兒的媽媽才剛把一盤盤的餅乾、糖果擺到桌上，愛比蓋兒問她能不能吃糖果，但她媽媽說「non」（不行），因為現在還不到可以吃糖的時間。接下來發生的事在我眼裡看來簡直像個奇蹟：愛比蓋兒依依不捨地看了糖果一眼，然後就跟小豆跑進房間裡玩了。

巧克力在法國孩子的生活中則扮演更重要的角色。聽法國父母聊巧克力，你會覺得巧克力在他們心中自成一類食物，一如蔬菜類或五穀雜糧類，只不過這類食物只能適量攝取。法妮曾說過她女兒露西平常一天的飲食，這份菜單也會出現少量餅乾或蛋糕，「而且她都喜歡加了巧克力的蛋糕、餅乾。」法妮說。

艾蓮說她會在天冷時讓孩子喝熱可可，通常在早餐時喝，配著棍子麵包吃就是一餐，或搭配餅乾當下午點心。我的孩子非常喜歡看法國的喬比企鵝（T'choupi）童書，書裡喬比生病時，喬比媽媽也讓他待在家裡喝熱可可。我帶孩子到附近劇場看過一齣《金髮女孩和三隻小熊》，在這場法國人演的戲裡，三隻小熊吃的也不是燕麥粥，而是巧克力糊（bouillie au chocolat）呢！

醫學倫理專家丹妮絲不准女兒吃麥當勞，而且總是親自替她們料理營養晚餐，但她也經常讓女兒吃巧克力配麵包和水果當早餐。丹妮絲解釋：「這算是她們上學的獎勵，又可以讓她們元氣十足。」

法國家長並不會讓小孩吃大量的巧克力，每次的份量通常只是一小塊巧克力、一杯巧克力飲品，或是巧克力可頌裡的一小條內餡，小朋友會開開心心吃掉，也知道不能再跟父

孩子平常必須遵守規範，但有機會也該「放假」一下，然而，決定孩子何時放假的還是父母。

母多要，但總之巧克力對法國孩子而言就是一個尋常的營養來源，而不是什麼違禁品。有一次小豆參加學校夏令營後，拎著一份巧克力三明治回家，也就是一條中間夾著巧克力的棍子麵包，我覺得好新奇，還拍了張照片（後來我才知道，這種巧克力三明治通常夾黑巧克力，法國人常拿來當小朋友的下午點心）。

在甜食的領域中，重點依然是教養框架。法國家長無畏含糖食物，許多父母會在午餐或下午茶時間讓孩子吃蛋糕和餅乾，但晚餐時則不會讓小朋友吃巧克力等口味濃重的甜點。法妮解釋：「因為晚上吃的東西會留在我們身上很多年。」

吃完晚餐後，法妮通常讓小朋友吃新鮮水果或燉水果（燉水果有加糖的也有不加糖的，法國超市裡常有一區專賣燉水果）。法妮說她也常買各種原味優格，然後讓露西自己加果醬吃。

因此，法國家長對於甜食的態度也跟許多其他事情相同。他們把重點放在用餐時間，為孩子訂定嚴明規範，但在規範之內則不多加干涉。法妮說：「就像我要求女兒坐在餐桌前好好把每道菜都嚐一口，我不會強迫她從頭吃到尾，她只要跟我們一起坐下來，把菜都吃過一遍就行了。」

忘了從什麼時候起，我在家裡料理三餐給孩子吃時也開始一道道上菜，如今已養成了習慣，算是學習法國人的智慧。每天從早餐起，孩子在餐桌前坐好後，我便擺出切好的水果，他們一邊小口啃食，我一邊準備接下來要吃的烤麵包片或早餐穀片。早餐時孩子們可以喝果汁，但午餐或晚餐我們只喝水，這點就連我家那位工會領導人也沒有異議；我們會一邊喝水，一邊描述水帶給我們的潔淨感受。

午餐和晚餐，我總是先上蔬菜類，因為開動時是孩子們最餓的時候，我至少會等他們的蔬菜前菜吃了一部分之後才上主菜，而且他們通常會先把前菜吃光，只有上他們沒吃過的新菜時才比較棘手，這時我就得訴諸「嚐一口」的規則。有時里歐見到陌生食物怎麼也不肯吃，我就會要求他至少聞聞看，通常他聞過之後就肯吃一小口了。

小豆有時會抓緊了這條規則的字面意義，例如她會吃新菜色裡的一小片櫛瓜，然後就堅持自己已經「嚐一口」了，此外最近她還變本加厲，宣布她什麼東西都可以嚐一口，「除了沙拉以外」——她指的是沙拉裡頭的綠色生菜。不過我們準備的前菜她大多很喜歡，包括酪梨片、番茄佐油醋醬、蒸花椰菜搭配少許醬油等等。有一次我弄了油醋醬胡蘿蔔絲（carottes rapées），而且努力唸出法文發音，結果全家人都笑了好一會兒。

我的孩子坐到餐桌前時總是飢腸轆轆，因為他們除了下午的點心，其餘時間真的沒吃零食。當然，我們人在法國，其他小朋友也都不吃零嘴，這點當然有幫助，但即便如此，要執行不吃零食的規定仍然需要鋼鐵般的意志。如果小朋友在三餐之間要求吃一大塊麵包或一整根香蕉，我是不會屈服的，而隨著孩子漸漸長大，他們也很少再這樣要求。他們偶爾吵著要吃零食時，我就回答：「不行，再過三十分鐘就可以吃飯了。」除非孩子真的餓壞了，否則他們通常不會再抗議。有一次我帶里歐去逛超市，他指著一盒餅乾說那是「Goûter」（下午的點心），我胸中湧起一股成就感。

我盡量不對法國家長的飲食規矩表現得太過狂熱（套西蒙的說法，就是不要「比法國人還法國」）。因此我煮晚餐時，偶爾也先讓孩子嚐嚐食材，例如一片番茄或幾粒鷹嘴

法國父母在晚餐時不會讓小朋友吃巧克力等口味濃重的甜點，因為晚上吃的東西會「留在我們身上很多年」。

豆；料理孩子沒吃過的食物（好比松子）時，也會在煮的時候先給孩子吃一、兩口，這樣可以幫助他們準備好嘗試新滋味，有時我甚至也給他們一點巴西利吃吃（但我不會說那是「巴西利零嘴」）。至於開水，當然孩子愛怎麼喝就怎麼喝。

有時我也覺得訓練孩子嚴守飲食框架很辛苦，尤其是西蒙出差不在家時，我時常很想省略前菜，直接弄一大盤義大利麵讓孩子吃吃了事就好，偶爾我也真的會偷懶一下，這時孩子就會開開心心地呼嚕吞下肚——不必擔心他們會吵著要吃沙拉和蔬菜。

儘管如此，我不讓孩子有討價還價的權利，我像法國媽媽一樣，已經認定教導孩子領略各種口感和均衡飲食是我身為家長應盡的職責。此外我也向法國媽媽學習，盡量在腦中計畫好一天的均衡膳食。現在我們跟法國家庭一樣，一天當中的高蛋白質大餐通常在午餐吃，晚上則享用澱粉類為主、蔬菜為輔的餐點，我承認我常煮義大利麵給孩子吃，但我會盡量搭配各種麵條及醬汁，比較有時間的時候，我也會煮一大鍋湯，配上白飯或麵包當晚餐（不過我不像勤勞的法國人還把湯打成糊狀）。

只要使用生鮮食材，並且在視覺效果上花點心思，小朋友看到菜餚一定會感到食指大動。我做菜時會盡量注意料理的配色，若有時菜色稍嫌單調，我也會加幾片番茄或酪梨切片。我家裡有一整套五彩繽紛的美耐皿餐盤，但晚餐時我總用白色盤子，因為這樣能凸顯菜餚本身的顏色，也能讓孩子明白我們要像大人一樣用餐。

用餐時，我盡量讓孩子凡事自己來。從兩個兒子小時候開始，只要晚上吃義大利麵，我就會遞帕瑪森起司粉給他們，讓他們自己撒在麵上，此外喝熱可可時，孩子也可以自己加一匙糖，偶爾吃優格時我也讓他們加。每天飯後，小豆常會要求吃一片卡蒙貝爾起司或家裡有的任何一種起司。除非是特殊場合，否則平常晚餐飯後我們家不吃蛋糕或冰淇淋，此外我也還不讓小朋友吃巧克力三明治。

這一切現在已經習慣成自然，但過程並不容易，不過兩個兒子天生愛吃這點也幫了我不少忙。一位托嬰中心的老師叫他們「美食家」，我知道這是委婉的說法，意思是他們食量超大，老師說我兩個兒子最愛說的一個字就是encore——還要！兩個兒子還養成了一個滿討厭的習慣，就是會在吃完飯後把盤子舉起來，這招或許是托嬰中心教他們的，表示食物吃光光了，但這麼一舉，盤裡殘餘的醬汁全都流到桌上（他們在托嬰中心用餐結束時，應該會先用麵包片把醬汁沾乾淨）。

現在甜食在我們家不再是違禁品，孩子可以適時、適量地享受甜食，小豆看到糖果時也不再用生命去吃糖了。在嚴寒的冬日早晨，我會煮熱可可給孩子喝，再用微波爐把前一天的麵包稍微加熱弄軟，再切幾片蘋果，而孩子很喜歡把蘋果沾著熱可可吃。這樣的早餐多有法國風味啊！

法國家庭一天當中的高蛋白質大餐通常在午餐吃，晚上則享用澱粉類為主、蔬菜為輔的餐點。

法國小孩都愛喝的美味熱飲

艾蓮的熱可可

（約可煮6杯）

材料：

無糖可可粉1至2茶匙

低脂牛奶1公升

砂糖適量（依個人喜好而定）

做法：

1. 取一鍋子，將2茶匙可可粉與少許冰涼或室溫的牛奶混合，攪拌成黏糊狀。
2. 倒入剩餘牛奶，攪拌至色澤均勻。
3. 以中火煮至沸騰。
4. 稍微放涼，把凝結在表面的薄膜撈掉，然後將熱可可倒入馬克杯。
5. 讓孩子在飲用前自己加糖。

早餐快速版本：

1. 取一大馬克杯，將1茶匙可可粉與少許牛奶混合成糊狀。
2. 將杯子倒滿牛奶，攪拌均勻。
3. 整杯放進微波爐加熱至滾燙（約需2分鐘）。
4. 把這杯濃縮熱可可分別倒入數個馬克杯，再加入室溫或冰涼的牛奶即成。
5. 飲用時可搭配酥脆的棍子麵包或各種烤麵包。

Chapter 13
我是老大

我的「性格」兒子里歐做什麼事都快，我的意思不是他能力過人，而是他移動的速度是正常人類的兩倍。他兩歲大時就已經培養出短跑選手的體質，成天在家裡衝來衝去。不只如此，他連講話都比別人快，例如小豆生日前夕，他開始一直用尖銳的高音唱「祝你生日快樂祝你生日快樂祝你生日快樂」，整首歌幾秒鐘之內就可以唱完。

要制伏這個小飛毛腿很不容易，因為他現在幾乎跑得比我還快了。每回帶里歐去公園，我幾乎從頭到尾不得閒，因為他似乎一直覺得遊戲場四周的出入口在召喚他往外跑。

對我來說，法國式教養最了不起也最難學的一部分就是法國家長的權威。我認識的法國父母大多帶有一股輕鬆沉穩的權威感，能讓孩子乖乖聽話，令我又羨又妒。法國孩子不會一直自己亂跑，不會跟父母頂嘴，也不會討價還價個沒完，但法國父母究竟怎麼辦到的呢？我如何才能學會這種魔法，讓孩子聽我的話？

某個週日早晨，我和鄰居菲德喜一起帶孩子去公園玩，她親眼見識了我和里歐之間的攻防戰。菲德喜出身勃根地，目前在旅行社工作，看起來是四十五、六歲的年紀，嗓音沙啞，舉止嚴肅。她花了幾年時間申請才成功從一家俄國孤兒院收養到蒂娜，蒂娜才三歲，是個可愛的紅髮女娃，那天我們一起去公園時，她倆才當了三個月的母女。

儘管如此，菲德喜卻已經在傳授我教育孩子的學問了。她有法國人的教養天分，對於育兒的種種「可以」和「不可以」，她跟我有截然不同的看法，這點我們在沙坑時便能明顯察覺。我和菲德喜坐在沙坑外圍準備小聊一下，但里歐一直衝到沙坑外面，我便得一直站起來追他、罵他，然後把他拖回沙坑，他則一路尖叫。這過程一再重複，既煩人又累人。

起初菲德喜只是靜靜看著我們母子這齣戲碼，但後來她開口了，她用友善誠懇的語氣說，如果我一直這樣跑去追里歐，我們根本沒辦法好好享受這幾分鐘，沒辦法好好坐著聊天。

我回答：「妳說得沒錯，可是不然我能怎麼辦？」

菲德喜說，我對里歐的態度應該嚴厲點，他才會明白他不能自己離開沙坑。她說：「否則妳這樣一直跑去追他，他根本不會把妳的話聽進去。」在我心裡，整個下午追著里歐跑是一件「不得不」的事，但對菲德喜來說，這卻是「不可以」的事。

當時我覺得菲德喜說的策略不會有用的，我告訴她，我已經罵了里歐整整二十分鐘啦。菲德喜露出微笑，她說我說「不行」的時候應該堅定點，而且要打從心裡相信這條規定。

幾分鐘後，里歐又想奪門而出，這回我用比平常嚴厲的語氣告訴他「不行」，但他還是跑了出去，我只好跑出去把他拉回來。

我對菲德喜說：「看吧，根本沒辦法啊！」

她又微笑，然後告訴我，我的「不行」必須說得更有說服力，她說從我的語氣聽不出我相信兒子會乖乖聽話。菲德喜說，我不必大聲怒罵，但語氣必須果決一點。

我很怕這樣會嚇到兒子。

菲德喜鼓勵我：「不會，不用擔心。」

下一次，里歐依然不聽我的話，又跑出去一次。然而我逐漸發現自己說的「不行」越來越有力，我並沒有大聲說話，但聽起來就是比較有自信了，我感覺自己彷彿在扮演另一個家長。

到了第四次，我感覺自己說「不行」時終於信心滿滿，里歐照樣跑向出口，但神奇的是，這回他竟然沒把門推開。他回頭打量我，而我睜大雙眼，露出責備的神情。

十分鐘後，里歐不再離開沙坑，他彷彿完全忘了那些出口，開始專心地跟蒂娜、喬喬

對孩子說「不行」的時候應該堅定，而且要打從心裡相信這條規定。不必大聲怒罵，但語氣必須果決。

和小豆玩。我和菲德喜伸長了腿，自在談天。

我在里歐心中突然成了權威的角色，我十分震驚。

菲德喜說：「看吧！重點是妳說話的語氣。」她的語氣不帶絲毫沾沾自喜。

菲德喜說，里歐看起來一點也沒有受到創傷，這一次——或者應該說有史以來第一次，他看起來竟像個法國孩子。三個孩子都變得冷靜有智慧，我突然覺得肩膀都放鬆下來，這是我以前帶孩子來公園玩不曾有過的感受。難道這就是身為法國媽媽的感覺嗎？

我如釋重負，但同時也覺得自己很愚蠢，因為如果這件事就是如此簡單，我過去幾年來為何不試試呢？畢竟說「不行」又不是什麼最新的教養秘技，菲德喜教我的方法唯一特別之處就是讓我不再猶疑，讓我肯定自己身為母親的權威。她說這方法是從小從大人身上學來的，是她根深柢固的信仰，她講這套教養哲學時，讓人覺得這是人人都知道的常理。

此外菲德喜也深信，讓大人最輕鬆的狀態（小孩乖乖玩耍，大人悠閒聊天）對孩子也是最好的。這點似乎沒錯，因為里歐這時確實比半小時前自在多了，他不必再經歷逃跑然後被抓回來的循環，而可以跟其他孩子開心玩遊戲。

我準備把這個新學到的招數牢記在心，當成管教孩子的萬靈丹，但菲德喜警告我，教導孩子尊重父母並沒有仙丹妙藥，這是一個漫長持續的過程。她說：「沒有一招打遍天下這回事，妳要一直調整教養的方法。」

真可惜。所以菲德喜這些法國父母可以在孩子心中保持權威感，他們究竟是怎麼做到的？法國家長日復一日、餐復一餐地讓子女學習尊重父母，他們的秘訣是什麼？我又該如何學習？

一位法國同事說，如果我真的想學習法國家長的權威，一定要跟她的表妹聊聊。同事的表妹名叫多明妮克，是一位法國歌手，在紐約撫養三個孩子，儼然是一位深諳美式和法國式教養差異的專家。

多明妮克今年四十三歲，外型就是那種法國新浪潮電影女主角的調調，髮色深黑、五官精緻，目光炯炯如羚羊一般。我想如果我再瘦一點、美一點，而且又會唱歌的話，那我跟她根本就像在過對照人生了——她是去紐約生兒育女的巴黎人，我則是來巴黎養小孩的紐約客；搬到法國來讓我變得沉穩、不再那麼神經質，而多明妮克雖然外表看似冰山美人，但其實早沾染了曼哈頓女人那種熱愛自我剖析的調調。她說得一口法國腔英文，講話十分生動，不時穿插誇張版美式口語常見的語助詞，例如like（就像）和oh my god（我的天啊）。

多明妮克來到紐約時只不過是個二十二歲的學生，她原本打算到紐約學英文，半年後就回家，沒想到紐約很快成了她的家。「在紐約我感覺好快樂，生活中有很多新的刺激，日子過得很有活力，我在巴黎已經很久沒有這種感覺。」她後來便跟一位美國音樂家結婚了。

多明妮克懷第一胎時，發現美式育兒令她深深著迷。「在美國懷孕好有歸屬感，在法國沒辦法有這種感覺……就像假如妳懷孕，而且又喜歡瑜伽，那叮咚——妳很快就可以找到一群也喜歡做瑜伽的孕婦。」

她也很快注意到美國人對待兒童的方式。有一次她參加老公的感恩節家族聚餐，某位親戚的三歲女兒現身後，在場的二十個大人全都擱下原本聊天的話題，把注意力全集中在

讓大人最輕鬆的狀態（小孩乖乖玩耍，大人悠閒聊天）對孩子也是最好的。

那孩子身上。

「我心裡想，噢，真是太了不起了，這個美國文化，好像把小孩子當成神一樣，真的好神奇，我感覺就像，噢，難怪美國人會這麼自信又快樂，法國人卻這麼憂鬱，看這點就知道啦——我們從小得到的關注就不同。」

然而隨著時間過去，美國人對兒童的關注卻給了多明妮克不一樣的感受。她發現那位被家族捧在手心的三歲小女孩非常自我中心。

「我的感覺就像：『夠了，我真的很不喜歡這小孩子。』她到每一個地方，就覺得所有人都應該暫停他們的生活，把注意力放到她身上。」

多明妮克的三個孩子現在分別是十一歲、八歲和兩歲，她說她曾無意間聽到孩子的托兒所同學向老師頂嘴說：「你又不是我老闆！」（多明妮克說：「在法國絕對不可能出現這一幕。」）此外，每次一些家有小小孩的美國夫婦邀她和先生到家裡共進晚餐時，最後煮飯的工作大都落在她這個客人頭上，因為主人常得忙著哄小孩睡覺。

「美國家長從不堅定對小孩說：『不准再鬧了，我不理你了，現在是睡覺時間，是大人時間了，我要跟朋友相處，屬於你的時間已經結束了，現在輪到我們，你該睡了，就這樣。』反正美國父母都不這樣，我不知道為什麼，但他們就是做不到，他們會一直服侍小孩，我看了真的覺得不可思議。」

多明妮克仍然熱愛紐約，且整體而言她認為美國的學校教育優於法國，但說到教養孩子的方式，她則越來越傾向法國家長的習慣，也就是訂下明確規則，劃出清楚界線。

「法國式教養有時太嚴格，我認為法國家長應該對兒女溫柔友善一點，但美式教養則是另一種極端，美國人養小孩的方式彷彿小孩是統治這個世界的人。」

面對這位跟我過著對照版人生的女士，我無法反駁她的話，因為她所說的那些跟美國人聚餐的情景我完全可以想像。美國家長（包括我在內）時常滿心猶豫，不曉得該不該當孩子的老大。理論上，我們的確認為孩子需要規範，這是美國父母不曾懷疑的真理，然而實際教養時，我們又時常不知如何擬定規範，或是不忍心嚴格執行。

西蒙有位大學同學的三歲女兒不怎麼乖，他曾解釋自己為何放任女兒。「如果女兒不乖、我發脾氣了，我心裡的感覺常常是愧疚大於生氣。」我也有一位朋友說她的三歲兒子時常咬她，但如果她大聲罵兒子，她會「覺得很難過」，因為她知道這樣一罵，兒子一定會哭，因此她總是索性算了。

英語系國家的家長總是擔心嚴格管教會破壞孩子的創造力，例如曾有一位美國媽媽來巴黎玩，她看到我家的嬰兒圍欄時震驚萬分，因此顯然現在在美國家長心中，連嬰兒圍欄對孩子都是一種有害的限制（我跟西蒙根本不曉得，因為嬰兒圍欄在巴黎是很尋常的育嬰用品）。

一位來自長島的媽媽還告訴我她姪子的故事。她說她有個姪子小時候非常沒家教，他雙親都放任得令人難以置信，但那姪子長大後成了美國一家大型醫學中心的腫瘤科主任。這位太太似乎是在合理化那姪子兒時的行徑，她說：「我覺得有些聰明的小孩子小時候很不聽話，很難帶，但他們的創意比較不會被扼殺，長大後的發展都比較好。」

拿捏教養的尺度是一門艱深的學問，我讓里歐待在嬰兒圍欄或公園沙坑裡，會不會因此導致他長大後無法成為癌症名醫？到底「表達自由意志」和「無法無天沒家教」之間的界線在哪？若我在路上讓孩子停下腳步細看人行道上的每一個人孔蓋，這是放手讓孩子快

**我們的確認為孩子需要規範，然而實際教養時，
卻又時常不知如何擬定規範，或是不忍心嚴格執行。**

樂探索，或是在助長他們變成小惡魔？

我認識的許多英語系國家父母都陷入一種進退兩難的教養困境，我們既想專制統治，又想鼓勵創意發展，結果就是得不停跟孩子來回談判。我第一次體驗到這事是在小豆三歲的時候，那時我們剛訂下一條新家規，讓她每天看四十五分鐘電視。有天時間到了，她卻吵著要再看一會兒。

我說：「不行，妳今天看電視的時間已經用完了。」

小豆回嘴：「可是我當小貝比的時候都沒看耶！」

我認識的英語系國家父母當中，大部分都跟我和西蒙一樣，還是設了一些規範，但如今流行的教養哲學形形色色，難免還是有少數父母反對任何形式的權威教養。有次我回美國便遇到一位這樣的家長。

這位美國媽媽叫莉茲，從事平面設計，年紀約莫三十五、六歲，有個五歲大的女兒茹比。我們聊天時，莉茲隨口就列舉出她信奉的育兒大師——小兒科醫師威廉・西爾斯（William Sears）、作家艾菲・柯恩（Alfie Kohn），還有行為主義者斯金納（B. F. Skinner）。

茹比不乖時，莉茲和先生的策略是設法告訴女兒，她的行為在道德上是錯的。莉茲說：「我們希望矯正她的不良行為，但不要訴諸大人的權力。我不想濫用我比她大、比她強壯的優勢，我不想用那種方式管教她，同樣的道理，我也不想表現出那種錢在我手上、所以『我決定妳可以買什麼、不能買什麼』的態度。」

莉茲為了建構這套教養哲學費了許多苦心，這點我十分動容，她並不是將某位大師的觀點照單全收，而是集各家大成，自己消化吸收，發展出一套完整的育兒哲學。她說她開發出的這套教養方式，跟她小時候父母教育她的方式截然不同。

然而莉茲付出不少代價。她說這套教養哲學自成一格，加上她不願被其他人評斷，就因為這樣，她與不少鄰居、同儕都鮮少往來，甚至連跟自己父母的關係都受到影響，因為她父母無法理解這套哲學，而且也明白表示他們不贊同莉茲教育孫女的方式，因此莉茲現在已經沒辦法跟父母討論育兒話題，每次回去探望雙親的氣氛總十分緊繃，茹比不聽話的時候尤其嚴重。

儘管如此，莉茲和先生仍然堅持不願賣弄身為父母的權威。最近茹比開始喜歡出手打爸媽，每次他們夫妻倆都會叫茹比坐下，然後好聲好氣地跟她討論打人為何不對，這種說理的方式立意良善，但顯然並不奏效，莉茲說：「她還是經常打我們。」

相較之下，法國宛若另一個世界。在法國，即便再怎麼奔放不羈的家長也以嚴格管教為豪，而且都會明說他們就是家中階級的最上位。法國是一個推崇革命、無畏障礙的國家，但法國家家戶戶的飯桌上，顯然不存在美國家庭那種「無政府狀態」。

我前面提過的一位藝術史學者朋友茱蒂特承認：「我們法國人很矛盾。」她是三個孩子的媽，家住布列塔尼。她說她的政治觀是「反威權」，然而說到教養兒女，她認為自己就是老大，沒得討論，她說家裡的階級制度永遠是「父母在上，小孩在下」，而且在法國，「父母不可能跟孩子共享權力。」

法國媒體和老一輩法國人經常提到當今社會日益嚴重的「小霸王」症候群，也就是孩子越來越騎在父母頭上，然而我實際跟巴黎父母聊天時，最常聽到他們說的一句話卻是C'est moi

在法國，永遠是「父母在上，小孩在下」，
而且父母不可能跟孩子共享權力。

qui décide——決定的人是我，甚至還有一個更威權的版本是C'est moi qui commande——下令的人是我。法國父母把這些話掛在嘴邊，時時提醒孩子和自己，父母才是老大。

美國人或許會把這種階級觀念視為一種暴政。我認識一位住在巴黎市郊的美國朋友蘿賓，她嫁了個法國老公，育有一子一女，分別是亞歷安和莉雅。有天我去蘿賓家吃晚餐時，她告訴我，亞歷安一、兩歲大時，有一次她帶他去看小兒科醫生，亞歷安哭個不停，不肯站上體重計，蘿賓便蹲下跟兒子講道理。

沒想到醫生插手了，他告訴蘿賓：「妳不用解釋為什麼，只要對小朋友說『就是要量體重，你就是要站上體重計』，就這樣，這沒必要商量。」蘿賓震驚萬分，過一陣子她就換了醫生，因為她覺得那位醫生太過嚴厲。

那晚蘿賓的先生馬克也在，他忍不住插嘴：「不是，那醫生不是那樣說的！」馬克是職業高爾夫選手，是個土生土長的巴黎人。他就是那種不怒自威的典型法國家長，我注意到他對孩子說話時，孩子總是很注意聽他說，而且會立刻回應。

馬克說那位醫生並不是無端擺出上對下的姿態，而是在幫忙教育亞歷安。總之馬克對那次事件的印象截然不同。

他說：「那位醫生當時是說，妳應該有把握一點，直接把小孩抱上體重計……如果妳給他太多選擇，他反而會覺得很徬徨……妳要告訴他事情就是這麼做，沒什麼好或壞，反正就是要這麼做。」

他又補充：「這看起來是一個簡單的舉動，但這就是教養的第一步。有些事就是不需要解釋，像小朋友去診所就是要量體重，所以我們把小朋友抱上磅秤就對了。沒什麼好說的！」

馬克還說，亞歷安不喜歡那次被強迫量體重的經驗，而這其實也是要讓他學習的一課。「生活中本來就有許多我們不喜歡的事，但很多事就是義務，我們不可能永遠只做自己喜歡或想做的事。」

後來我問馬克他如何讓孩子聽話，而顯然這樣的成果並非一蹴可幾，他說他花了很大的心力才慢慢建立現在跟孩子互動的模式，他說建立權威是他養兒育女時費心思量的事情，他一直視為要務。而他之所以費盡心思鞏固權威，是因為他真心認為父母有自信，孩子才會感覺安心。

「我認為有一個領導者、有人可以指引方向是比較好的，對小朋友來說，這種知道一切都在爸媽掌握中的感覺很重要。」

這時，九歲的亞歷安開口附和：「就像騎馬的感覺一樣。」

蘿賓稱讚他：「說得好！」

馬克繼續說：「我們法國人認為由奢入簡難，如果管教太嚴，家長隨時可以鬆綁，但如果一開始就太放任，之後才想變得嚴格，那是不可能成功的。」

馬克描述的其實正是法國家長替孩子從小建立的教養框架，而認定自己有權對孩子說「現在就是得量體重」，這其實也是建構框架的一小步。

我們這些美國家長往往假設為人父母就得整個下午在公園裡追著孩子跑，或邀朋友來家裡共進晚餐時仍得花半個晚上哄孩子睡覺，這些事令人心煩，但我們似乎漸漸覺得這就是常態。

然而對法國父母而言，跟一個不聽話的小霸王住在一起簡直是極度失衡的生活，對整

對小朋友來說，「知道一切都在爸媽掌握中」的感覺很重要。父母有自信，孩子才會感覺安心。

個家庭都沒好處，這樣會磨損日常生活中的快樂，對父母和孩子都一樣。要鞏固教養框架非常費勁，這點法國父母都知道，但他們更不能接受自己養出一群小霸王。法國家長心裡曉得，若不想每天晚上花兩小時哄小霸王入睡，他們就一定得建立教養框架。

馬克說：「在美國，好像大家都覺得生小孩後就沒辦法擁有自己的時間了，但我認為應該讓孩子了解，他們不是大家生活的重心，這個世界並非繞著他們轉。」

那法國家長究竟如何打造出這套框架呢？無可諱言，他們鞏固規則的過程有時確實顯得嚴厲，但這套教養方法並非只是一味說「不」或強調「父母才是老大」，法國家長及教育工作者教養的主要方法，其實就是一再談論框架，換言之，法國父母常花很多時間告訴孩子什麼事可以做、什麼事不能做，如此經常討論，便逐漸確立出教養框架，甚至會感覺這套框架成為有形，好比一齣成功的默劇能讓人感覺眼前確實有一堵牆。

法國家長跟孩子討論框架時態度通常十分有禮，他們經常把「請」掛在嘴邊，即便對嬰兒說話也一樣（嬰兒當然也需要禮貌對待，因為法國人認為嬰兒能理解大人說的話）。法國父母向孩子定義規範時，經常用的是一套「權利」的說法，因此他們不說「不可以打弟弟」，他們會說「你沒有權利打弟弟」。這兩句話不只有語意學上的差異，給人的感覺也天差地別，法國家長講的「權利」讓孩子意識到世界上有一套穩固連貫的權利規則，小孩跟大人都得遵守，此外，這樣孩子也會明確知道自己有權利做其他事情。

耳濡目染下，法國孩子學會這套說法，並且也會這樣彼此規範，例如法國幼兒常講一句押韻的童言童語：Oh la la, on a pas le droit de faire ça!（我的天，我們沒有權利那樣做！）

法國大人常對孩子說的另一句話是「我不同意」，好比「我不同意你把豆子丟到地上」。法國家長說這話時都是語調嚴肅，眼睛直視孩子。說「我不同意」比說「不」更有力，因為這讓孩子意識到說話的大人也有自己的想法，可以教導孩子考慮說話者的感受。除此之外，這句話也點出孩子對於豆子有自己的想法，雖然此刻他們的想法被大人否定，但大人確實知道他們的想法；這代表大人認為丟豆子是孩子理性的選擇，所以孩子也可以理性決定不丟。

或許這就是為何法國家庭用餐時總是一片祥和，法國父母及保姆老師不需等待衝突發生再訴諸嚴懲，他們把精力放在許多看似簡單的溝通上，預先以禮貌的態度向孩子解釋規範。

我去托嬰中心觀摩那些一歲半嬰兒享用他們四道菜的星級午餐時，就見證過這套教養方法。只見一桌六位小朋友身上都穿著粉紅色的毛巾布圍兜，圍著一張四方形桌子坐著，由安瑪希看著他們用餐，氣氛非常平和，安瑪希會一一介紹每道菜餚，並告訴小朋友接下來要上哪道菜，此外，我注意到她非常仔細觀察小朋友的一舉一動，若有誰稍稍表現不好，她便立刻以溫柔的語氣糾正。

例如有個小男生拿湯匙敲桌子，安瑪希立刻說：「小心點，我們不會拿湯匙敲桌子喔！」接著她又對另一個小男孩說：「不行不行，我們現在還不能碰起司，等下才可以吃。」安瑪希對孩子說話時，眼睛總是直視他們。

法國家長及保姆老師等人並非整天都投注這麼多心力，我發現他們通常在用餐期間最留意，因為用餐牽涉各種動作，需要較多規範，而且不留心的話最容易造成一片混亂。在那三十分鐘的用餐期間，安瑪希持續這樣對孩子說話及糾正一些小動作，這頓飯吃完後，每個孩子的臉上都沾滿了食物，但地板上卻幾乎沒什麼碎屑。

我遇過的法國家長及保姆老師等都像馬克和安瑪希一樣，在孩子面前有威嚴卻沒有獨裁者的感覺，他們不是想養出一個個服從的小機器人，恰恰相反，這些法國人時時跟孩子溝通，也善於傾聽孩子的想法，事實上，我遇過在孩子面前最有威嚴的法國大人，對孩子說話時都習慣使用平輩之間而非上對下的語氣。安瑪希告訴我：「要禁止小朋友做某件事的時候，我們一定要解釋為什麼。」

我問過不少法國父母他們最希望把孩子培育成怎樣，他們說的答案不外乎「希望孩子對自己感覺自在」、「希望孩子找到自己想走的路」等等，因此法國家長希望孩子培養出自己的品味及意見，而且他們其實不希望孩子的性情過於溫順，而希望孩子有自己的個性。

儘管如此，法國人認為孩子必須先學會尊重規範、控制自己，才可能進一步發展自己的性格。因此除了獨特性格，教養框架也同等重要。

生活在巴黎，周遭小朋友都如此有教養，家長的要求又都如此嚴格，日復一日，每當我帶兩個兒子經過電梯到大門之間的中庭，而他們又開始大哭大鬧時，我總是羞愧得無以復加，我老覺得這是在向我的幾十戶鄰居宣告：美國人又來囉！

聖誕假期時，有天我和小豆受邀去她同學家吃下午點心，同學媽媽請孩子們吃餅乾配熱可可（我則拿到茶）。所有人都圍著餐桌坐好之後，小豆似乎決定這是個做笨事的好時機——因此她喝了一大口熱可可，然後又吐回杯子裡。

我羞愧得無地自容，要是我分得清楚桌底下哪隻腳是小豆的，我肯定踢她一下。我低聲喝止她，但又不想小題大作壞了大家的氣氛，而在此同時，女主人的三個女兒正沉穩地坐在位子上，小口小口吃著餅乾。

我已經知道法國家長會建立一套管教框架，但我不了解的是，他們為何能管教得如此從容自若？我心裡想著一個道理：作戰必得上戰場啊——我家就是如此，例如假使我希望小豆留在房間，我就得陪她一起待在房間裡，否則她很快就會自己溜出來。

上回在公園裡制伏里歐後，我增添不少信心，現在我儘可能一直維持威嚴，但有時這招不怎麼管用，我實在不曉得管教孩子應該何時鬆、何時緊。

我想尋求高人指引，便跟瑪德蓮約了午餐。瑪德蓮是一位法籍保姆，以前曾幫蘿賓和馬克帶過孩子，她住在法國西部布列塔尼的一個小鎮，但現在暫時住在巴黎，上夜班照料一名新生兒（套瑪德蓮的說法，那嬰兒正在「尋找他的夜」）。

瑪德蓮現年六十三歲，育有三子，她的頭髮已由褐轉灰，剪得短短的，臉上掛著和藹笑容。她整個人散發出一種坦然的自信，我在菲德喜和其他法國家長身上也見過，而瑪德蓮和他們一樣，對於自己的教養方法有著沉著的信念。

我們才剛坐下，瑪德蓮便告訴我：「大人越縱容，小朋友就越不快樂。」

所以瑪德蓮管教有方的秘訣究竟是什麼？

她回答，秘訣就是Les gros yeux——「大眼睛」。她坐在桌子對面示範這招給我看，她一示範，便立刻從圍著粉紅圍巾的慈祥老奶奶變成一隻嚇人的大眼貓頭鷹，就連演戲都顯得信心十足。

我也想學這招「大眼睛」，因此我們的沙拉上桌後，我就開始練習了。起初我一扮貓頭鷹就忍不住發笑，但如同在公園裡跟菲德喜練習對里歐說「不」一樣，我心中的信心逐

大人越縱容，小朋友就越不快樂。
而法國人管教有方的秘訣就是「大眼睛」。

漸湧起，便能察覺到自己的差異，不久之後，我已經不再想笑了。

瑪德蓮說，她並不只靠威嚇的方式讓孩子順從，根據經驗，當她跟孩子建立起默契、彼此尊重時，「大眼睛」這招才最管用。瑪德蓮告訴我，她的工作最有成就感的時候就是跟孩子發展出「雙向關係」時，亦即兩人看世界的觀點漸趨一致，她始能預測孩子接下來的一舉一動。要想達到這種境界，她得細心觀察孩子、跟孩子說話，還得信任孩子、給予他們適度自由。

確實如此，瑪德蓮說要跟孩子建立良好關係，讓「大眼睛」這招奏效，對孩子的管教就必須鬆緊有致、拿捏得當，得適時給孩子自主和選擇的機會。她說：「我認為有時候應該給孩子一點自由，他們才能發展出自己的個性。」

在瑪德蓮眼中，與孩子建立親密的雙向關係和嚴格管教並無衝突之處，她的權威似乎就建立在她跟孩子的關係之中，而非凌駕在兩人的關係之上。瑪德蓮懂得在親密和權威之間取得平衡。她說：「我們一定要傾聽孩子的意見，但要拿捏規範的是我們。」

大多數法國人都曉得「大眼睛」這招。小豆以前上托嬰中心時最害怕的就是老師用大眼睛瞪她，許多法國人長大後仍記得小時候曾被大人投以這種責備的眼神。

法國美食作家克蘿蒂．杜蘇里埃曾如此描寫母親：「她會做出一種表情……」杜蘇里埃也這樣形容她的雙親：「我父母覺得我逾越界線時，說話的語氣會驟變，他們會露出一種嚴肅不悅的表情，然後說：『不行，妳不可以說這種話。』這樣孩子便會覺得自己受到責罵，感到有些羞辱，但不會難過太久。」

令我玩味的是，杜蘇里埃回憶父母的大眼睛和這個表情蘊含的教養框架時，她的態

度竟是懷念的。她如此描寫：「母親總是明確讓我知道什麼事可以做、什麼事不能做，她

很慈愛，卻能不吼孩子就不怒自威。」

說到吼孩子，這事我似乎常做。有時對孩子大聲說話確實能讓他們乖乖刷牙或在餐前洗手，但我感覺吼孩子使我元氣大傷，更會把氣氛弄僵，我吼得越大聲，之後便越難受，心裡也會覺得越疲憊。

法國父母當然也會對孩子厲聲說話，但法國人在育兒戰場上偏好導彈鎖定，不愛連續轟炸，他們認為大吼是緊要關頭的招數，必要時才用。每回我在公園或家裡吼孩子時，見狀的法國父母都會神色驚慌，以為我的孩子犯下什麼滔天大錯。

我們美國家長常常把權威和管教、懲罰劃上等號，但法國父母其實很少提到管教和懲罰，他們談的是對孩子的教育，也就是循序漸進地教導兒女是非對錯。

在法國家長的觀念中，管教並不是在管小孩，而是在「教」小孩，如此一來，教養的態度自然溫柔許多。例如里歐不肯用餐具吃晚餐時，我便想像我是在教導他使用叉子，就跟教他認字母的道理一樣，這麼一想，我就比較能維持耐心和平靜的態度，如果他沒立刻乖乖聽話，我也不再感到憤怒或不受尊重，就不會給里歐那麼多壓力，他也更願意敞開胸懷學習使用餐具，此外，我不吼他，全家人吃晚餐的氣氛也更好了。

我花了一段時間才明白，法國家長和美國家長對於「嚴格」一詞其實有著不同的定義。美國人形容某人很嚴格時，通常意思是這個人渾身散發威嚴感，令人聯想到嚴肅、不苟言笑的學校老師，我認識的美國家長中很少有人會這樣形容自己。然而我認識的法國父

管教並不是在管小孩，而是在「教」小孩，如此一來，教養的態度自然溫柔許多。

母幾乎個個都說自己很「嚴格」。

儘管如此，法國家長說的「嚴格」並不同，他們的意思是他們對某些事特別嚴格，其餘事情則不拘小節。這便是法國人的教養框架——框架本身穩若泰山，框架之內則讓孩子適性發展。

法蘭絲瓦茲．朵爾托在《兒童的發展階段》一書中提到：「我們應該儘可能賦予孩子自由，切勿在他們身上施加無意義的規範。我們建構的教養框架應該是一套確保孩子安全的最低限度規範，而孩子試圖逾越界線的經驗會讓他們了解這套框架的必要性，而在框架之內，我們不會妄加干涉。」換言之，只嚴格執行幾項關鍵規範的家長顯得較為開明講理，孩子也更願意遵守他們的規矩。

巴黎父母貫徹了朵爾托的育兒精神。我常聽巴黎朋友說，他們不會因為小朋友做了小小的笨事就發怒，因為頑皮原本就是孩子的天性。法國朋友愛思黛就說：「如果孩子犯大錯或小錯，大人的反應都一樣激烈，小朋友又怎麼能分辨事情的輕重呢？」

儘管如此，這些法國父母發現孩子犯了某些錯時，反應會變得特別激烈。法國父母心中不容妥協的事各有不同，但我認識的法國朋友普遍認為最不容妥協的就是孩子必須尊重他人。除了強調孩子必須習慣說日安、再見、謝謝之外，法國人也要求小朋友對父母及其他成人說話時，必須溫文有禮。

法國家長的另一個地雷則是「動手動腳」。美國家長雖然也教孩子不能打人，但孩子出手打父母時似乎很少被嚴懲，反觀我認識的法國大人便沒這麼放任了。小豆曾當著我們鄰居巴斯卡的面出手打我；巴斯卡是一位五十來歲的單身大叔，整個人煥發波希米亞的味道，為人隨興好相處，但那時他見狀卻立刻訓了小豆一頓，告訴她「絕對不可以這樣」。他這番強烈的意見讓我當場震懾，而且我看得出來小豆也又敬又畏。

法國家長教養孩子時的鬆緊拿捏自如，這點從他們對於孩子就寢時間的規範也看得出來。有些法國父母告訴我，他們會要求小朋友睡覺時間一定得待在房間裡，但他們想在房間做什麼都行。

我把這套規則用在小豆身上，小豆愛死了，她顯然沒把重點放在「不能出房門」這件事，而是開心地重複說道：「我想做什麼都可以！」她通常會在房裡玩或看一會兒書，然後就上床睡覺了。

等到雙胞胎兒子大約兩歲，已經從嬰兒床改睡一般床鋪時，我也依樣畫葫蘆，但因為兩個兒子睡同間臥室，因此他們的就寢時間比較「熱鬧」，我常聽見樂高積木大聲撞擊的聲音。但除非他們聽起來像在做危險的事，否則我說完晚安後通常就不再進房間查看。只在偶爾夜深了而他們還玩得很激烈時，我才會進房告訴他們該睡了，我要把房間的燈關掉囉，而兒子似乎也不覺得我這樣是違反「做什麼都可以」的規定，通常關燈時他們已經玩得筋疲力竭，也就乖乖爬上床睡了。

關於家長的威嚴，我為了讓自己進一步脫離原本非黑即白的迷思，便去拜訪了丹尼爾・馬瑟里（Daniel Marcelli）。馬瑟里是法國普瓦捷一家大型醫院的小兒科主任，已發行的著作有十多本，包括近期出版的《聽話無罪》（Il est permis d'obéir），這本書主要談的是教養，但其實也很適合讓人深思「權威」是什麼。馬瑟里的論證嚴謹綿長，會引述

不用因為小朋友做了「小小的笨事」就發怒，
因為頑皮原本就是孩子的天性。

漢娜・鄂蘭等大家思想，也樂於提出看似矛盾、似非而是的道理。

舉例來說，馬瑟里最愛的一項弔詭道理就是如果家長想維持權威，就必須常對孩子說「好」。馬瑟里本人一邊喝著咖啡、吃著巧克力，一邊對我解釋：「如果妳什麼事都不准，那根本就是獨裁了。」他說教養的權威重點應是賦予而非剝奪孩子的權利。

馬瑟里舉了個例子，他說假使有個小朋友想吃柳橙、想喝水或想伸手摸電腦，根據當今法國人的「開明教育」原則，小朋友要動手之前應該先詢問大人，而馬瑟里說他同意這種規定，但家長的回應最好都是「同意」。

馬瑟里說，父母「不該常常禁止小朋友……因為這樣會使教養框架不堪一擊。但教養的重點其實就是教導孩子在行動前先詢問大人意見。」

馬瑟里說，這種互動方式有個看似弔詭的長程目標：在理想教養之下，孩子最後應該可以選擇違背父母。

他說：「如果父母的教育成功，孩子經過一段時間的順從之後，應該漸漸可以賦予自己違抗父母的權利，偶一為之，因為一個人必須先學會順從，才可能懂得如何違抗。」

馬瑟里又解釋：「盲目聽話只會貶低一個人的價值，但有意識的聽話卻可以幫助孩子成長。」（除此之外，這位醫師還認為孩子應該看一點電視，這樣才能跟其他兒童擁有一些共享的文化。）

若想徹底理解馬瑟里這一套關於權威的理論，最好從小在法國長大，因為法國的高中教育包含哲學。但他的論點當中，我能夠完全理解的部分就是他說家長應該替孩子建立一套禁得起考驗的教養框架，如此就算孩子偶爾遠離了框架，也隨時能再回來。

馬瑟里的論點也呼應我在法國常聽到的另一個觀點：如果不為孩子設下規範，他們會迷失在欲望之中（馬瑟里說：「人的天性本來就是貪得無厭。」）。法國家長很強調教養框架，因為他們知道若完全不設防，孩子將會被自己的欲望吞噬，而框架能框住孩子內心的騷動，讓他們平靜下來。

或許這可以解釋為何我家孩子總是巴黎的公園裡唯一耍性子的小孩。小孩子鬧脾氣時，就代表他們已經被自己內心的欲望吞噬，無法控制自己。法國孩子已經習慣聽到父母說「不」，因此擁有面對挫折的能力，而我的孩子顯然沒有。我說的「不」在孩子耳中聽來十分軟弱，並非穩如泰山，根本無法壓住他們的欲望。

法國父母把「覺醒」形容為一種蓬勃發展的過程，而馬瑟里說，有教養框架的孩子絕對也可以充滿創意和覺醒，法國式教養的理想正是讓孩子在框架中蓬勃發展。馬瑟里說，法國確實也有少部分家長認為讓孩子蓬勃發展是最重要的事，因此不願替兒女設下任何框架，而馬瑟里對這種觀點的態度已經很清楚了。他說這些父母教育出來的孩子「根本無法有良好發展，在各方面都很絕望。」

這套全新觀點頗能打動我。我決定從現在起強化權威，但避免獨裁。有天晚上小豆睡覺前，我對她說，我可以了解她有時就是會有想做小笨事的需要。小豆露出放鬆的神情，那一刻我感覺我們母女之間產生了美好的雙向關係。

然後小豆問：「那妳可不可以跟爸比說？」

小豆每天接受法式教育，因此她比我更懂得「管教」這回事。有天早上，我站在我們

小朋友要動手之前應該先詢問大人，但家長的回應最好是「同意」，重點是教孩子在行動前先詢問大人意見。

家大樓樓下，因為西蒙出差，我得自己負責三個小孩，而那時我們已經快來不及了，我急著叫雙胞胎兒子坐上嬰兒車，這樣我才能及時把小豆送到托兒所，接著再送兩個兒子去托嬰中心，但喬喬和里歐卻怎樣都不肯坐上他們的雙人嬰兒車，一直說要自己走，可是這樣我們肯定遲到。除此之外，我們就站在社區中庭，因此我們母子四人的交談，鄰居都能聽見甚至看見。我還沒喝咖啡，昏頭昏腦的，努力擺出威嚴的樣子命令他們上車，但兩個皮蛋依然故我。

小豆一直在旁邊觀察我，她想必覺得我應該要讓兩個小鬼乖乖聽話。她用滿不耐煩的語氣說：「妳就喊『一、二、三』啊！」原來如此，我想她托兒所同學不肯配合時，老師用的一定就是這招。

說「一、二、三」並不是什麼驚天動地的秘技，有些美國家長也會用這招，但這方法背後的邏輯其實非常法國。丹尼爾．馬瑟里說：「這讓孩子有時間因應，也表現出妳尊重孩子。」要孩子乖乖聽話，就應該讓孩子成為參與互動的主體，因此大人該給孩子一些反應時間。

在《聽話無罪》一書中，馬瑟里舉了個幼兒拿起利刃把玩的例子：「他母親直視著他，表情嚴肅，語調堅定平和，眉頭微皺地對他說：『把刀放下！』小朋友看著母親，但仍然沒把刀放下，過了十五秒，母親用更堅定的語氣說：『你現在立刻把刀放下。』十秒後，母親又補了一句：『聽懂了嗎？』」

在這個案例中，小男孩最後自己把刀放回桌上，之後「他母親便恢復柔和的神情，說話語氣也溫柔許多，她誇孩子『好棒』，然後向他解釋小朋友拿刀是很危險的事，有可能割傷自己。」

馬瑟里指出，雖然這位小朋友最後乖乖聽從大人的話，但他其實是參與互動的主體，母子之間是相互尊重的。「孩子順從命令，母親則向他表示謝意，但並不過分有禮，孩子也能感受到母親的威嚴……想達成這樣的結果，親子之間必須有言語溝通、時間、耐心及相互尊重；假使母親衝過去一把抓下孩子手上的刀，孩子便不清楚發生了什麼事，他將無從成長。」

想掌握主導權，又想傾聽並尊重孩子的想法，要在這兩者之間取得平衡並不容易。有天下午我去托嬰中心接喬喬，我正幫他穿衣服準備離開，但他突然嚎啕大哭。這時我整個人已經切換到「我是老大」模式，對於這套新信仰充滿熱忱，我判斷眼前的情況應該跟朋友兒子亞歷安在醫院量體重的情形一樣——我決心不管三七二十一，直接命令兒子把衣服穿上。

喬喬最喜歡的老師法蒂瑪聽到吵嚷聲後走進更衣室查看，但她卻採取了跟我相反的策略，因為喬喬發脾氣在家裡或許司空見慣，但對法蒂瑪來說，小朋友在托嬰中心鬧脾氣卻是很不尋常的事，因此她彎下腰摸摸喬喬的額頭。

她柔聲問喬喬：「怎麼啦？」在法蒂瑪看來，喬喬使性子並不是一個「貓狗嫌」的兩歲孩子在莫名其妙耍任性，他在她眼中是個金髮碧眼、具備理性的小小人類，她想跟他溝通。

過了一、兩分鐘，喬喬終於冷靜下來，咿咿呀呀比手劃腳解釋，我們這才知道他是想拿放在置物櫃裡的帽子——原來是這麼一回事（我原以為他已經拿了帽子）。法蒂瑪把喬喬抱下尿布台，看著他自己走去開置物櫃拿帽子。拿到帽子後，喬喬立刻變得冷靜有智慧，準備好要回家了。

說「一、二、三」是讓孩子有時間因應，
也表現出你尊重孩子。

法蒂瑪並不是個耳根子軟的人，她在孩子面前很有威嚴，她並不覺得耐心聽喬喬說話就是向他屈服。她只是先讓孩子冷靜下來，孩子才能表達心裡的想法。

無奈育兒生活中有數不盡的情境，根本沒有一條放諸四海皆準的萬用法則，法國人的育兒原則有許多都看似彼此衝突，不變的黃金準則少之又少，感覺有時父母得傾聽孩子的心聲，有時又得直接把孩子抱上體重計，似乎家長需要替孩子設下規範，卻也需要細心觀察他們，隨時視情況改變戰略。

也許對某些父母而言，這一切都是信手拈來，但現在的我仍懷疑自己哪天才能像他們這般駕輕就熟，這感覺就像一個三十歲才開始學騷莎舞的女人跟一個從小隨父親跳騷莎舞長大的女人之間的差別——法國人舞步天生，我卻還在數節拍及誤踩別人的腳。

我去美國朋友家的時候，經常遇到父母把用餐表現不佳的小朋友送回房間關禁閉，但在法國，儘管家長時常糾正小朋友的行為，但真正處罰孩子可是一件大事。

法國家長處罰孩子的方式通常是命令孩子回房間，或待在某個角落不准離開，偶爾也會打孩子屁股。我只在公共場合見過兩、三次法國家長打孩子屁股，但我一些巴黎朋友都說他們滿常看到這種景象。我去看《金髮女孩和三隻小熊》舞台劇時，有一幕，飾演熊媽媽的女演員問台下觀眾：不乖的熊寶寶要怎麼辦？

台下的小小孩竟異口同聲大喊：「打屁屁！」根據一份全國調查，表示自己「偶爾」打小孩屁股的法國家長有百分之十九，「很少」打小孩屁股的家長有百分之四十六，「經常」打孩子屁股的只有百分之二，而有百分之三十三的家長回答他們「從不」打孩子屁股。

打屁股在過去的法國育兒之道中或許扮演比較重要的角色，這種懲罰方式是從前大人展現權威的途徑之一，但如今趨勢早已不同。我讀過的法國育兒文章全都反對打小孩，與其出手打孩子，他們建議家長勇於在適當時機對孩子說不。法國育兒專家的觀點都跟馬瑟里差不多，他們認為父母不該經常說「不」，但若是真的說出來時，就應該有不容動搖的力量。

這並非什麼新想法，事實上，這觀念最早是盧梭建立的，他在《愛彌兒》一書中寫道：「給予時須滿懷熱忱，拒絕時須滿心不願，儘管如此，拒絕孩子應態度堅定，任孩子如何懇求都不動如山。一旦『不』字脫出口中，便應如同銅牆鐵壁，孩子或許會費力反抗五、六次，但最後將不再試圖推翻您的律令。如此孩子方能了解凡事未必能如意，培養出耐心、寧靜、沉穩及認份的特質。」

里歐除了擁有光速移動的基因，似乎還流著革命志士的血液。

某天吃晚餐時，他大聲宣布：「我要喝水。」

我好聲好氣地問他：「你忘了要說哪個魔法詞？」

「水！」他露出可惡的冷笑（神奇的是，里歐長得最像西蒙，而他說話也帶著一點英國腔；喬喬和小豆講的英文都是美國腔）。

為孩子建立教養框架是一項大工程，父母必須在孩子年幼時再三教導、時時留心，可是一旦框架鞏固了，日子就會變得輕鬆平和許多（至少表面看來如此）。現在我偶爾被孩子逼到絕境時，就會用法文對孩子說：「C'est moi qui décide.」（作主的人是我。）奇妙的是，光是說出這句話就讓我的心態堅定許多，甚至我感覺說出這幾個字的時候，背

耐心聽孩子說話不表示就是向他屈服，有時只是先讓孩子冷靜下來，他才能表達心裡的想法。

脊也打得更直了。

想實行法國式教養，心裡得先進行一場典範轉移。我已經習慣把孩子當成生活的重心，但如果想讓自己變得「法國」一點，就必須學著把生活重心從兒女轉回自己身上，讓自己的需求也能舒展開來。

我漸漸感覺自己更能掌控全局之後，便覺得三個小朋友或許難不倒我。有個春天週末，西蒙出差在外，我讓孩子將地毯和毯子拖到陽台上，把陽台布置得像是北非風情的起居室，然後端出熱可可，讓他們圍成一圈坐著啜飲。

後來我告訴西蒙這件事，他聽了立刻問：「這樣妳不會覺得很有壓力嗎？」換作是幾週前，我或許會感到壓力很大，我一定會覺得管不動他們三個，或緊張兮兮無法放鬆，生怕孩子大聲嚷嚷，陽台俯瞰社區中庭，我一定會擔心鄰居聽見。

但現在，既然我是作主的人（至少大部分時間是），讓三個孩子在陽台上乖乖喝熱可可突然變得沒那麼困難，我甚至自己也坐下來喝了杯咖啡。

有天早上我帶里歐去托嬰中心（我和西蒙早上會分工），我帶他坐電梯時，心裡突然感到一陣恐懼。我決心堅定地請他別在中庭大聲嚷嚷。我語氣平靜地對里歐說了這條規則，彷彿這規則一直都有，我用很堅定的語氣解釋，同時直視著里歐的眼睛，問他懂不懂，然後稍待片刻，讓他回答。里歐沉思一會兒後，對我說了聲「懂」。

我們推開玻璃門走進中庭，一片安靜，這回沒有人哭、沒有人叫，只有一個走得非常快的小男孩拉著我直往前走。

Chapter 14
讓孩子
過自己的生活

有天小豆的托兒所貼出一張公告，歡迎家長替孩子報名參加去上孚日的夏季旅行，四到十一歲小朋友都能參加。上孚日是鄉村地區，距離巴黎約五小時車程。這個活動為期八天，全程家長不陪同。

我簡直無法想像把五歲的小豆送去參加八天夏令營的光景。那時小豆離開我最久的紀錄就是到我媽家住一晚，而我自己生平第一次參加過夜的校外教學是去聖地牙哥的「海洋世界」，那時我已經上國中了。

雖然現在我已經學會使用法文中最難的假設語氣句型，也可以讓孩子乖乖聽話，但這校外教學又一次在我心裡敲了警鐘，告訴我——我永遠無法變得百分之百「法國」。真正的法國風應該是像我身旁那位五歲小朋友的媽媽一樣，在看完告示後說：「好可惜喔，我們那時候已經有節目了。」沒有法國家長認為把四、五歲的小朋友送去集體淋浴、睡宿舍有什麼了不起。

很快我就發現，這次學校旅行只是個開端。我自己十歲後才第一次參加過夜營隊，但在法國，每年都有好幾百個各式各樣的colonie de vacances（度假基地），也就是我們所說的冬令營、夏令營，最小連四歲小朋友都能參加。年紀比較小的幼童通常參加七、八天的鄉間夏令營，去騎小馬、餵山羊、學唱歌，以及「探索自然之美」，至於針對年紀較大兒童的營隊則通常有主題，例如戲劇營、划船營、天文營等。

法國式教養顯然十分強調讓孩子適度獨立、培養內在韌性及照顧自己的能力，這些能力，法國人稱為**自主**（autonomie）。法國家長通常會在孩子可接受的範圍內，儘可能讓孩子學習自主，其中包含行動上的自主，例如參加過夜的校外教學活動，也包含情緒上的自主，例如讓孩子學會欣賞自己，不需一味仰賴父母和其他大人的誇讚。

我很欣賞法國式教養。我已經努力學著將法國家庭的飲食之道融會貫通，試著展現自己身為父母的權威，也努力教導孩子自己打發時間。我現在會跟寶寶說話，會讓兒女自己「探索」事物，不再急著讓他們學習各種技能。在育兒過程中，面對各種危機和疑惑，我時常問自己：如果我是一位法國母親，我會怎麼做？

但說到法國式教養對於「自主」的強調，例如那些校外教學，我發現自己仍然很難接受。我當然不希望兒女太依賴我，但何必這麼急呢？一定要在孩子這麼小的時候就訓練他們自主嗎？這些老法會不會做得太過頭了？有時我甚至會覺得這些讓孩子獨立的做法與我心中的母性彼此衝突，我最原始的本能就是保護我的孩子、讓他們感覺幸福快樂。

美國家長替孩子配給「獨立」的方式很不一樣。我跟西蒙這位歐洲人結婚之後，才意識到我自己大半個童年都在學習求生技能。也許從我的外表看不出來，但我其實會射箭、把傾覆的獨木舟翻正、在別人的肚皮上安全生火，甚至還可以一邊踩水一邊把牛仔褲改造成充氣救生衣。

反觀從小在歐洲長大的西蒙，他父母並不把野外求生當成孩子必備的技能，他從來沒學過搭帳篷、划皮艇，你叫他辨認睡袋的頭尾，他就會覺得壓力很大。我想如果把西蒙丟到荒郊野外，他大概可以存活十五分鐘吧——而且要先給他一本求生手冊。

諷刺的是，雖然我看似具備一身拓土開疆的好本領，但這些技能卻是在夏令營規劃嚴謹的人為環境學的，出發前我父母還要簽署一張律師擬好的學員溺水免責聲明。現在的美國學童受到的保護則更嚴密，我們的學校教室裡裝了網路攝影機，商店裡還販售全素、不

讓孩子學會欣賞自己，不需一味仰賴父母和其他大人的誇讚，是一種自主的表現。

含堅果類的蛋糕。

美國中產階級的孩子雖然擁有許多童軍徽章，練得一手超強的反手擊球，但世人皆知美國孩子都受到溫室花朵般的保護。美國心理學家溫蒂．莫傑爾在《孩子需要的9種福分》一書中寫道：「目前盛行的教養風氣就是讓孩子的身心靈免於任何不適。」莫傑爾提到，這些找她諮商的富有家長往往並未賦予孩子足夠的自由，而是「試圖替孩子報名各種課程，讓他們學習五花八門的技能，並施壓要求孩子與人競爭、高人一等。」

美國家長的問題並不是我們忽視自主的重要，而是我們不太曉得讓孩子自主是不是一件好事。我們常覺得父母應該儘可能陪在孩子身邊，這樣才能保護孩子不受傷害，並消除各種可能造成情緒波動的外力。像我和西蒙自小豆出生後，就常開玩笑說以後小豆去哪念大學我們就要搬家跟著她去。後來我真的看到一篇文章提到，現在有些美國大學會替一年級新生家長舉辦「話別儀式」，暗示家長在儀式結束後就該離開了。

法國家長似乎沒有這麼強烈的控制欲，他們當然也想保護子女，但他們不會過度杞人憂天，不會像我一樣，出個遠門就天天寄電子郵件叫西蒙記得鎖前門、蓋馬桶蓋（以免寶寶掉進去）。

法國的社會壓力正好與美國相反，在這裡，如果有家長太黏孩子，或一直插手不讓孩子自己摸索體驗，往往會被周遭的人勸退。我那位從事作家經紀、有兩個小孩的朋友雪倫解釋：「在法國，我們很強調讓孩子發揮潛能這回事，大家都會說：『你應該讓孩子過自己的人生。』」

法國式教養強調「自主」，這觀念最早可追溯回法蘭絲瓦茲．朵爾托，她在《兒童的發展階段》一書中寫道：「最重要的是讓孩子在安全的前提下盡早學習自主。親子關係中最危險的事就是家長不了解孩子真正的需求，好比自由……孩子需要感覺別人能接受他即將成為的模樣，他們需要對自己的存在感覺篤定，也應該日漸自由，怡然追尋個人經驗，並逐漸由年齡相仿的朋友陪伴。」

朵爾托這番話有很大一部分是在強調讓孩子安全獨處，如此他們才能自己探索一切，此外她的意思也是請父母尊重孩子身為獨立個體的潛力，讓孩子自己面對種種挑戰。朵爾托認為孩子六歲大之後，無論在家裡或外界環境中，只要是跟他們自己切身相關的活動，就該放手讓他們獨力完成。

法國式教養強調獨立的程度，或許連最兼容並蓄的美國人也望之卻步。我有位藝術家朋友安蒂在法國住了二十幾年，她說她大兒子六歲時，學校宣布他們要舉辦校外教學。

「大家都會跟妳說，太棒囉，四月就有綠色課堂（classe verte）囉！妳就會想，『綠色課堂』是什麼啊？喔，是校外教學啊——什麼，校外教學整整一個禮拜？」安蒂兒子學校的校外教學在小學一年級之前都採自由報名，但升上小一以後就是強制參加了，每年春天，全班二十五位小朋友都會跟老師一起參加為期一週的校外教學。

安蒂自認以美國人的標準而言，自己並不算太黏孩子的媽媽，但想到要讓兒子參加「綠色課堂」，跟老師、同學跑到法國西海岸的鹽沼附近，就連她都感到有些忐忑。安蒂還不曾讓兒子去朋友家過夜，每天晚上她還得軟硬兼施才能讓兒子乖乖洗澡，她簡直無法想像兒子自己在外面過夜的情形。安蒂很喜歡兒子的老師，但其他隨行的大人她根本不認識，她知道其中一位是老師的姪子，另一位是平時在遊戲場監督的職員，而第三位呢，安

孩子六歲大之後，無論在家裡或外面，只要是跟他們自己切身相關的活動，就該放手讓他們獨力完成。

蒂說只不過是一個「老師認識的人」。

安蒂向她住在美國的三個姊妹提起這趟校外教學時，「她們都嚇傻了」。她的姊姊妹妹都說：「妳沒必要讓兒子去！」而其中一個是律師，她還問：「妳應該沒簽什麼文件吧？」安蒂說她們主要擔心的是孩子遇到戀童癖者。

後來一次非正式的行前討論中，班上一位美國媽媽問了老師一道情境題：如果電線意外掉進水中，又有一個小朋友走進水裡，老師會怎麼緊急因應？安蒂說，當時在場的其他法國家長都在一旁竊笑，她很慶幸問問題的不是自己，但她承認那位美國媽媽的問題反映出她自己心中「隱藏的焦慮」。

安蒂開會時不敢提出，但她心裡其實擔心兒子在校外教學期間不開心的話該怎麼辦。她說在家裡，如果兒子心情不好，「我會試著幫助他了解自己的情緒，如果他哭了，自己又不曉得為什麼，我就會問他：『你是害怕嗎？還是沮喪？還是生氣呢？』這是我的做法，我的態度就是『好，我會陪你一起度過』。」

法國式教養對自主的強調不只顯現在校外教學上。我在我家附近路上時常感到心跳加快，因為法國家長走在人行道上時，常任由小小孩跑在前面，他們相信小朋友跑到轉角處時會停下腳步等大人來，但每次看到溜滑板車的小朋友這樣衝在前頭，我尤其感到膽戰心驚。

在我的世界裡，凡事都有可能出現最糟的情況。有天我在路上遇到朋友艾蓮，我倆停下來聊幾句，她也沒管三個女兒，任由她們走到人行道邊緣，艾蓮信任女兒，知道她們不會突然往馬路上衝。我想小豆或許也不會，但我為了以防萬一，還是叫小豆站在一旁握住我的手。西蒙還提醒我，有一次我跟小豆去看他踢足球，我硬是不肯讓小豆坐在看台上，生怕天外飛來一球砸到她。

在法國育兒，我常有想在孩子身邊小心守護，但其實該放手讓孩子自己飛的經驗。我時常碰巧看到兒子托嬰中心的老師帶一群幼兒在街上走，那並不是正式的遠足，只是帶幾個小朋友去買當天要吃的棍子麵包兼散步而已。此外，小豆的托兒所也經常帶學生去動物園或巴黎郊區的一個大型公園，我往往幾個禮拜之後才意外得知（例如後來我們恰巧又去同一座動物園，小豆才告訴我）。在法國，我很少需要簽什麼家長權責單，法國父母似乎不擔心孩子跟著學校老師出門會發生什麼意外。

小豆上的舞蹈課舉辦成果發表會那天，家長甚至不能進到後台；我唯一能掌握的就是幫她備妥一雙白色褲襪，這是他們唯一交代家長的事，而我從頭到尾沒跟老師說過半句話，對她而言，她的關係是與小豆建立的，不是與我建立的。我帶小豆抵達會場後，把她交給一位助手，助手便把她送到後台去了。

過去幾週以來，小豆成天跟我說：「我不喜歡當小木偶。」我一直不曉得她是什麼意思，但表演當天，幕一升起，我頓時恍然大悟。小豆跟十幾位小女孩穿著舞衣粉墨登場，她們跟著一首名為〈木偶〉（Marionetta）的曲子，刻意讓自己的手和腳做出木偶般搖搖晃晃的動作，但大家的動作都不一致倒並非刻意，女娃個個像是逃出來後喝了太多白蘭地的酒醉小木偶。

儘管如此，小豆竟在我不知情的狀況下背了一首長達十分鐘的舞蹈曲目。表演結束後她從後台出來，我滔滔不絕地稱讚她跳得真好，但她卻臭著一張臉。

「我忘記了，我應該不要跳成小木偶的。」她說。

我常有想在孩子身邊小心守護，
但其實該放手讓孩子自己飛的經驗。

法國孩子的獨立不只表現在課外活動，孩子間的互動也有很大的自主權。法國孩子在遊戲場吵架或跟兄弟姊妹爭吵時，父母往往不會在第一時間插手，而會希望孩子設法自己解決問題。法國學校的操場是出了名的自由，老師通常只站在旁邊看，極少干預學生。

有天下午我去托兒所接小豆回家，她剛從遊戲場玩回來，臉上有一道殷紅的血痕，傷口不深，但仍淌著血。我問她怎麼了，她不肯說（但她看起來似乎不在意，也不痛的樣子）。我問了老師，老師也說不曉得事發經過，等到我質問托兒所的園長時，我的淚水已經在眼眶中打轉了，但園長也不清楚狀況，而且她們似乎很驚訝我如此小題大作。

當時我媽正好來巴黎看我們，園方這種淡然的態度完全令她難以置信，她說在美國，如果學童發生這類意外，學校一定會查出前因後果，接著打電話向家長解釋清楚。

法國家長當然也不樂見孩子出事，但他們不會把這類小意外視為天大的悲劇。記者作家歐黛莉．古達告訴我：「我們法國人其實滿喜歡看孩子之間稍微鬥一下，這是我們性格中有點法國又有點地中海的部分，我們喜歡看到孩子守護自己的地盤，跟其他小朋友吵點小架……孩子之間偶爾動手動腳，我們不會太在意。」

至於小豆不願意告訴我受傷經過，這也反映出法國自主思潮的另一層面。在法國人眼中，打小報告是十分要不得的事，而有一派理論認為這是二次大戰期間法國人密告鄰居的風氣所造成的反動。還記得有一次我住的公寓召開年度管委會會議，我問大家知不知道是誰老把我們家放在大廳的嬰兒車推倒。

一位年長的婦人說：「我們不打小報告喔！」眾人哄堂大笑。這些鄰居許多都經歷過二次大戰。

美國人也不喜歡報馬仔，但在法國，甚至連小朋友都不肯打小報告，就是忍著痛也要把嘴巴閉緊，這對他們來說是一種生存之道。甚至一家人之間也可能有秘密。

前面提到那位法籍高爾夫選手馬克就說：「有時我跟兒子之間還有些秘密是他不能跟媽媽講的呢！」除此之外，我還曾經看過一部法國電影，片中一位知名經濟學家的十幾歲女兒因商店行竊和持有大麻的罪名被巴黎警察逮捕，經濟學家去警局接她，在回程的車上，女孩還辯說至少她沒有把一起行動的朋友供出來。

這種不打小報告的文化使得法國孩子團結一致，他們依賴自己和彼此，而不會動不動就想尋求家長和學校單位的幫助。因此當然，法國人有時缺乏美國人那種為求真相不計代價的精神，例如馬克和他的美籍太太蘿賓就跟我說了一件最近發生的事。他們的九歲兒子亞歷安看到一位同學在校園裡放鞭炮，校方展開大規模調查，蘿賓一直叫亞歷安把他看到的事告訴學校老師，然而馬克卻建議兒子先考量放鞭炮同學在學校的人氣，以及他告狀之後會不會被對方痛揍一頓。

馬克說：「一定要計算風險啊，如果上上策是按兵不動，那亞歷安就該按兵不動。我希望我兒子可以學會分析事情的利弊。」

我們裝修新家時，我再次了解法國人多強調讓孩子自己學習寶貴的經驗。我跟一般的美國家長一樣，都希望家中設施儘可能改造成「孩童安全」，因此孩子專用的浴室，我想鋪橡膠地板，以免他們踩在溼瓷磚上容易滑倒；此外，我也堅持所有家電都要有防止小孩誤開的鎖，連烤箱的門都要選不會導熱的材質。

工頭海吉斯是個務實又有些油條的人，出身勃根地。他聽到這些要求，覺得我真是有

在法國人眼中，打小報告是十分要不得的事，
連小朋友也一樣，就是忍著痛也要把嘴巴閉緊。

病，他說想把烤箱弄成「孩童安全」，最好的方法就是讓孩子摸一次，他們以後就知道烤箱很燙不能碰了。海吉斯也不肯在浴室裝橡膠地板，他說那樣簡直醜到不能見人。最後我讓步了，但這是因為他說橡膠地板會影響之後公寓轉賣的價值。至於烤箱門，我還是沒妥協。

某天我一如往常，到小豆的托兒所唸英文故事給小朋友聽。讀故事之前，托兒所老師先上了一會兒英文課，她指著一枝筆，請小朋友用英文說出筆的顏色，而有位四歲小男孩答了一句不相干的話，似乎跟他的鞋子有關。

老師告訴他：「你說的跟我的問題沒有關聯。」

老師的回答令我嚇了一跳，我原以為無論小朋友回答得多天馬行空，老師都該想出一些正面回應。這是因為我出身美國傳統，而一如社會學家安妮特．拉魯（Annette Lareau）所描述的，美國社會「認為每個孩子的思想都有獨一無二的價值」。因此就算孩子說的話再莫名其妙，我們美國人都會儘可能給他們信心和良好的自我感覺。

但在法國，這種教養方式會非常引人側目。例如有一次我帶孩子去羅浮宮旁的杜樂麗花園玩彈翻床，每個小朋友都可以自己跳一張彈翻床，遊戲區有柵欄圍著，家長都坐在門外長凳上看孩子玩。然而有位媽媽卻拎著椅子走進去，一屁股坐在她兒子彈翻床的正前方，然後兒子每跳一下，她就跟著大喊：「哇！」我還沒湊過去仔細偷聽，就猜到她一定跟我一樣來自英語系國家。

我之所以心知肚明，是因為雖然我忍住了，但我心裡其實也很想在孩子每次溜滑梯時大喊一聲：「哇！」這「哇」的意思就是「媽媽看到囉！媽媽很贊同！你好棒！」同樣的道理，孩子的畫作和勞作就算再慘不忍睹，我都會大大稱讚一番，我就是覺得我有責任提升孩子的自信心。

法國家長也希望孩子認同自己、對自己感覺自在，但他們採用的策略大不同，有時簡直跟美國家長恰好相反——法國家長並不認為一味的稱讚對孩子有益。

法國人相信，孩子有能力自己完成某些事情，而且表現優異時，自然就會感到有自信。孩子學會講話之後，法國父母並不會在孩子隨便說出什麼話之後就大肆誇讚，小朋友得說出有意思、能清楚表情達意的話，家長才會讚美他們。社會學家黑蒙．卡洛兒（Raymonde Carroll）指出，法國家長希望讓孩子學會使用語言「好好替自己辯護」。她引述一位受訪者的話：「在法國，如果孩子想講話，大家會聽他說，但大家不可能一直聽他說話，所以如果孩子話講不好，家人就會替他把話說完。如此一來，孩子便會養成先在腦中構思完畢才開口說話的好習慣，也會學習說得快、說得有意思。」

即使法國孩子說的話很有意思，或是回答出正確答案，法國大人的回應通常還是很淡然，他們並不認為孩子一有好表現就該獲得「你好棒」的讚美。有一次我帶小豆去婦幼保護處做例行檢查，小兒科醫生請小豆拼一幅木製拼圖，不一會兒，小豆拼好了，醫生看了一眼，接下來她的行為我想我這輩子怎樣也做不到：她一無表示。她只輕輕說了一聲「bon」（好），但不像「妳拼得很好」的「好」，比較像「好，我們繼續吧」的「好」。接著她就繼續下一項檢查了。

在法國，師長不但沒有當著孩子的面稱讚他們的習慣，甚至令我失望的是，他們也不會對家長稱讚孩子。小豆進托兒所第一年的老師性情陰沉易怒，因此我本來希望吝於稱讚

法國人相信，孩子有能力自己完成某些事情，而且表現優異時，自然就會感到有自信。

只是那位老師的個人特質，沒想到第二年小豆有兩位老師，其中一位是活力充沛、開朗和善的年輕女老師瑪喜娜，小豆跟她很要好，但我問她小豆在學校如何，她也只說小豆「適應良好」（我還特別用Google翻譯查詢「適應良好」的英文解釋，心想會不會這個詞在法文裡有什麼微妙的用法，可以表達「優秀」之類的意思，可是並沒有……）。

因此到了學期中的親師座談會，我和西蒙跟小豆另一位老師阿涅絲會面時，我心裡已經沒有太多期待，這算是好事。阿涅絲也是一位迷人的好老師，然而她似乎也極不願替小豆貼上任何標籤，或用三言兩語簡單形容小豆在學校的狀況。她只說了一句「上課狀況都很正常」，接著就拿出小豆的一張學習單給我和西蒙看——那是十幾張學習單之中，她唯一做不好的一張。那天離開學校時，我對小豆在班上的程度依然一無所知。

親師座談會結束後，我對於阿涅絲完全沒提到小豆表現優異的地方感到有些惱火，但西蒙告訴我，這並非法國老師的職責，法國人認為老師的責任是發現問題，因此如果孩子適應得很吃力，老師會告訴家長，如果孩子適應得不錯，就沒什麼好說的了。

把重點放在負面事情上，而非用正面的意見回饋來提振學童（及家長）的士氣，這正是法國學校為人所知（且廣受批評）的一貫作風。舉法國高中畢業會考為例，這個考試幾乎沒有考生能拿到滿分二十分，通常能拿到十四分已經是很優異的成績，十六分則已經近乎完美了。

我透過友人介紹，認識一位法國某明星大學的教授本努瓦。本努瓦也是兩個孩子的爸，他說他讀高中的兒子學業表現十分優異，但老師批改報告時給過他最好的評語也只是「頗有內容」。本努瓦說法國老師打成績的方式並不是按常態分布曲線，而是以完美理想為滿分來評量的，如此當然沒有學生能拿到極高分。即便是一篇內容出眾的報告，「法國老師看了還是會說『正確，是不差，但這裡跟這裡和這裡還是有問題』。」

此外本努瓦也表示，到了高中，法國人便不再一味強調讓孩子自由表達個人的感覺和意見。他說：「如果你說『我喜歡這首詩，因為這首詩讓我想到以前的某個回憶』，這種說法就是大錯特錯，因為孩子在中學要學習的是理性思考，不是憑空創造，孩子應該學會清楚表達論點。」

本努瓦說，他曾經到美國的普林斯頓大學短暫任教，美國學生批評他給分嚴格，他非常訝異。他回憶當年：「那時候我才發現原來在美國，老師看到再爛的報告都要想辦法給一些正面評語。」還有一次他給了某學生D的評分，結果他竟被迫要提出理由。而我也聽過反例：有位美國老師在法國高中教書，有幾次她給了學生十八分、二十分之類的超高分（滿分是二十分），法國家長就抗議了，因為他們認為這代表她的課太輕鬆，老師給的高分是「假的」。

這種嚴厲的態度很可能使孩子卻步。例如我有個朋友從小在法國長大，高中時才到芝加哥唸書，她說剛開始見到美國學生在課堂上勇於發言的盛況時，她詫異萬分，因為美國學生不像法國學生一樣，他們說錯話或問蠢問題都不會被老師立刻批評。我還有另一個朋友是位法國醫生，住在巴黎，她有一次很興奮地告訴我她最近報了新的瑜伽課，老師是個美國女人，她說：「老師一直說我做得很好，動作很美！」這位老師給我朋友的讚美，大概已經比她從小到大在課堂上得到的稱讚還多了。

法國老師打成績的方式並不是按常態分布曲線，而是以完美理想為滿分來評量的。

普遍而言，我認識的法國家長比老師願意鼓勵孩子。法國父母會稱讚兒女，也不吝給予正面回饋，但儘管如此，他們確實不像我們美國人這樣濫用讚美。

而我也開始懷疑，法國父母對於讚美的謹慎態度也許是對的。或許他們了解，小朋友每聽大人說一次「你好棒」，就會得到一陣短暫興奮的喜悅，而如果大人太常讚美，小朋友就會逐漸對正面的回應成癮，最後導致他們如果得不到他人認同，就無法維持快樂自信。此外，如果孩子做什麼都一定會得到稱讚，他們就不會盡心盡力了，反正得到的回應都一樣正面。

因為我是美國人，因此最後讓我心服口服的是研究數據——在「讚美」這個項目中，法國家長再一次跟隨傳統及直覺，選擇了符合科學研究結果的絕佳教養策略。

在二〇〇九年出版的《教養大震撼》一書中，作者波．布朗森和艾許麗．梅里曼寫到，過去認為「讚美、自信和實際表現是成正比的」，但現在這個傳統觀念已被學者推翻，最新研究指出，「過度稱讚會影響孩子做事情的動機，讓他們只為了獲得讚美而行動，再也得不到自發的快樂。」

布朗森和梅里曼也引述一份研究，指出常受稱讚的學生在進入大學後，往往變得「害怕風險、無法顯出自主性格……遇到困難的課程，寧願退選也不肯拿低分，而且往往不知該如何挑選主修，他們害怕把全副精力投注在一件事上，因為他們懼怕失敗。」

美國的另一個傳統智慧是孩子遭逢失敗時，父母應該給予正面回饋，這樣就能減緩挫折帶來的衝擊，但上述研究也駁斥了這項觀念，事實上，父母應該採取的策略是溫柔地帶孩子回顧錯誤，這樣才能給他們進步的信心和技能。法國學校或許稍嫌嚴格，隨著學生年齡增長更是如此，但法國老師所採取的正是上述的正確應對方式，而這個做法也反映出法國家長的教養信念。

法國人教養孩子似乎很有科學精神，家長會再三嘗試，找出什麼方法行得通、什麼方法行不通。一般來說，法國父母不會被那種號稱放諸四海皆準的教養守則說服，他們會分辨什麼原則能適用在自己的孩子身上。法國父母的結論是，適度稱讚確實對孩子有好處，但過度讚美則會妨礙孩子用自然健康的心態過生活。

冬季時我帶小豆回美國度假，某天家庭聚餐，小豆心血來潮上演了一段單口相聲，大致上是在模仿老師的口吻對著我們這群大人下指令，她演得滿可愛，但老實說並不是什麼高段的幽默，然而屋裡大人一個個都停下原有的談話，稱讚她真可愛（小豆非常聰明，講話時會穿插一些法語和法文歌，因為她知道這樣大家會很驚豔）。

等到表演結束，小豆已經沉醉在一片讚美聲中，笑得燦爛極了，我想這應該是小豆這次回美國最難忘的一段時光。而我也喜不自勝，在我心裡，大家稱讚女兒，就好比是在稱讚我，而這正是我在法國最欠缺的養分。接下來整頓晚餐，我和小豆仍一直聽到大家稱讚她剛才的表演多好多好。

這在度假時體驗一下是不錯，但我不曉得自己希不希望小豆永遠沐浴在這類無條件的稱讚中。受人讚美的感覺很好，但這種習慣似乎會帶來許多免不了的副作用，例如孩子會一直干擾大人的活動，因為她強烈感覺自己很重要。此外，這也很可能動搖小豆心中的量尺，讓她弄不清什麼才是真正高段的幽默。

法國父母不會被那種號稱放諸四海皆準的教養守則說服，他們會再三嘗試，分辨什麼原則適用在自己的孩子身上。

我已經接受了如果我們繼續住在法國，我的孩子可能永遠學不會射箭（老天保佑我的小孩不會被十八世紀的印第安人攻擊），我也稍稍壓抑了過度讚美孩子的習慣，但適應法國式教養對於自主的觀念卻沒這麼容易。當然，我知道我的兒女有獨立的情緒，我不可能時時保護他們不受挫折和失望的傷害，然而儘管我的理性告訴我孩子應該有自己的生活，我的感性仍無法接受這點，也或許是這套觀點根本不適合我的感性需求。

但總之，我得承認孩子似乎很喜歡我放手讓他們自己做事。我當然不會拿刀叫他們自己刻一個高難度的西瓜雕塑——他們大多知道自己的能力極限。然而我確實會試著稍稍激發他們更多能力，例如晚餐時，請他們幫忙把瓷盤端到餐桌上。這些事給孩子小小的成就感，他們完成後常顯得更沉穩快樂。朵爾托說自主是孩子最大的需求，這點我深信不疑。

朵爾托還說對了另一件事：六歲是個里程碑。有天晚上，我因為患了流行性感冒，咳嗽咳得西蒙睡不著，半夜我索性到客廳沙發上睡。早上七點半左右，孩子走進客廳，那時我難受得幾乎動不了，根本沒辦法像平常一樣起床準備早餐。

所以小豆就代母上陣了。我繼續窩在沙發上，連眼罩都沒脫，接著耳邊便傳來小豆開抽屜、整理餐桌、拿鮮奶和早餐穀片的聲響，我五歲半的女兒在替我分擔工作了，她甚至懂得分派工作給喬喬，叫他幫忙把餐具擺好。

幾分鐘後，小豆走到沙發旁對我說：「早餐弄好了，可是咖啡要讓妳煮。」她看起來沉穩而喜悅，我發現自主竟讓她如此快樂——如此冷靜有智慧。我還沒讚美或鼓勵她，這件事是她自己想做的新嘗試，讓我在一旁見證到了，而完成之後她感覺非常自信快樂。

按照朵爾托的理想，我應該信任我的孩子，而一旦我信任、尊重兒女，他們也會信任、尊重我，這樣的關係聽起來非常吸引人，而且應該說真令人鬆了口氣，因為美國親子間彼此依賴、擔憂的關係，常讓我們黏著孩子無法放手，但這種感覺並不好，絲毫不像完美教養之道的基礎。

讓孩子「過自己的生活」指的並不是把孩子放生到野外或拋棄他們（雖然法國的校外教學有點給我這種感覺），而是認清孩子並非父母實現夢想的替身，也不是一項父母按表操課就能做到盡善盡美的專案計畫。孩子是獨立的個體，他們具備各種能力，也有自己的品味、喜好和對外在世界的體驗，甚至也有自己的秘密。

我朋友安蒂最後讓大兒子參加學校舉辦的鹽沼之旅了。她說她兒子愛死了，而且看來他根本不需要每晚被父母哄睡——需要這個儀式的其實是安蒂自己。後來安蒂另一個兒子也開始要參加這類校外教學時，她就直接放行了。

或許有一天我會習慣法國學校的校外教學，但目前為止我還沒讓小豆參加過。朋友愛思黛提議明年夏天我們的女兒都滿六歲後，我們可以送她倆去參加同一個度假基地，但我目前還很難想像這件事。我由衷盼望我的兒女獨立、快樂、具備韌性，只是此刻，我還捨不得放開孩子的手。

讓孩子「過自己的生活」，是認清孩子並非一項父母按表操課就能做到盡善盡美的專案計畫。

法式美滿生活

我媽終於能接受我們在大西洋這一端定居。她甚至還學起了法文，只是進步不如預期。我媽有位美國朋友住巴拿馬州，但西班牙文很破，她告訴我媽一個萬用招數——她說她講西班牙文時，每句話都用現在式說（因為現在式的動詞變化最簡單），接著再喊出想表達的時態就行了，所以如果要表達「我剛剛去購物」，就說：「我購物……過去式！」如果要表達「我等下要去購物」，就說：「我購物……未來式！」

我叫老媽來巴黎時絕對不准用這一招——這真令人驚訝，因為我現在竟然有面子要顧了。現在我有了三個在巴黎讀書的孩子，而且和附近的魚販、裁縫、咖啡店老闆都互動愉快，我終於在巴黎落地生根了。

我依然沒有瘋狂愛上巴黎。法國人那套博大精深的話術——隨時說日安；除了同事和親人，跟其他人對話都要恭恭敬敬說您等等的習慣，我實在有些膩了。在法國的生活讓我感覺過於一板一眼，我無法施展自由奔放的一面。我真正意識到自己的改變是在某天早上搭地鐵時，那時車廂裡只剩一個空位，但我看到那位子旁邊坐著一個疑似精神不正常的男人，就沒走過去。後來我回想起來，這才發現自己之所以認為他不正常，純粹是因為他穿了短褲。

儘管如此，巴黎確實越來越有家的感覺，套一句法國人的說法，我已經在這裡「找到屬於我的地方」了，而其中一個原因是我交到不少法國好友。我漸漸明白，巴黎女人在冰山美人的外表下，其實也需要我們這種姊妹情誼，而且她們光鮮亮麗的外表下也跟我們一樣藏著一點橘皮組織呢！此外，交到這些法國朋友也真的讓我成了半個法國人，例如我聊天時，常常很驚訝聽到自己說出流暢的法文句子。

看孩子變成雙母語的感覺也很棒。有天早上我在換衣服時，里歐指了指我的胸罩。

「這是什麼？」他問。

「A bra.」（胸罩。）我用英文回答他。

他馬上用手比了自己的手臂。我愣了一會兒才意會過來：在法文裡，bras就是「手臂」的意思（而且s正好不發音）。他一定是在托嬰中心學的，我便測驗一下，發現身體各部位的法文說法他都會了。

而真正把我和法國文化緊緊連結在一起的是法國式教養的智慧。我學到了孩子可以獨立自主、注意言行，這是我這個美國家長以前未曾想像過的，而現在我明白了這件事，這些收穫將一輩子跟著我，就算我們搬離法國也不會改變。

當然，有些法國式教養的原則在法國本土執行起來比較容易。例如當遊戲場上其他小朋友都沒吃零食，你自然也不太會給孩子吃零食。而如果你周遭的人都跟你建立差不多的教養框架，你要教導孩子謹守這些行事的界線自然容易多了（像我就時常問小豆：「在學校的時候老師會讓妳這樣做嗎？」）。

然而，「法國式教養」的大部分原則其實在哪裡都能實行，不是非得住在吃得到某種起司的地方才能貫徹，無論你住在法國或美國都沒差，只要你願意調整對於親子關係的觀念及對孩子的期待，你絕對能實行法國式教養。

朋友常問我，我究竟把孩子養得比較像法國人還是美國人？其實我們出門在外時，我常覺得我的小孩算是介於美法之間：跟我認識的法國孩子相比，他們很皮，但跟美國小朋友相比，他們的表現好很多。

只要你願意調整對於親子關係的觀念
及對孩子的期待，你絕對能實行法國式教養。

他們並不是每次都會說日安和再見，但他們知道自己應該說，因為我就像真正的法國媽媽一樣，總是一直提醒他們，我已經把這個當成一個持續的教育過程，希望讓孩子漸漸學會尊重他人、培養耐心，而這樣的教育似乎已經慢慢滲入他們的小小心靈。

我還在努力達成法國式教養的終極理想：真心傾聽孩子的心聲，但不需一味屈服在孩子的意志之下。在危急時刻，我還是會說「決定的人是我」來提醒所有人，我才是應該掌控局面的人。現在我認為我有職責保護孩子不被心中欲望吞噬，但在框架之內，我也儘可能放手讓孩子自由行事。

我和西蒙已經不再討論是否該留在法國。如果留下，或許等孩子大一些時，我們得面對其他課題。法國孩子進入青春期之後，家長通常會給他們極大的自由，而且極其尊重孩子的私生活，甚至連性生活都不會干預，但也或許這樣青少年便沒什麼理由需要叛逆。

法國青少年似乎也比較能接受爸媽也有私生活這件事，畢竟從小到大，他們的父母都明確表現出這點，法國父母的生活並非全然以孩子為中心。此外，大部分法國孩子長大後也會搬出來自己住，但在這裡，即使二十幾歲的年輕人繼續跟父母同住，也不像在美國那樣顯得可憐可悲，因為法國親子能尊重彼此的生活，在一個屋簷下各自獨立。

小豆要升上幼稚園的那個夏天，我發現法國式教養終於在我心中扎根。暑假時，小豆的法國朋友幾乎都到爺爺奶奶外公外婆家住上好幾個禮拜，我也決定送小豆去邁阿密跟老媽住，反正老媽會來巴黎找我們，所以她們可以一起搭飛機回美國。

但西蒙反對，他說這樣我們遠在天邊，如果小豆嚴重想家怎麼辦？還有我幫小豆報了白天上課的游泳營，但因為時間的關係，她只能中途參加，西蒙說她這樣會很難交到朋友吧？總之他希望等明年小豆大一點再說。

但小豆卻覺得回美國過暑假棒極了，她說跟外婆住沒問題，而且她很期待去游泳營。最後西蒙默許了，我想或許他是盤算過，小豆不在家，他就有更多時間泡咖啡店。我會在假期結束前去邁阿密接小豆回來。

我只給老媽幾條叮嚀：別讓小豆吃豬肉，防曬油多多益善。我和小豆花了一個禮拜的時間慢慢決定她登機行李的內容。她去美國前，我們也著實憂鬱了片刻，我允諾會天天打電話給她。

我信守諾言，想不到小豆一去邁阿密就玩得樂不思蜀，跟我講話時總是不到一、兩分鐘就急著掛電話，我只能從老媽和她朋友那兒打聽小豆的近況。其中一位朋友寫了封電子郵件給我：「小豆今天晚上跟我們一起吃壽司，她教我們法文，又告訴我們一些關於她學校同學的大事。她晚上是笑著睡著的。」

小豆的英文原本帶著中大西洋區的神秘腔調，又摻著些許英國腔，但回美國幾天，她的英文幾乎完全變成道地的美國腔了，例如她現在說「car」的時候，「r」的捲舌音已經發得很徹底。儘管如此，小豆顯然很懂得利用她旅居法國的優勢，我媽說她們在車上聽法語教學錄音帶時，小豆就宣告：「這個人根本不會講法文嘛！」

小豆離家時，確實也想知道大家在巴黎過得如何。她在邁阿密住一個星期後就問我們：「爸比變胖了嗎？媽咪變老了嗎？」我媽說小豆一直跟大家說我過一陣子就會到邁阿密了，還有我會待幾天、我們之後會一起去哪裡。就像法蘭絲瓦茲．朵爾托所說的，我的女兒需要獨立，也需要對這個世界有清楚的了解。

我跟朋友提起小豆自己回美國住的事，朋友的反應剛好按照國籍分成兩派，北美派的朋友都說小豆「好勇敢」，而且都問她跟家人分開不會不適應嗎？我的英語系國家朋友之中，沒人會把年紀這麼小的兒女發配去跟祖父母住，更別提還在不同國家。但我的法國朋友都認為親子之間小別一下對雙方都好，他們都認為小豆自己去美國住當然會玩得很開心，而我也可以趁機喘息一下，這是我應得的。

三個兒女日漸獨立，我和西蒙的關係也漸入佳境。他依然愛生氣，我也依然讓人生氣，但他終於決定有時表現得開心一點，還有承認我的陪伴使他開心也沒什麼不好，偶爾我說笑時，他甚至還會笑出聲來呢！妙的是，西蒙似乎覺得小豆的幽默好笑極了。

有天早上，西蒙逗小豆說：「妳出生的時候，我覺得妳好像一隻猴子。」

「哼，你出生的時候，我覺得你好像一條便便。」小豆回他。這笑話讓西蒙笑得眼淚都快流出來。原來我一直沒碰觸到他最愛的幽默類型——便便超現實主義。

我還沒開始學講便便笑話，但我確實試了其他讓步的方法。我學著少管西蒙一點，就算我一大早出房門就看到他倒沒搖過的柳橙汁給孩子喝，我也盡量由他去，因為現在我明白，西蒙跟孩子一樣渴望獨立自主，就算這獨立自主會讓我喝到一整杯的柳橙果粒，其實也不要緊吧！此外，我終於不再問他「你現在心裡在想什麼」，因為我已經學會保持並欣賞婚姻之中的一點神秘感。

去年夏天，我們回到當年帶小豆去度假的濱海小鎮，就是那個餐廳裡所有小朋友都愉快用餐的地方。這回我們可沒帶一個小孩去度假——我們帶了三個。但我們學聰明了，沒住在旅館奮戰，而是改租一棟有廚房設備的度假小屋。

一天下午，我們帶著孩子到港口的一家餐廳吃午餐，那天是如詩般的法國夏日好天氣，日正當中，一棟棟雪白的建築在日光下灼灼閃耀，而奇妙的是，我們一家五口竟然吃了愉悅的一餐。我們不急不徐地點菜，餐點一道一道慢慢上，孩子們都乖乖坐在椅子上享受菜餚，包括魚和蔬菜，而且沒有任何東西掉在地上。我偶爾還是得輕聲糾正孩子的一些行為，比起來當然還是沒有跟西蒙單獨用餐來得輕鬆，然而我們一家人確實沐浴在度假的氛圍中，飯後甚至還享用了咖啡。

衷心感謝

這本書能出版，我要特別感謝我的經紀人蘇姍・葛拉克，以及企鵝出版社的安・葛多夫和維吉妮雅・史密斯。

感謝莎帕娜・古普達讀了初稿，給我不少精準的建議。感謝亞當・庫柏在我最需要幫忙時給予建議及鼓勵。感謝寶琳・哈瑞斯提供專家級的協助，替我蒐集珍貴資料。感謝肯恩・杜克曼給了前幾章不少建議，還替我收了不少包裹。

感謝我的媽媽讀者群：克麗絲汀・塔蔻涅、布魯克・巴洛特、狄特琳・勒能、艾咪麗・瑞爾斯、雪倫・加隆，最後當然還有英勇的漢娜・庫柏，她竟在陣痛期間閱讀懷孕那幾章的草稿。

感謝以下這些曾提供我吃住或其他協助的親朋好友：史考特・溫格、喬安・費歐得、亞當・艾立克、傑福瑞・桑柏、加莉・史尼克、派崔克・威爾、莉絲・塞貝司塔、愛黛琳・埃斯克巴、珊娜・杜克曼、瑪莎・杜克曼、史提夫・弗萊雪、南西和羅諾・蓋爾斯夫婦。感謝班雅明・巴賀達和我藍路的同事們所提供的友情、育兒訣竅及午餐建議。

我也由衷感謝以下這些願意跟我往來的法國家庭以及幫忙牽線的介紹人：瓦樂希・皮卡、瑟西兒・亞貢、艾蓮・圖珊、威廉・瓦西、維若尼可・布許奧柏朵、蓋兒・聶博、露西・伯賀雪、愛蜜麗・渥姆斯利、安得麗雅・伊帕奇、約納珊・羅斯、蘿賓・潘德瑞斯、本雅明・班尼塔、羅倫絲・凱曼森。感謝德比園托嬰中心和童年與探索托嬰中心，尤其謝謝瑪西奇絲汀・巴喜松、安瑪希・雷雍德、思爾薇・梅帖、帝迪耶・緹優、雅蕾姍妲・馮凱斯查佛和法蒂瑪・亞杜拉瑞夫。此外特別感謝法妮・傑貝一家人。

感謝我父母邦妮・葛林和亨利・杜克曼，因為有這對很棒的爸媽，我才可能寫出像樣的教養書。感謝上天讓我嫁給一個比我更會寫作的男人——西蒙・庫柏，因為有他的鼓勵和容忍，我才得以寫成此書，他仔細批評了每份草稿，使我的寫作更臻完美。

最後，我想感謝里歐、喬爾和萊拉，這就是媽咪成天在辦公室裡忙的東西，希望有天你們會覺得這是一本很棒的書。

國家圖書館出版品預行編目資料

為什麼法國媽媽可以優雅喝咖啡，孩子不哭鬧？：法國式教養，讓父母好輕鬆，孩子好快樂！ / 潘蜜拉・杜克曼Pamela Druckerman著； 汪芃譯. -- 初版. -- 臺北市：平安文化, 2013.01
面；公分. -- (平安叢書；第405種)(親愛關係；6)
譯自：Bringing up bébé：one American mother discovers the wisdom of French parenting
ISBN 978-957-803-848-6(平裝)

1.親職教育 2.子女教育

528.2 101025897

平安叢書第405種
親愛關係 6

為什麼法國媽媽可以優雅喝咖啡，孩子不哭鬧？

法國式教養，讓父母好輕鬆，孩子好快樂！

作　者—潘蜜拉・杜克曼
譯　者—汪芃
發 行 人—平雲
出版發行—平安文化有限公司
台北市敦化北路120巷50號
電話◎02-27168888
郵撥帳號◎18420815號
皇冠出版社(香港)有限公司
香港上環文咸東街50號寶恒商業中心
23樓2301-3室
電話◎2529-1778　傳真◎2527-0904
美術設計—程郁婷
著作完成日期—2012年
初版一刷日期—2013年1月
初版十四刷日期—2019年6月
法律顧問—王惠光律師

讀者服務傳真專線◎02-27150507
電腦編號◎525006
ISBN◎978-957-803-848-6
Printed in Taiwan
本書定價◎新台幣300元/港幣100元